KB121715

우리가 만드는 내일은

우리가 만드는 내일은

불평등과 기후정의에 대한 아프리카의 목소리

바네사 나카테 • 소슬기 옮김

양철북

사람과 지구에게

차례

시작하며

보고도 믿을 수 없었다. 내가 어떻게 없을 수 있지?
2020년 1월 얼어붙을 듯이 추웠던 어느 날, 나는 내 소셜미디어 피드를 보는 중이었다. 나는 다른 기후 활동가들과 점심을 막 마친 뒤였다. 이들은 나와 마찬가지로 스위스 다보스에서 해마다 열리는 세계경제포럼World Economic Forum, WEF에 참석한 기업가, 자본가, 정치인, 오피니언 리더, 유명인, 그 밖에 세계를 누비는 여행객 3,000여 명에게 기후 위기의 심각성을 촉구하러 와 있었다. 나는 활동가 네 명과 함께 그날 오전에 기자회견을 열었고, 그에 앞서 카메라 앞에서 자세도 잡았다. 그리고 언론이 우리 이야기를 어떻게 보도했는지 보려고 식당에서 나왔다.

1분도 안 돼서, 우리를 찍은 사진이 있는 기사를 발견했다.

심장이 멈출 뻔했다. 사진 제일 왼쪽에 내 코트 자락이 나온 것을 보니, 내가 찍힌 사진이 분명했다. 그런데 나는 어디서도 안 보였다. 잘려 나간 것이다.

감정이 빠르게 변해 갔다. 실망스럽고 화가 치솟았다가 당황스러웠다. 사진을 보면서, 사진기 앞에서 포즈를 취한 여자가 다섯 명이었고, 오직 나만 유럽에서 오지 않은 데다, 흑인이라는 것을 생각하지 않을 수가 없었다. 그들은 나만 잘라 낸 것이 아니다. 대륙 전체를 잘라 낸 것이다.

그날 오전 다보스에서 열린 기자회견에 아프리카에서 온 기후 활동가는 나뿐이었다(세계경제포럼에는 아프리카 출신이 몇 명 더 있다). 〈연합통신Associated Press, AP〉은 사진뿐 아니라 기사에서도 나를 뺐다.

"제가 활동가로서 별 볼일이 없다는 뜻일까요? 아니면 아프리카 사람은 전혀 중요하지 않다는 걸까요?"

나는 그날 생방송으로 스트리밍한 10분짜리 동영상에서 물었다. 나는 유일한 아프리카 사람을 사진에서 제외하는 잔인하고 얄궂은 현실에 충격을 받았다.

"우리는 이런 대우를 받으면 안 돼요. 아프리카가 탄소를 가장 적게 배출하는 대륙인데도 우리는 기후 위기의 영향을 가장 크게 받으니까요."

나는 아프리카 우간다의 수도이자 가장 큰 도시인 캄팔라에서, 내가 사는 도시의 거리에서 기후 파업climate strike*을 1년 동안 벌이며 기후 비상사태를 막을 조치를 요구했다. 나는 세계적인 기후 회의에 참여하고 온라인에서 활발하게 활동했다. 그리고 이제 더 많은 사람이 지구온난화가 그저 수십 년 뒤에야 찾아올 추상적인 개념이나 이론적인 사건이 아니라는 진실을 알게 하려고 다보스에 온 것이었다.

내 메시지는 간단했으며 지금도 그렇다. 우간다, 아프리카 그리고 남반구 전역에 사는 사람들은 지금 이 순간, 그들의 집과 수확물과 수입을 잃어 가고 있다. 그들은 지금 당장의 삶과 미래를 위한 희망조차 잃어 가고 있다.

이런 상황은 끔찍할 뿐 아니라 정의롭지 못하다. 아프리카 대륙에는 세계 인구의 15퍼센트가 살지만, 세계 에너지 관련 이산화탄소 배출량 중 오직 2, 3퍼센트만이 아프리카 사람 책임이다. 아프리카 사람들이 평균적으로 배출하는 온실가스는 미국, 유럽, 중국, 아랍에미리트, 호주를 비롯한 여러 나라에 사는 사람들에 비하면 아주 적은 양이다. 국제구호기구 옥스팜Oxfam이 내놓은 연구 결과에 따르면, 영국에 사는 사람이 2020년 들어 첫 2주 동안 배출할 이산화탄소의 양은 우간다나 다른 아프리카 여섯 나라에 사는 사람이 한 해 동안 배출할 양보다 더 많을 것이라고 했다.

그런데도 아프리카 개발은행African Development Bank에 따르면, 아프리카는 기후변화에 따른 결과에 적응하는 데 드는 비용

★ 기후변화로 관심을 끌고 정부 행동을 촉구하고자 직장이나 학교에 가길 거부하고 벌이는 시위. 이 책에서 파업은 시위의 뜻을 포함한다.

의 거의 절반을 부담하게 될 것이라 한다. 또 기후 위기가 미치는 혹독한 영향에 가장 취약한 나라 열 곳 중 일곱 곳이 아프리카에 있다. 남수단, 나이지리아, 에티오피아, 에리트레아, 차드, 시에라리온, 중앙아프리카공화국 말이다.

자원이 가장 적고 기후 위기에 가장 적게 기여한 사람들이 가장 심각한 결과와 씨름해야 한다. 더 심각한 홍수가 더 자주 찾아오고, 가뭄과 극심한 더위가 더 길게 이어지며, 해수면이 상승한다. 아프리카 전역과 남반구 나머지 지역뿐 아니라, 북반구에서조차 유색인종은 식량 불안, 강제 이주, 경제적 손실, 높은 사망률에 더 많이 시달린다.

지구는 내가 사는 세상이다. 지구 온도는 이미 산업화 이전보다 섭씨 1.2도 올랐다. 지구가 2도 더 뜨거워지면, 우간다 같은 나라는 사형선고를 받는 것이나 다름이 없다. 그런데도 여러분이 이 책을 읽는 지금도 우리는 온도를 2도보다 훨씬 더 높이는 길로 가고 있다. 이것은 수백만 명이 넘는 난민이 생긴다는 것이고, 심각한 이상기후로 보건과 경제 체계가 붕괴되는 지점까지 몰릴 것이라는 뜻이다. 동시에 세계의 바다는 고갈되고, 생물의 다양성은 무너지고, 다양한 종이 공룡 시대보다 더 빠른 속도로 멸종된다는 것이다.

우간다에 있는 많은 사람은 물론이고 전 세계에서 수만 명이 내가 동영상으로 보여 준 반응을 시청하면서 내 분노와 실망에 공감해 줬다. 나와 마찬가지로 이 사람들은 사진이 심각하게 잘못됐다고 생각했다. 그 사진에서 잘려 나간 일은 내 활동과 삶의 방향을 바꾸었다. 인종, 성별, 평등, 기후정의에 관한 내 생각을 재구성했다. 그리고 여러분이 지금 읽는 글로 내 생각을 이끌었다.

나는 왜 그 사진과 그 순간이 문제가 되는지, 왜 기후변화에 맞서는 싸움에 나 같은 사람이 내는 목소리를 꼭 넣어야 하는지를 말할 것이다. 내가 어떻게 처음 기후 활동가가 되었는지 그리고 알프스를 향한 나의 궁극적인 여정과 그 이후의 일을 쓸 것이다. 우리가 기후 비상사태라고 불러 마땅한 일이 눈앞에 다가왔으며, 아프리카 사람을 포함한 수백만 명한테는 일상적인 어려움이 됐다. 또 지구의 대기 온도가 높아지는 현상이 경제, 사회, 정치는 물론 종교와 성별과 지리에 따른 여러 가지 불평등과 불공정 같은 일에 어떻게 영향을 미치는지를 보여 줄 것이다.

나와 함께 단체를 만들고 나한테 영감을 주었던 많은 젊은 기후 활동가가 그렇듯, 나는 완전히 연결된 세상에 산다. 엄청나게 많은 정보와 허위 사실에 즉시 접속할 수 있고, 다른 사람과 관계를 맺을 방법이 과거의 어느 때보다 많다. 우리 중 지난 세기 말엽과 이번 세기 초엽에 태어난 사람들은 HIV/에이즈, 테러, 금융 붕괴, 기술이 초래하는 엄청난 변화와 단절이 드리우는 그늘 안에서 자랐다. 우리는 부가 한쪽에 더 집중되고, 힘의 격차가 더 벌어지는 것을 목격했다. 또 역사상 유례없는 기후 압박 때문에 우리 행성의 생태계가 고장 나는 과정을 많은 사람이 직접 경험했다.

우리는 모든 경제 및 관리 체계가 **사라지기** 직전 벼랑 끝으로 우리를 몰아간 경제, 사회, 정치 모형의 전제에 다른 어떤 연령대보다 더 크게 의문을 제기할 것이다. 이런 현실은 몇 세기에 걸쳐 화석연료를 태우면서 탄소를 땅속에 남겨 두는 데 치명적으로 실패했기 때문에 우리와 우리 다음 세대가 그 타격을 입으리라는 인식을 우리에게 심어 주었다.

이 책은 새로운 세대의 활동가들이 일으킨 새로운 물결이 내거는 활동과 관점을 보여 준다. 그들 가운데 많은 이들이 너무 오랫동안 무시당하고 침묵을 강요받고 착취당했던 아프리카 대륙에 초점을 맞추어 미래상을 그린다.

우리는 환경과 인종과 기후정의뿐 아니라 기후 위기를 가장 극심하게 마주하면서 이를 막고자 맨 앞에서 애쓰는 소녀와 여성들에게 진정으로 헌신하는 것이 이 노력의 중심이 되어야 한다고 믿는다. 기후변화에 대처하지 않으면, 우리는 유엔의 지속 가능한 개발 목표를 달성하거나, 회복력 있고 지속 가능한 미래를 가져올 수 없을 것이다. 나는 또한 기후 활동가들이 우간다와 아프리카에 있는 다른 나라들, 전 세계의 공동체를 지원하기 위해 적용하고 있는 실질적인 해결책을 공유할 것이다.

마지막으로 여러분이 어디에 살든 기후 비상사태에 적극적으로 대처하는 방법과 사진에서 너무 오랫동안 빠져 있던 사람들의 존재를 인정하고 목소리를 높이는 방법에 관해 아이디어를 제시할 것이다.

나는 코로나바이러스 감염증이 유행하는 중에 이 책을 썼다. 수많은 나라에서 수많은 사람이 이 바이러스에 목숨을 잃은 일에 여러분과 마찬가지로 충격을 받고 깊이 애도했다. 세계 곳곳에서 가족과 지역사회와 나라가 충격에 빠졌다. 생계가 엉망이 되고 가족이 흩어지고 학교교육이 중단되거나 단축되고 사업을 접게 되면서 슬픔에 잠겼다. 한편 우리는 이 유행병이 불러온 또 다른 부끄러운 결과에 흔들렸다. 유색인종은 의료 서비스를 받거나 백신을 맞는 게 어렵다. 어린이를 결혼시키거나 가정폭력을 행사하는 사례가 늘어나고 기후 비상사태를 막기 위한 긴급 조치가 미뤄졌다. 이런 불평등은 코로나바이러스가 유행하기 전에도 존재했지만, 코로나바이러스 때문에 전면에 드러났고 많은 부분에서 더 나빠졌다.

우리는 이런 다양한 비극을 겪으며 냉혹한 경고와 교훈을 발견할 수 있었다. 우선, 과학자들은 코로나바이러스 감염증처럼 동물과 사람한테 공통으로 감염되는 질병이 앞으로 더 흔해질 것이라고 말한다. 우리가 야생동물이 사는 서식지를 침범한다면, 인간 공동체와 가까운 곳에서 계속 야생동물을 이용하고 기르고 판매한다면, 가축 수십억 마리를 공장식 축산 농장에 가두어 둔다면 말이다. 기후변화는 이런 질병이 더 심각하게 자주 발생하게 할 가능성이 있다.

둘째, 전 세계 사람들은 코로나바이러스 감염증이 유행하는 동안 이 바이러스에 더 취약하다고 판명 난 노인들을 특별히 보살폈다. 우리는 외출을 삼가면서 노인들을 안전하게 지켰다. 하지만 이들 세대에 속한 많은 사람은 후손들이 지구온난화의 영향에 취약하게 만드는 결정을 수십 년 동안 내렸다. 셋째, 이 유행병은 자원이 적고, 의료 서비스를 받기 어렵고, 영양가 있는 음식이 부족하고, 생활환경이 비좁고, 사회적 거리두기를 실천하기 어려운 일을 하고, 기저 질환이 있어 바이러스에 감염되면 크게 위험한 사람한테 더 심각하게 영향을 미쳤다. 이 점 역시 기후 위기를 생각나게 만든다.

마지막으로 정부는 우리한테 코로나바이러스에 관한 과학을 따르라고 말하면서, 정작 기후변화에 관한 과학은 따르지 않는다. 2015년 파리 기후 협약에서 세운 목표를 달성하거나 넘어서려면 우리가 신속하고 철저하게 움직여야 한다고 과학자들이 말하는데도 정부는 전혀 그렇게 움직이지 않는다. 이 유행병은 기후변화가 봉쇄되지 않았다는 사실을 떠올리게 한다. 우리가 긴밀하게 연결된 세상에 살며 서로가 있어야 살아남을 수 있음을 보여 준다.

나는 기후 예측이 무섭긴 해도 아직은 희망을 가질 수 있다고 믿는다. 우리는 그래야만 한다. 다른 선택지는 없다. 우리는 유행병을 경험하면서 일부 지도자는 **과학에 귀를 기울일 수 있고, 국제사회가 같은 목적을 위해 함께 행동할 수 있음**을 알았다. 또 우리는 현재와 미래가 얼마나 불안해 보이든 감정이 북받쳐 멈춰 설 시간이나 여유가 없다. 특히 기후 위기가 일상 현실인 나라에 사는 사람들은 말이다.

　더는 물러설 곳이 없다. 미래를 위해 어떤 계획을 세웠든, 그 계획이 크든 작든 당장 급격하게 행동하지 않으면 우리는 실패할 것이다. 그러니 나를 비롯하여 아프리카와 전 세계에서 미래를 바꾸고자 활동하는 많은 젊은 기후 활동가와 지금 당장 함께하자. 옳은 것과 정당한 것을 얻기 위해 함께 싸우자.

1

길을 찾다

우간다 캄팔라에서 스위스까지는 비유로 말하든 문자 그대로 말하든 길이 멀다. 여러분이 2018년 여름에 나더러 기후 활동가가 되어 18개월 뒤에 다보스에 있을 것이라고 말했다면, 나는 여러분이 무슨 말을 하는지 몰랐을 것이다. 이렇게 물었을지도 모른다. **다보스가 어디죠? 기후 활동가가 뭐예요?** 그러니 여러분이 나에 관해 먼저 알아 둘 점은 나도 여러분만큼이나 이 여정이 놀랍다는 것이다.

나는 스물두 살이고 캄팔라에 있는 마케레경영대학교Mak-erere University Business School, MUBS에서 경영학 과정을 끝내 가는 중이었다. 마케레경영대학교는 1997년에 개교했으며 우간다에서 가장 오래되었고 가장 크고 명망 높은 마케레대학교의 분교다. 졸업하면 무엇을 할지 고민하기 시작한 때였다. 상식적

18

인 길을 갔더라면 차터드 마케팅 협회Chartered Institute of Market-ing에서 전문교육을 받은 다음 경영학 석사 학위를 취득하고 어쩌면 마케팅 박사 학위까지 따려고 했을 것이다. 학위를 딸 때마다 나는 경쟁이 치열한 취업 시장에서 유리해졌을 것이다.

우간다에서는 대학 과정을 마치고 졸업식을 하기까지 몇 개월 공백이 있다. 나는 그 기간에 어떤 식으로든 다른 사람을 돕는 자원봉사 활동을 하며 사회에 보탬이 되는 일을 해야겠다고 마음먹었지만, 무엇을 어떻게 할지 확신이 안 서는 참이었다.

둘러보니 정답은 눈앞에 있었다.

2018년 봄부터 여름을 지나 가을까지, 지부티와 소말리아부터 부룬디와 르완다까지 길게 이어지는 동아프리카 전역이 큰 홍수에 쑥대밭이 되었다는 이야기가 지역 뉴스와 내 소셜미디어 피드를 가득 채웠다. 집들이 쓸려 나간 사진을 보고, 수백 명이 죽어 간다는 글을 읽고, 그보다 훨씬 많은 사람이 삶의 터전을 잃었으며 보금자리와 음식과 약이 필요하다는 사실을 알게 되자 가슴이 미어질 듯했다. 수천만 제곱미터에 이르는 농작물이 죽었다. 우간다 동쪽으로 국경을 맞댄 케냐에서는 염소, 양, 소 수천 마리가 죽었다. 주변 산비탈에서 흙이 쓸려 내려 적갈색으로 변해 버린 흙탕물을 아이들이 힘겹게 걸어가는 장면도 보였다. 유엔은 소말리아에서 50만 명에게 피해를 준 홍수를 두고 이 지역에서 발생한 최악의 홍수라고 설명했다.

우리나라도 재난을 피하지는 못했다.

지난 5월 아프리카에서 가장 큰 호수인 빅토리아 호숫가에 있고, 적도에서 북쪽으로 70킬로미터쯤 떨어진 곳에 있는 캄팔라의 비공식 정착촌 두 곳, 캘러웨Kalerwe와 브웨이스Bwaise에 홍수가 났다. 10월에는 3일 동안 폭우가 수그러들지 않으면서 우간다 동쪽 부두다Bududa에 있는 산간 지방, 부칼라시Bukalasi와 부왈리Buwali에 대규모 산사태가 발생했다. 51명이 사망하고 만 2천 명이 생활 터전을 잃었다. 많은 도로와 다리 네 개가 떠내려갔다. 안타깝게도 말루두Maludu 마을에서는 산사태로 초등학교가 진흙에 파묻히면서 많은 아이가 생명을 잃었다.

한편 케냐 북부와 남수단 국경지대에 있는 북동쪽 먼 카라모자Karamoja 지역에서는 2년 연속 비가 내리지 않았다. 그 결과 우간다의 재정, 기획, 경제 개발부 장관은 2018년에 일어난 가뭄, 불규칙한 강우, 재앙을 초래하는 홍수가 "농업, 수력발전, 수자원, 거주지, 사회 기반 시설에 중대한 영향을 미쳤다"며, "장기간 빈곤이 계속되고 식량 불안정이 증가할 것이라 예상된다"고 했다.

우간다는 시원한 산악 지역을 제외하고는 따뜻한 열대성 기후이다. 우기는 3월에서 5월, 9월부터 11월까지 두 번 있다. 우간다 북쪽 나일강으로 흘러가는 빅토리아호Lake Victoria뿐 아니라 쿄가호Lake Kyoga나 콩고민주공화국과 함께 쓰는 앨버트호Lake Albert와 에드워드호Lake Edward 같은 물줄기가 많이 있다. 국립공원이 열 곳이며 줄어들기는 해도 국토의 10퍼센트가 숲으로 뒤덮여 있다.

내가 알기로 우리나라 중 일부 지역은 홍수에 취약하고, 수십 년 동안 산림을 파괴한 결과 산사태가 더 잘 일어났다. 하지만 2018년에 맞은 극단적인 사태들은 뭔가 달랐다. 더 자주 일어나고, 전국에 걸쳐 일어나고, 더 오래가고, 더 흉포한 모습을 보였다. 우기와 건기가 더 강력해졌으며, 비가 더 많이 내리고 가뭄이 더 길어졌고, 폭우와 가뭄이 오락가락했다.

나는 중고등학교 때 지리 과목에서 지구온난화에 관해 배웠다. 하지만 수업에서 이 주제를 다루었던 유일한 시간에, 선생님은 기후변화를 두고 우리가 미래에 다루어야 할 문제이며, 다른 곳에 사는 사람들의 문제인 것처럼 설명했다. 기후변화는 미래에 다른 곳에서 일어나는 일이 아니라 지금 여기, 아프리카, 우간다, 캄팔라에서 일어나는 일이 아닐까? 하는 의문이 들었다. 내가 수도에 있는 부모님 집에 살면서 뉴스로 듣는 침수, 이상 기온, 수확 실패, 결식아동, 질병 창궐, 절망한 난민 같은 사건들이 빈번하게 일어나면서 새로운 일상이 되는 건 아닐까? 수확량은 얼마나 더 줄어들까? 얼마나 더 많은 사람이 난민이 될까? 얼마나 더 많은 사람이 목숨을 잃을까?

그 무렵, 나는 기후변화에 세계가 어떻게 대응하는지에 대해 아는 것이 거의 없었다. 2015년 파리에서 197개국이 2100년까지 온실가스 배출을 감축하는 목표를 세웠다는 사실도 몰랐다. 지구의 전반적인 대기 온도가 산업혁명 이전 수준과 비교해 2도보다 '훨씬 덜' 상승하도록 말이다. 파리에 모인 여러 나라는 더 야심 찬 목표를 달성하여 연구자들이 예측하는 가장 심각한 혼란을 피하고자 노력하는 데도 합의했다. 지구 기온을 섭씨 1.5도보다 높이지 않기로.

하지만 2015년에 했던 약속에도 불구하고 온실가스 배출량은 줄어들지 않았으며 지구 온도는 이미 산업화 이전 수준보다 섭씨 1.2도 올랐다는 사실을 알게 되었다. 사실 이들 약속은 유엔 기후변화에 관한 정부 간 협의체United Nations' Intergovernmental Panel on Climate Change, IPCC의 연구에서 꼭 필요하다고 보여 준 정도보다 훨씬 덜 본격적이다. 내가 읽은 바에 따르면 과학자들은 기온이 1.5도 이상 오르는 것을 돌이킬 수 없게 되기 전까지 남은 시간은 고작 10년이라고 했다. 그뿐 아니라 세계기상협회World Meteorological Association는 지구 온도가 2024년까지 1.5도 오를 확률이 20퍼센트라고 계산했다. 더욱 충격적인 사실은 우리 행성이 2050년까지 3도, 2100년까지 7도 오를지도 모르는 길을 가고 있다는 것이다. 문명이 끝나는 시나리오다.

나는 아연했다. 걱정, 슬픔, 두려움, 화, 어리둥절함, 좌절, 역겨움. 이는 〈당신의 기분은?Is This How You Feel?〉이라는 웹사이트에서 과학자들이 기후 위기에 관해 표현하는 감정들이다. 동영상을 보고, 팟캐스트를 듣고, 블로그와 소셜미디어와 신문 기사를 읽는 동안 내 안에서도 이런 감정들이, 아니 그 이상이 치솟았다.

그리고 수많은 질문이 떠올랐다! 왜 초중고등학교와 대학교에서 기후변화를 더 폭넓게 가르치지 않았을까? 왜 우리는 과학자들이 하는 말을 안 들었을까? 왜 우리 정부는 행동하지 않았을까? 왜 국제사회는 더 협력하지 않았을까? 우리 지도자는 다들 무슨 일을 **했을까**? 우리는 왜 이 문제를 진지하게 받아들이지 않고 자신을 기만했을까?

12월과 1월은 우간다에서 1년 중 가장 더운 달이지만, 2018년 크리스마스와 새해 무렵은 유독 더웠다. 어떤 날 밤은 해가 진 뒤에도 너무 더워서 다락에 있는 내 방에서 잠을 청하기가 어려웠다. 시사에 밝고 책을 많이 읽는 찰스 삼촌에게 지금만큼 더웠던 때가 있었는지 물어보기로 했다. 삼촌은 대답했다.

"아니. 2, 30년 전만 해도 1월은 비교적 온화하고 습했지."

그 말은 비가 내릴 때 자라는 옥수수와 카사바, 콩, 고구마를 수확하기에 날씨가 완벽했다는 뜻이다. 삼촌이 덧붙였다.

"기후변화 때문인데, 아무도 그 얘기를 안 하는구나."

찰스 삼촌은 고개를 절레절레 흔들더니 말했다.

"우리나라에 있는 농부들은 고스란히 영향을 받고 있어."

삼촌이 말하길 농부들은 지구온난화라는 개념을 한 번도 못 들었을 수도 있지만, 무언가 잘못된 것을 느낄 수 있다고 했다.

"농부들은 날씨가 변하는 걸 지켜봐야 했고, 그 결과도 감당할 수밖에 없었어."

그다음에 삼촌은 내가 정말로 주목할 만한 말을 했다.

"우리는 이런 상황에 관해서 무슨 일이든 해야 해. 환경을 위하고, 젊은이를 위해서."

삼촌이 하는 말을 들으니 불안감과 분노가 거세졌다. 기후 위기라는 말이 실제로 무엇인지 정확하게 이해되기 시작했다. 나는 온라인으로 조사하다가 기후 위기를 정확히 기후 위기로 인지하는 한 사람을 발견했다. '미래를 위한 금요일Fridays for Future, FFF' 운동을 시작한 10대 스웨덴 청소년, 그레타 툰베리였다. 그레타는 몇 달 전부터 금요일마다 학교에 가는 대신 스웨덴 의회 밖에서 'SKOLSTREJK FÖR KLIMATET(기후를 위한 학교 파업)'이라고 쓴 피켓을 들고 서 있었다. 자기 나라와 세계가 지구 대기의 온난화를 적절히 다루는 데 실패한 것에 항의하기 위해서였다.

나는 나보다 훨씬 어린 누군가가 진실을 알리며 시위를 벌이고 있다는 것에서 큰 감명을 받았다. 그리고 조사를 할수록 세계 곳곳에서 다른 젊은이들도 그레타에게 동참하여 기후를 위한 학교 파업을 벌이고 있다는 사실을 알게 됐다. 그중에는 10대가 안 된 아이들도 있었다. 찰스 삼촌이 했던 말이 머릿속에 울리면서, 나도 파업을 향한 끌림을 느꼈다. 환경 운동가가 **되어야겠다는** 생각이 들기 시작했다. 하지만 실제로 무엇을 어떻게 해야 할지가 명확하지 않았다.

나는 몇 가지 장애물 때문에 행동하기를 망설였다. 먼저, 사람들은 대부분 나를 사교적이라고 생각하지만, 사실 나는 수줍음이 많고 혼자 시간 보내는 걸 좋아한다. 또 나한테 관심이 쏠리는 것을 반기지 않는다. 이런 내가 어떻게 '활동가'로서 밖으로 나갈 수 있을까? 누구와 함께 파업할까? 우리 집에서 가장 가까운 모퉁이로 가서 피켓을 들고 서 있어야 할까? 아니면 그레타처럼 관공서나 한 번도 가 본 적 없는 우간다 의회 앞에서 파업을 벌여야 할까? 어디에서 파업할지가 가장 어려운 결정이 될 듯했다.

내가 마주했던 장벽 중에는 아마 여러분 중 몇몇은 이해하기 어려울 만한 것도 있다. 내가 사는 우간다나 이와 비슷한 다른 곳에서는 남자나 소년들한테는 적용되지 않는, 젊은 여자들에게만 적용되는 아주 엄격한 규율이 있다. 내가 다녔던 여자 기숙학교는 얌전하게 행동하고 권위를 존중하라고 가르쳤다. 젊은 여성이 피켓을 들고 혼자 거리에 서 있는 일은 흔치 않으며, 이런 여성은 괴롭힘이나 폭언은 물론 더 심한 일을 당할 확률이 높다. '남자에 미쳤다(젊은 미혼 여성이 돌발 행동을 하면 흔히 던지는 모욕이다)'라고 비난받거나 심지어 매춘부라고 의심받을 수도 있다. 우리가 거리에서 시위를 벌인다는 소식을 부모님이나 형제들이 들으면, 못마땅해하거나 화를 낼 가능성이 크다. 그리고 비난하는 듯이 물을 것이다.

"도대체 무슨 생각을 하는 거냐?"

내가 부닥친 또 다른 문제는 우간다에서 공개적으로 시위를 벌이기 어렵다는 점이다. 행정상으로 행진 허가를 받기 어려울 수 있으며, 경찰들은 대규모 집회에 모인 사람들을 해산시킬 수 있고 그러면 체포당할지도 모른다. 나는 그런 광경을 본 적이 있다. 법에 뭐라고 되어 있든 간에, 우리는 정말로 언론의 자유가 없다. 당국이 '너무 정치적'이라고 여기면 집회나 시위를 일상적으로 금지시킨다.

내가 공부했던 마케레경영대학교를 기준으로 도시 반대편에 있는 마케레대학교 본교에서는 내 또래들이 주로 등록금 인상에 반대하며 자주 파업하고 시위를 벌였다. 경찰들은 경찰봉과 최루가스를 써서 시위를 여러 번 중단시켰다. 그러면 최루가스가 온 캠퍼스에 퍼지고 학생 기숙사까지 스며들고는 했다. 학생들은 얻어맞고 체포당했다. 경찰은 이따금 군중을 해산시키는 데 실탄까지 발포했다.

우간다에서 경찰이 여러분을 체포하면, 보통 휴대전화를 포함하여 소지품을 전부 가져간다. 내가 기후 파업을 벌이다가 체포당하면? 경찰이 내 휴대선화를 압수하면 내가 구금된 사실을 도대체 누가 알 수 있지? 나는 누구한테 말하지? 누가 보석금을 내고 나를 꺼내 주지? 우리 가족은 어떻게 반응할까?

2019년 새해가 밝아 올 때 나는 이런 생각과 두려움에 사로잡혀 있었다. 겉으로는 달라진 점이 없어 보였어도 말이다. 나는 열두 살 방학 때 일손을 거들었던 뒤로, 우리 가족이 운영하는 배터리 공급소에서 줄곧 일했다. 그리고 거의 모든 면에서 여러분이 평범한 대학생이라고 여길 만한 사람이었다. 가끔 파티에 갔고, 거기서 춤추고 친구와 수다 떨기를 좋아했다. 저녁에는 영어로 더빙한 남미 드라마, 우간다의 경연 대회와 미인 대회를 즐겨 봤고, 원 디렉션, 에드 시런, 테일러 스위프트, 우간다 래퍼인 픽 파메이카의 노래를 자주 들었다. 또 1월 중하순으로 다가온 졸업을 기대했다. 종일 공부하면서도, 가게에서 시간제 아르바이트로 회계와 영수증을 처리하는 일을 했기 때문에 대학 3년이라는 시간을 치열하게 보냈다.

나는 5남매 중 맏이고 부모님과 친하지만, 부모님께 속마음을 다 털어놓지는 않았다. 나는 마케레경영대학교에 다니는 동안 캄팔라 남동부에 있는 부모님 집에서 살았다. 물론 몇몇 친구들처럼 대학교 기숙사에 사는 경험을 해 보고 싶었지만, 학교가 집과 가까웠기 때문에 부모님은 기숙사에 돈을 들일 가치가 없다고 생각했다. 나는 기숙사에 사는 대학생만큼 사생활을 보장받진 못했지만, 내 방이 다락에 있는 덕분에 아무한테도 내 생각을 들키지 않고 파업을 계획할 수 있었다.

나는 부모님들이 대중 앞에서 하는 기후 파업을 못 하게 할까 봐, 파업에 관한 생각은 혼자만 하고 있었다. 하지만 부모님이 내 생각을 이해하지 못할 거라는 생각은 아니었다. 우리가 자라는 동안, 부모님은 나와 두 여동생과 두 남동생한테 남들이 좋아하는 일이 아니라 우리가 생각하기에 옳은 일을 하라고 격려해 주셨다. 부모님은 우리 남매가 어떤 일을 하려고 할 때 나쁜 의도가 없고 그 일을 하면서 행복하다면, 최선을 다한 뒤에 일이 어떻게 흘러가는지 지켜보라고 늘 말씀하셨다. 나는 오히려 여자 친구들이 보일 반응이 더 걱정됐다. 내가 피켓을 들고 길에 서 있으려 한다는 것을 알면 학교 친구들이 뭐라고 할지 눈에 선했다.

"너는 우리가 배운 걸 전부 어기고 있어!"

그렇지만… 소셜미디어에서 본 여러 기후 파업을 하는 학생들이 계속 머릿속에 떠올랐다. 대부분 젊은 여성이나 소녀였다. 미국인 알렉산드리아 빌라세뇨르는 겨우 열네 살에 청소년 기후 네트워크인 어스업라이징Earth Uprising을 설립했다. 릴리 플랫은 겨우 일곱 살이었던 2015년에 네덜란드에서 플라스틱 쓰레기를 치우도록 격려하는 캠페인을 벌였다. 물론 그레타도 있다. 나는 이 소녀들도 당당하게 대중 앞에서 기후 행동*을 요구하는데, 기후 위기가 눈앞에 닥친 나라에 살면서 대학을 졸업하는 나는 당연히 동참해야 하는 것 아니냐고 스스로 되뇌었다. 내가 동참하지 않는다면 나는 자신을 용서할 수 있을까?

1월 초까지 나는 기후 활동을 시작해야 할지 말지를 가늠하며 오랜 시간을 보냈다. 무슨 일이 벌어질지 걱정하고, 내 친구와 가족과 그 밖에 **많은 사람이** 나에 대해 어떻게 생각하고 이야기할지 걱정하느라 소중한 시간을 낭비했다. 하지만 이미 너무 오래 미뤘다는 사실을 깨달았다. 이제 두려움에서 벗어나 세상을 마주할 때였다.

\ / \ / \ /

2019년 1월 5일 토요일, 나는 기숙학교에서 집으로 돌아온 남동생 폴 크리스티안**(14세)과 트레버(10세), 우리 집에 머물던 두 사촌 네이슨(11세)과 버락(9세), 마지막으로 캄팔라에서 우리 가족과 함께 사는 내 또래 사촌 이사벨라에게 함께 파업을 벌이자고 말했다. 이사벨라가 물었다.

"뭘 위해서 파업하는데?"

"환경을 위해서."

내가 대답했다. 네이슨이 왜냐고 물었고 나는 사촌과 동생은 물론이고 나 자신도 이해할 수 있게 설명하려고 노력했다.

"우리는 기후 행동을 요구할 거야. 우리는 정치인이랑 사업가들이 무언가 하기를 요구해야 해."

내가 설득을 잘하고 있는지 확신이 안 갔지만, 덧붙여 말했다.

"기후 재난 때문에 고통받는 사람들을 위한 일이야."

그러고 나서 어린 동생들을 보니 얼굴에 기대가 서려 있었지만, 이사벨라는 미심쩍은 표정을 지었다.

"나는 너희들이랑 첫 번째 파업을 하고 싶어."

동생들은 신나 보였다. 나는 첫째로서 동생들한테 방향을 제시하는 데는 이골이 났다. 하지만 그 점이 도움이 됐다.

"우선, 피켓을 만들자."

나는 동생들한테 말했다. 어떤 아이가 피켓 만들기를 안 좋아할까? 이사벨라는 나와 함께 아이들을 이끌어 갔다.

내가 그날 아침 일찍 매직펜을 사 두었기에 우리는 글씨를

★ 기후변화가 미치는 영향을 줄이고자 하는 정책이나 노력을 말한다.
★★ 대부분의 가족들은 아이가 태어나면, 첫째 아이는 할머니한테서 성을 받고, 둘째 아이는 할아버지한테 이름을 받는다. 이렇게 해서 가족 중 두 어른이 새로 태어난 아이들에게 이름을 지어 준다. 우간다에 있는 많은 지역사회에는 각자 정체성을 대표하는 신성한 상징이 있다. 우리 공동체 사람들은 바간다Baganda족인데, 나카테라는 내 성은 우리 씨족의 상징인 소와 연관된 것이다. 다른 공동체처럼 바간다족도 여러 씨족으로 나뉜다. 나는 코끼리 씨족이다. 내 두 여동생과 남동생은 우간다 풍습에 따라 이 씨족에서 다른 성을 받았고, 이름은 모두 아버지 쪽에서 받았다. —글쓴이 주

크고 두껍게 쓸 수 있었다. 운이 좋게도 그림을 매우 잘 그리는 여동생한테 커다란 스케치북이 있었고, 동생은 스케치북을 써도 된다고 했다. 우리는 들고 다닐 피켓을 만들었다.

"뭐라고 쓰지?"

아홉 살짜리 버락이 물었다. 나는 우리가 긍정적인 무언가를 표현하기를 바랐고, 어린 동생들한테 스스로 이해하는 피켓을 들게 해 주고 싶었다. 우리는 너무 위협적이지 않아 보이는 문구를 골라서 영어로 적었다.

'나무는 우리한테 중요하다' '자연은 생명이다' '나무 한 그루를 심으면 숲 하나를 심는 것' '고맙네, 지구온난화(빈정대는 문구다)' '지금 당장 기후 파업'

우리는 글자 옆에 나무도 몇 그루 그렸다.

우리가 거실에서 글씨를 쓰는 데 집중할 때, 어머니가 궁금해하면서 문으로 고개를 쑥 내밀었다.

"Mwe mukolakyi? Kulwakyi muwandika ebigambo ku mpapula(뭘 하는 거니? 왜 종이에 그렇게 적는 거야)?"

어머니는 모국어인 루간다어로 물었다.

나는 솔직해지기로 마음먹고 대답했다.

"기후 파업을 하려고요."

"그게 뭔데?"

우리가 전부 그랬듯, 어머니도 기후 파업을 낯설어했다.

"저희는 환경을 보호하려고 싸울 거예요. 그래서 피켓이 필요해요. 정부가 기후변화에 관해서 꼭 무언가를 하게 만들고 싶거든요."

어머니는 잠시 멈춰 내 말을 생각하더니 입을 열었다.

"좋은 생각이구나. 하지만 거리로 나가는 일이 걱정되지는 않니?"

"계속 무서웠죠. 하지만 이 일을 해야 한다고 판단했어요."

내 대답에도 어머니가 계속 걱정하는 것이 보이기에 덧붙였다.

"평화로운 파업이고 아이들과 함께 가잖아요. 걱정하실 필요는 없어요."

어머니가 고개를 끄덕였다. 어머니가 내 말에 동의하는지는 확실치 않았지만, 어머니는 우선 "알았다"라고 했다.

다음 날 아침, 우리 여섯 명은 일찍 일어나 7시쯤 부모님이 깨지 않도록 조심조심 문밖을 나섰다. 날씨는 화창했지만, 공기가 서늘해 모두 스웨터를 입었다.

캄팔라는 다른 많은 아프리카 도시와 마찬가지로 신시가지에는 포장도로와 인도, 고층 빌딩이 있다. 반면 다른 곳에는 나무가 푸르게 우거지고 붉은 흙이 보인다. 거리에는 차가 많고 빵빵거리며 경적을 울려 시끄럽다. 나는 네 곳을 골라 피켓을 들고 30분씩 서 있기로 했다(이동하는 시간을 알 수 있게 휴대전화 알람도 맞췄다). 이 장소들은 전략적으로 골랐다. 교통이 혼잡한 교차로에 있는 시장통이어서 우리 메시지를 최대한 많은 사람한테 보여 줄 수 있었다. 여기서는 택시, 마타투matatu(승객이 14명까지 앉을 수 있는 공공 미니버스), 보다보다boda boda(오토바이 택시)가 자전거를 타는 사람은 물론 보행자하고도 경쟁하고 있다. 우리는 키틴탈레Kitintale와 부골로비Bugolobi 쪽으로 갔는데, 집에서 멀지 않고 대충 둥글게 이어져 있으며 마지막 장소는 집과 멀지 않다.

우리는 피켓을 높이 들고, 작은 기후 행진을 벌이듯이 키틴탈레 시장에 있는 첫 번째 장소로 걸어갔다. 동생 폴 크리스티안은 파업 사진을 소셜미디어에 올릴 수 있게 우리를 찍기로 했다. 우리가 걸어가는 농안 많은 사람이 우리를 빤히 쳐다봤는데, 우리가 무얼 하는지 궁금해하는 것 같았다. 어떤 여자는 우리한테 오더니, 학교까지 길을 내느라 나무를 베고 있는 현장에 가 보라고 했다. 그 여자는 말했다.

"그 사람들은 그렇게 하면 안 된다는 걸 알아야 해요. 나무를 베지 않고도 학교에 다닐 수 있어요."

나도 그렇게 생각한다고 말하면서 나중에 더 알아봐야겠다고 생각했다. (내가 나중에 찾아갔을 때 교장 선생님은 학교에 없었다. 학생과 선생님들과 기후변화에 관해 이야기를 나눌 수 있게 해 달라고 편지를 썼지만, 답장을 받지 못했다. 마케레경영대학교 가는 길에 그 학교가 있어서 나도 학교 주변에 있는 나무를 베고 있다는 것은 알고 있었다.)

우간다에서는 일요일이면 노천 시장에 수십 개나 되는 가판대가 들어서서 손님한테 과일과 채소, 곡물, 고기를 판다. 쇼핑하는 사람들과 동료 노점상, 배고픈 행인에게 조리한 음식을 파는 곳도 있다. 키틴탈레도 예외는 아니다. 백여 명이 넘는 노점상이 준비하는 동안 손님들은 음식을 사기 위해 줄을 섰다. 우리가 피켓을 들고 섰을 때, 내 심장은 더 빠르게 뛰기 시작했다. 사람들이 어떻게 반응할까?

대부분은 일요일 아침마다 하던 일을 계속했다. 상인은 바나나와 피망을 진열했다. 몇몇 손님들은 우리 쪽을 보더니 잠시 멈춰 피켓을 읽었다. 우리한테 직접 뭐라고 하는 사람은 없었고, 고함치거나 욕하거나 우리를 쫓아내려는 사람도 없었다. 그런데도 나는 너무 불안해서 다리에 감각이 없을 지경이었다. 솔직히 말하면, 가능한 한 빨리 떠나고 싶었다. 사촌 동생인 버락이 나중에 말하기를 자기도 처음에는 창피했다고 했다.

"땅속으로 꺼지고 싶었어!"

처음 해 보는 파업이었기에, 거기 서 있을 때 무섭고 스트레스를 많이 받았다. 하지만 우리는 끝까지 해냈다. 나는 아무리 불편하더라도 우리 메시지를 대중한테 알려야 한다고 되뇌었다. 휴대전화에서 알람이 울리면 다음 파업 장소로 이동했다. 그렇게 파업을 이어 가다 보니 생각보다 덜 걱정스러웠다.

마타투를 타고 붐비는 포트벨로Port Bell Road를 4분 정도 가면 부골로비역이 나왔다. 부골로비역은 교통의 중심지이기도 해서 여행을 시작하는 '시작점' 같은 곳이었다. 인터넷과 송금 서비스를 이용할 수 있고 휴대전화를 충전할 수 있다. 그리고 가벼운 음식과 전자 기기, 옷을 파는 작은 가게들이 있어서 늘 북적거렸다. 우리는 호기심 어린 시선을 받기는 했지만, 이번에도 뭐라고 말하는 사람은 없었다. 나는 파업이 점점 쉬워지는 것 같았다. 우리는 30분이 지난 뒤에 세 번째 파업 장소인 빌리지몰Village Mall로 걸어갔다.

빌리지몰 역시 부골로비에 있다. 고급 대단지 쇼핑몰로 커피 한 잔부터 옷 한 벌까지 모든 것이 다른 곳보다 세 배는 비싸다. 여기에 서 있으면 부유한 우간다 사람뿐 아니라 식사를 하거나 물건을 사러 나온 백인 체류자들도 우리를 볼 것이다. 그 점이 중요했다. 기후 활동가는 유럽이나 미국뿐 아니라 우간다에도 있다는 사실을 이 사람들이 알아야 했다. 또 주유소가 옆에 있는 것도 내가 빌리지몰을 선택한 이유다. 나는 석유산업을 대상으로 하는 기후 활동가를 본 적이 있다. 우리가 이 장소에 있으면 운전자들도 양심의 가책을 느낄 것이다. 우리는 자가용을 모는 사람, 보행자, 자전거를 탄 사람, 버스와 마타투를 탄 승객이 지나가면서 우리를 볼 수 있도록 입구에 서서 피켓을 흔들었다.

마지막 목적지는 나카와Nakawa에 있는 캐피탈쇼퍼스Capital Shoppers 앞이었는데, 이 대형 슈퍼마켓은 내가 곧 졸업할 마케레경영대학교 건너편에 있었다. 나는 반 친구들 몇이 플래카드를 들고 서 있는 나를 볼 수도 있다는 것을 생각하지 않으려고, 또 도대체 내가 뭐 하는 짓이지 하고 넋 놓지 않으려고 애썼다.

캄팔라는 165만 명이 사는 대도시지만, 이따금 작은 마을처럼 느껴지기도 하는데, 매우 많은 우간다 사람이 일을 찾아 캄팔라로 오기 때문이다. 따라서 마케레경영대학교나 중고등학교 동창을 만날 가능성이 꽤 컸다. 그래도 그런 생각은 안 하려고 했다! 그 대신 걸어 다니는 사람과 자동차나 택시에 탄 사람한테 집중했다. 그 시간쯤 우리는 모두 배가 몹시 고팠고 지쳐 있었다. 네 번째 알람이 울렸을 때, 우리는 피켓을 챙겨서 마타투를 타고 집에 왔다.

어머니가 아침상을 푸짐하게 차려 놓고 우리를 기다리고 있었다. 어머니는 파업이 어떻게 됐고 사람들이 우리한테 어떻게 반응했는지 물었다. 나는 학교와 벌목에 관해 이야기해 준 여자 얘기를 했다. 어머니도 그 이야기를 들었다면서 가끔 거기에 가서 나무를 살리기 위해 파업을 벌이라고 제안했다. 어머니는 우리가 자랑스러운 듯했다. 이제 어머니는 텔레비전에서 홍수나 가뭄, 산불에 관한 뉴스를 볼 때마다 와서 보라며 나를 부른다.

"뭘 하고 온 거냐?"

우리가 모두 돌아온 것을 본 아버지가 물었다. 아버지는 파업 계획을 몰랐기에 우리 여섯 명이 무엇 때문에 그렇게 일찍 일어나 집을 나섰는지 진심으로 궁금해했다.

"기후 파업을 했어요."

내가 대답했다. 아버지는 당황했지만 화를 내지는 않았다. 아버지는 기후 파업이 무엇인지 몰랐지만, 사람들의 삶에 영향을 미치는 환경문제를 널리 알리는 일이 중요하다는 점을 이해했다. 아버지는 임원을 맡은 로터리클럽*에서 몇 년 동안 나무

---

* 사회봉사와 친선을 목적으로 하는 국제단체.

심기 프로젝트에 참여하기도 했다.

"잘했구나."

놀랍게도 아버지가 말했다. 그다음에 모두 앉아 밥을 먹자고 재촉했다. 여동생인 조앤(당시 17세)과 클레어(19세)는 더 꼬치꼬치 캐물었다.

"사람들이 어떻게 봤어? 쉬웠어? 어려웠어?"

"언니는 용감한 거 같아."

조앤이 물었고 클레어가 조용히 덧붙였다.

나는 여동생들이 관심을 보이는 것이 흥미로웠다. 내가 전날 계획을 털어놨을 때는 파업에 참여하는 데 크게 흥미를 보이지 않았기 때문이다. 가기 싫은 이유를 구체적으로 알려 주지도 않았다. 어쩌면 일요일에 파업하려 했으니 늦잠을 자고 싶었을지도 모르고, 대다수 사람처럼 기후 파업이 무엇인지 정확히 몰랐을지도 모른다. 친구들이 자기를 보는 것이 싫었을 수도 있고, 소셜미디어에 올릴 사진에 찍히는 것이 싫었을 수도 있다.

나는, 마냥 신이 났다. 시위가 처음인 까닭도 있었다. 또 우리 젊은 사람이 자신을 표현하고 우간다 사람한테 영향을 미치는 무언가를 캄팔라 사람들한테 알리고자 노력했기 때문이다. 나 자신이 만족스럽게 느껴졌다. 나는 조롱당할 수도 있었지만 그렇다고 해서 그만두지 않았다. 내 걱정에 짓눌리거나, 아는 사람이 나를 보고 냉담하게 대할까 봐 멈칫거리지도 않았다. 낯선 사람이 나를 비난할까 두려워 파업을 포기하지도 않았다.

나는 계획대로 그날 늦게, 남동생 폴 크리스티안이 찍어 준 사진과 동영상 몇 개를 팔로워가 500명 남짓 되는 내 소셜미디어에 올렸다. 그러고 나서 사진을 다시 확인하니, 친구 몇 명이 그 게시물에 '좋아요'를 눌러 주고, 몇몇은 응원까지 달아 준 것이 보여 기뻤다. 잠자리에 들기 전에 휴대전화를 또 한 번 봤다. 나는 포스팅할 때 해시태그를 달아서 우리가 벌인 기후 파업을 #미래를위한금요일과 연결 지어 뒀다. 그러자 놀랍게도 내가 올린 사진을 그레타 툰베리가 리트윗했고, 내 게시물은 갑자기 천 개가 넘는 좋아요를 받았다. 내가 예전에 올린 게시물은 좋아요를 열 개 이상 받은 적이 없는데 말이다! **어떻게 이런 일이 벌어졌을까?**

다음 날 아침에는 전 세계 사람들이 눌러 준 좋아요가 더 늘어 있었다. 나는 돌아오는 금요일에 다음 파업을 벌일 계획을 세우기 시작했다. 나는 무언가를 시작했다. 이제 멈출 수 없었다.

2

행동에 나서다

그 일주일 동안 하루하루 지날수록 더 초조해졌지만, 첫 번째 '미래를 위한 금요일' 파업을 처음부터 끝까지 해내기로 단단히 마음먹었다. 이번에는 혼자 해야 할 가능성이 컸다. 남동생들은 기숙학교로 돌아갔고, 사촌인 네이슨과 버락도 집으로 갔으며, 이사벨라는 수업을 들으러 갈 것이다. 나는 몇몇 친구들한테 파업에 참여해 달라고 부탁했지만, 친구들은 내 설득에 넘어오지 않았다. 내 여동생들처럼 내가 하려는 걸 이해하지 못하거나, 혹시 누군가가 피켓을 든 자기 사진을 찍어 왓츠앱WhatsApp* 친구 그룹에 올리고 비난을 퍼부어도 아랑곳하지 않을 준비가 안 돼 있었다.

---

* 메신저를 하는 애플리케이션.

금요일 아침이 되자, 나는 아침을 먹고 청바지를 입고 우리 가족이 운영하는 가게로 갔다. 내가 처음 파업하고 나서 포스팅한 사진을 이미 본 동료 직원들한테 오늘 아침에도 다시 파업할 것이라고 설명했다. 그리고 전에도 가끔 그런 것처럼 우리 아버지가 나타나면, 내가 심부름을 하러 사무실 밖으로 나갔다는 핑계를 대 달라고 부탁했다.

나는 첫 파업 때 갔던 장소 중 두 곳을 다시 찾아가기로 했다. 피켓을 옆구리에 끼고 부골로비역으로 걸어갔다. 역에는 사람들이 가득했는데, 이번에는 사람들이 누구를 쳐다보는지를 모를 수 없었다.

이상하게도 우리는 우리가 간직한 두려움을 다른 사람을 통해서 보거나, 사회가 우리에게 하는 평가를 스스로에게도 똑같이 한다. 나는 자동차나 택시가 지나갈 때마다 승객이 나를 알아보지는 않을지, 또는 '저 사람은 취직할 노력은 안 하고 저 모퉁이에 서 있네'라며 속으로 생각하지는 않을지 궁금해졌다. 아니면 '왜 저 사람은 가난한 사람을 돕지 않지?'라거나 '왜 먹을 것이 부족한 사람을 위해 시위하지 않지?'라며 작게 혼잣말을 했는지도 모른다. 아니면 화를 내면서 왜 내가 내 시간은 물론이고 자기들 시간까지 낭비하게 만드는지를 물었을지도 모른다. 이상해하거나 놀라는 듯한 시선과 코를 찡그리거나 눈을 가늘게 뜨거나 이마를 찌푸리는 표정이 전부 내가 하는 행동을 곧장 비난하는 것처럼 보였다.

나는 부골로비역에서 30분을 보낸 다음 빌리지몰로 이동했다. 거기서 엘튼 존 세칸디(맞다. 그 유명한 가수를 따라 지은 이름이다. 그리고 내 이름도 마찬가지라고 할 수 있다. 우리 아버지는 1990년대 중반에 바네사 윌리엄스라는 미국 가수가 부른 노래를 무척 좋아했고 어느 정도는 그 이유로 나한테 바네사라는 이름을 붙였다!)라는 친구와 합류하니 마음이 놓였다. 엘튼은 퇴근할 수 있으면 와 보겠다고 말했던 터였다. 엘튼은 마사카Masaka에서 왔는데, 캄팔라에서 서쪽으로 세 시간 반쯤 떨어져 있으며 역시나 빅토리아 호수 주변에 있다. 내가 엘튼을 아는 이유는 엘튼이 잠시 캄팔라에 살면서 우리 가족이 운영하는 가게 몇 곳에서 일했으며, 내가 일을 돕던 곳에도 있었기 때문이다.

후반부에는 엘튼이 있어서 파업하기가 조금 편했지만, 대체로 관심을 받지 못해 실망스러웠다. 정말이지 아무도 우리한테 소리치거나, 질문하거나, 주의를 기울이지 않으니, 우리가 하는 일이 얼마나 효과적인지 판단하기 어려웠다. 피켓에 쓴 메시지가, 첫 번째 파업 때 쓴 구호를 조합한 내용이 혼란스러웠을까? 사람들은 기후 문제에 관해서 항의하거나 주의를 기울일 만한 가치가 없다고 생각했을까? 고작 몇 달 전까지만 해도 나 역시 기후 위기가 얼마나 심각한지 몰랐다는 사실을 되새겨야 했다.

그래도 한 사람이 관심을 **보였는데**, 바로 엘튼이었다. 엘튼은 어떻게 내가 기후를 위해 파업할 생각을 떠올렸는지 물었다. 엘튼은 이런 일을 한 번도 본 적이 없고 할 수 있다고 생각조차

안 했기 때문이다. 나는 그레타와 수많은 나라에서 하고 있는 금요일 학교 파업에 관해 이야기해 줬다. 우리가 나눈 대화가 효과가 있었는지, 엘튼은 그 뒤부터 대학에 다니러 마사카에 돌아가기 전까지 내가 조직하는 시위에 몇 번 더 참석했다.

사실 엘튼이 첫 번째 금요일 파업에 참여해 준 덕분에 나는 용기를 내서 이틀 뒤인 1월 13일 일요일에 할 파업에도 참여해 줄 수 있는지 물었다. 이번에는 다른 장소를 제안했다. 우간다 의회를.

\ / \ / \ /

수도 캄팔라에 있는 의회 앞에서 파업하면, 내가 이전에 파업했던 상업지역에서보다 더 강하게 성명을 낼 수 있을 터였다. 나는 상점과 교통 중심지에서 파업하면서, 우리가 소비자로서 우리의 선택이 이 행성에 어떤 영향을 미칠지 다시 생각해 보자고 우간다 사람들한테 부탁했다. 하지만 기후 활동가들이 명확하게 밝혔듯, 우리가 파업하는 목적은 그저 시민들 사이에서 관심을 불러일으키기 위해서가 아니다. 정부 정책과 민간 부문 행동과 투자에 더 대대적인 구조 변화가 일어나도록 요구하기 위해서다. 다시 말해 자동차 연료 탱크에 휘발유를 넣는 운전자가 습관을 바꿔야 할 뿐 아니라, 석유와 가스 회사는 물론이고 온실가스 배출에 책임이 있는 모든 회사가 철저하게 지속 가능성을 확보하고자 사업 모형과 관행을 바꿔야 한다는 뜻이다. 이런 일이 일어나려면 경제적 **정치적** 압박이 필요하다. 정부는 기후 과학자들이 하는 말을 들어야 한다. 법안과 법령, 예산안을 통과시켜 화석연료를 친환경 연료로 대체하고 기후 위기에 대응하도록 자금을 지원해야 한다. 그리고 탄소를 많이 배출하는 나라는 가능한 한 빨리 배출 수준을 제로로 줄여야 한다.

따라서 나는 그레타를 따라 하기로 마음먹었다. 나는 의회 앞에서 파업해야 했다.

이 결정은 심각해질지도 모른다. 엘튼과 내가 알기로 우리는 그냥 의회 건물 앞으로 걸어가서 피켓을 들 수 없었다. 정문을 통과할 수 있을지도 모르고 그 주변 지역 전체를 보안 요원이 가득 채우고 있을 터였다. 보안 요원은 우리가 왜 거기에 있으며 무엇을 하는지를 다그치며 물어볼 것이다. 또 우리를 체포할 권한도 있을 것이다. 나는 가족한테 **이 파업에** 대해 말할 수 없었다. 너무 위험하다고 할 것이 분명하기 때문이다.

나는 단단히 결심했다. 일요일 아침, 부모님한테는 대충 언제 들어온다고만 말한 뒤 엘튼과 마타투를 타고 가서 의회 건물 근처에 내렸다. 정문에 도착하자 가슴이 철렁했다. 우리는 특히 그날이 의회 주간Parliament Week*의 첫날이며, 정부 웹사이트에 따르면 '의회가 대중한테 더 가까이 다가가도록' 국회의원과 장관들이 나오는 행사가 줄줄이 준비돼 있다는 사실을 미처 몰랐다. 백색증을 앓는 우간다 사람들을 위해 기금을 마련하

★ 의회를 대중에 공개하는 연례행사.

는 자선 걷기 행사를 하고 있어서, 몇몇 정치 지도자를 비롯해 사람들이 평소보다 많이 있었다. 경찰들도 더 많았다.

"무서운데."

광장으로 들어가며 엘튼이 중얼거렸다.

나는 경찰이 서 있는 쪽을 쳐다봤다. 우리 목적은 기후 위기에 관한 관심을 높이는 것이지 정부나 경찰에 대항해 시위하는 것이 아니라고 경찰관한테 정직하게 이야기하는 편이 현명해 보였다. 기후 위기를 서둘러 해결해야 하며 정부가 행동해야 함을 의회 앞에서 알리려고 시도하는 한편, 우리가 어떤 말로 설명해도 정부가 이를 고의로 왜곡하거나 위협으로 받아들일 수 있는 현실을 고려하여 균형을 맞춰야 했다.

내가 말했다.

"좋아, 내가 저 사람한테 가서 우리가 왜 여기 있는지 설명할 테니까 저 사람이 어떻게 나오는지 보자."

경찰관한테 걸어가는 동안 심장이 입으로 튀어나올 뻔했다. 사람들은 피켓 몇 개를 들고 다니는 것보다 훨씬 하찮은 이유로도 체포당했다.

나는 머뭇거리며 말을 시작했다.

"안녕하세요. 저희는 환경 운동가인데 왜 우리가 기후 위기를 신경 써야 하는지를 지도부에 보여 주려고 피켓을 가져왔어요."

경찰관은 얼굴을 찡그리며 눈을 가늘게 떴다.

"야당에서 기후 활동가로 변장시켜서 보낸 거 아냐?"

경찰이 묻자 나는 아니라고 확실하게 말했다. 경찰은 우리를 경계하듯 바라봤다.

"정부를 욕 먹일 셈인가?"

"아니에요. 그렇지 않아요."

내가 대답했다. 그 경찰은 다른 경찰 네 명과 함께 우리 피켓에 나열된 메시지를 읽었다.

초록 사랑 초록 평화

플라스틱 오염을 물리치자

예예, 고맙습니다, 지구온난화

(나는 이 비꼬는 문구를 여전히 좋아한다.)

당장 기후 파업

나는 마지막 문구가 의심을 사리라는 것을 알았는데, 우간다에서는 파업이라는 말이 정치적 불안과 연관되기에 그 말을 사용할지 곰곰이 생각했다. 하지만 피켓을 읽는 사람한테 행동이 꼭 필요하다고 확실하게 알리는 것이 중요하다고 판단했다.

아니나 다를까 경찰은 **파업**이라는 말을 정말로 언짢아했는데, 마케레대학교 등록금 파업과 노조 파업이 종종 폭력적으로 변하고 정부와 야당이 이를 정치적 논쟁거리로 삼았기 때문인 듯했다. 우간다 정치는 여당과 야당이 심한 불화를 자주 일으켜서 안정되지 않았다. 선거 전후로는 이런 갈등이 극심해질 수도 있다.

"정부에 반대하는 파업을 선동하려는 학생들이냐?"

나는 고개를 흔들어 아니라고 했다. 다른 경찰관이 엄중하게 물었다.

"무슨 파업을 하려는 거지? 정말로 야당과 한편이 아닌 건가?"

우리는 다시 아니라고, 우리가 벌이는 파업은 정치적인 성격이 없으며 비폭력적일 것이라고 말했다.

그래도 경찰관들은 물러서지 않았다. 피켓이 '숨은 메시지'를 전달하지 않는지 확실히 하고 싶다고 했다.

마침내 경찰들이 누그러지더니 지정해 준 장소에만 서 있고, 우리가 하려는 일이 계몽 활동이라면 피켓을 보여도 된다고 허락했다. 어찌나 다행인지!

엘튼은 여전히 불안해했다. 나는 경찰관들이 반대하지 않았으니 무서워할 이유가 별로 없다며 엘튼을 안심시켰다. 그리고 말했다.

"어떤 사람이 우리한테 왜 여기 있냐고 물어보면 경찰한테 허락받았다고 하면 돼."

엘튼과 나는 정해 준 자리에서 90분 동안 파업을 했다. 우리가 서 있던 장소를 감안하면, 우리는 감시를 당했을 것이 분명하다. 의회 주변에는 사방을 감시하는 카메라가 가득 달려 있기 때문이다. 결과적으로 경찰은 우리를 위협하거나 괴롭히지 않았다. 다른 누구도 그러지 않았다. 사실 그날은 날씨가 더웠고 경찰 중 한 명이 우리에게 음료수를 가져다주기도 했다. 경찰관 두 명은 첫 번째 금요일 파업 때 엘튼이 그랬던 것처럼 호기심이 생긴 듯했다. 한 명은 자기가 농장을 가지고 있는데, 씨앗이 필요하다고 말했다. 우리 단체에서 씨앗을 나눠 주냐고 물었는데 우리는 아니라고 대답했다. 그러자 자기도 우리 단체의 회원이 될 수 있는지, 가입하면 돈을 받는지 물었다. 당연히 이번에도 아니라고 말해야 했다. 우리한테는 씨앗뿐 아니라 단체도 없었지만, 경찰한테는 그 사실을 말하지 않았다!

엘튼과 나는 떠나기 전에 경찰들한테 사진을 같이 찍지 않겠냐고 물었다. 두 명은 우리와 사진을 찍었고, 나머지는 안 된다고 했다. 어떤 일이 벌어질지 걱정하는 것이 분명했다.

"사진은 어디에 올릴 건데?"

한 명이 묻자 다른 한 사람도 따라 물었다.

"누구한테 보여 주려고 하지?"

우리는 사진을 소셜미디어에 올릴 것이라고 설명했지만, 두 경찰관은 계속 거부했다.

"다행이야, 다 끝났어!"

우리가 떠나려고 짐을 챙길 때 엘튼이 외쳤다. 우리는 경찰한테 걸어가 이제 가겠다고 말하면서 파업을 벌이도록, 아니 계몽 활동을 홍보하도록 허락해 줘서 고맙다고 인사했다. 나는 우리가 했던 그 자리에서 다시 피켓을 들어도 되냐고 물었다. 경찰관은 확실치 않다고 했다. 요일이나 그 밖에 어떤 일이 일어나는가에 따라 다르다고 했다.

나는 경찰과 이야기하는 내내 불안하면서도 묘하게 차분해지는 기분이 들었다. 불안해하는 모습을 보이고 싶지 않았다.

그러면 엘튼이 더 기겁할지도 모르기 때문이었다. 나는 엘튼을 보호할 책임을 느꼈다. 엘튼은 나보다 세 살 어렸고 내 부탁으로 합류했기 때문이다.

지금까지 내가 국회에서 벌인 기후 파업은 이때가 유일하다. 2주가 지난 2월 1일 금요일에 나 혼자 국회를 다시 찾았을 때는 경찰은 그때보다 더 적었지만 되돌아와야 했다. 경찰관들한테 첫 번째 파업에서 찍은 사진을 보여 줬더니 그중 한 명이 대답하길 일요일이어서 가능했을 뿐이라고 했다. 그리고 말했다.

"오늘은 지나다니는 사람이 많아, 네가 하는 일은 대중을 선동해 시위가 날 수도 있어."

나는 정부를 설득하려면 다른 방법으로 시도해야겠다는 생각이 들었다. 다섯 달 뒤인 6월, 요웨리 무세베니 우간다 대통령에게 편지를 썼다. '모두한테 더 나은 미래를 위해 싸우는' 우간다 청년이라고 나를 소개했다. 기후변화는 '우간다 전체에 대한 위협'이라고도 덧붙였다. 그다음에 본론으로 들어갔다.

기후변화는 사실이며 우리 모두에게 위험합니다. 지금 일어나고 있는 일입니다. 전 세계의 과학자들이 이 사실에 동의합니다. 대기 중의 탄소 비중은 전에 없이 높습니다. 기후 위기는 주로 인간의 활동에서 비롯되며 빠르게 증가하는 중입니다. 우리나라는 극단적인 날씨를 경험했는데, 1월에 찾아온 고온 현상을 시작으로, 나라 곳곳을 파괴하는 강풍이 잇따랐습니다. 폭우가 홍수를 일으키면서 많은 사람의 생명을 앗아 가고 건물을 파괴했습니다. 기후 위기는 나이를 가리지 않습니다. 우리 모두한테 영향을 미칩니다. 기후변화의 영향으로 언제든 목숨을 잃을 수도 있습니다. 아프리카 대륙은 탄소를 가장 적게 배출하지만, 기후 위기에서 가장 많은 영향을 받고 있으며, 우리나라도 예외가 아닙니다. 이런 이유로 저는 지금이 행동에 나서서 상황을 뒤집어야 할 때라고 믿습니다. 우리한테 시간이 넉넉하지는 않지만, 지금 시작하면 무언가 해낼 수 있다고 믿습니다. 대통령님에게는 위기를 줄일 수 있는 모든 권한과 방법이 있다고 믿습니다. 제 생각에 대통령님께서 이 편지를 읽으실지 모르겠지만, 읽으시기를 기도합니다.

결국 나는 편지를 보내지 않았다. 나는 아직 활동가가 되는 법을 배우는 중이었고, 대통령이 내가 쓴 편지를 읽기는커녕 내 편지를 받을지조차도 확신이 안 섰다. 대신 타자로 친 편지 사진과 내가 편지를 읽는 동영상을 소셜미디어에 올렸다. 솔직히 말해 그 게시물이 소셜미디어에서 엄청난 인기를 끌지는 않았지만, 몇 주 뒤에 아프리카 그린피스Greenpeace에서 공유해 준 덕분에 더 많은 사람한테 전해졌다.

　나는 기후 활동가들이 우간다에서 더 편하게 활동할 수 있는 여건이 만들어지길 바랐다. 하지만 내가 의회 앞에서 파업을 벌인 지 2년이 지난 2021년 2월, 라이즈업무브먼트Rise Up Move-ment(내가 처음 의회 앞에서 파업을 벌인 뒤 설립한 단체다)에서 활동하는 동료 세 명이 의회 밖에서 기후 파업을 벌이다가 경찰 20명한테 체포됐다. 내 동료인 에블린 아첨, 레베카 아비티모, 아예발레 파프러스가 한 일은 엘튼과 내가 2019년 1월에 한 일과 다를 바 없었다. 그런데도 정부는 이 세 사람한테 다시는 공공장소에서 어떤 파업도 벌이지 말라고 통보했다. 나중에 아예발레는 〈나일포스트Nile Post〉 기자 조나 키라보한테 협박당한 일을 털어놨다.

"지휘관 한 명이 우리 이름을 묻고 사진을 찍더니, 자기네가 우리한테 무슨 짓을 하든 아무도 모를 거라면서 조심하라고 했어요."

\ / \ / \ /

1월 17일 목요일은 졸업식 날이었고 그 어떤 때보다 행복했다. 우리 가족 중에서 내가 처음으로 학부 과정을 마치고 졸업하는 거라 부모님도 감회가 남다르다는 것을 알았다. 하지만 졸업을 축하하는 동안에도 지구온난화에 관심을 불러일으킬 기회를 놓치지 않을 셈이었다. 나는 검정 졸업 모자와 가운을 걸치고, 반짝이는 은색 샌들을 신고 서서, 의회에 가져갔던 네 가지 문구가 적힌 피켓을 손에 들었다. 이 사진을 소셜미디어에 올리며 이제는 익숙해진 해시태그를 달았다. #기후변화는진짜, #금요일기후파업, #미래를위한금요일.

그 뒤로 나는 일주일에 한두 번씩 파업을 벌였는데, 금요일 아침마다 슬며시 일터를 빠져나왔다가 오전 10시쯤 돌아갔다. 파업 사진을 매번 온라인에 포스팅하자 팔로워와 좋아요 숫자가 느는 것이 보였다. 서서히. 또 몇몇 기후 단체와 매스컴에서 관심을 보이기 시작했다. 내가 처음 파업을 하고 난 뒤에, 미국에 본부를 둔 클라이맷사이언스얼라이언스Climate Science Alliance의 프로젝트인 클라이맷키즈Climate Kids에서 나를 인터뷰했다. 몇 달 뒤에는 우간다 〈옵저버Observer〉가 제1면 위쪽에 내 소개를 실었다. 이 일로 부모님도 나를 이해하셨다. 부모님은 내가 기후 활동을 진지하게 여기고 있으며, 그저 졸업 때까지 시간을 보내려고 시작한 프로젝트가 아니라는 사실을 깨달았다. 어머니는 여러 친구한테 그날 신문을 사라고 이야기했고, 몇몇 친구는 그 1면을 자기 소셜미디어에 올리기도 했다. 〈옵저버〉에 기사가 난 뒤, 유명한 공영 방송국인 NBS TV에서 나를 초대했다.

소셜미디어에서도 메시지가 퍼져 나가기 시작했다. 캄팔라에 있는 그린캠페인아프리카Green Campaign Africa에서 연락이 왔는데, 그들과 함께 일하는 우간다 청소년들한테 기후 활동에 참여하는 방법을 이야기해 달라고 했다. 그 학생 중 하나였던 힐다 플라비아 나카부예는 우간다 FFF의 대표가 되었고, 소셜미디어 채널 운영을 돕고 있다. 그 무렵 #플라스틱공해끝내기 운동을 시작하여 우간다 학생과 대학이 플라스틱을 쓰지 않도록 설득하는 새드라크 니레도 만났다.

그리고 물론 더 나이 먹은 학생들에게도 기후변화와 환경 보호에 관심을 갖자고 호소했다. 나는 졸업하고 몇 달이 지난 뒤, 다른 활동가 14명과 함께 마케레경영대학교를 다시 찾았다. 학기가 막 시작되어 주변에 학생이 많았다. 우리는 초록색으로 차려입고 쓰레기와 많은 플라스틱을 주웠다. 그 뒤 캠퍼스 한가운데 있는 행정동 앞에서 '개인 대 개인' 기후 교육과 인식을 높이는 활동을 했다. 그리고 약 30분 동안 '푸름이 가 버리기 전에 푸르게 가자'라고 쓴 피켓을 들고 서서 지나가는 학생들과 이야기를 나눴다. 그다음에 DJ가 관객 앞에서 음악을 트는 교내 바자회에 참가했다. 나는 DJ한테 마이크를 빌려서 연설해도 되냐고 물었다. 혹시라도 기회가 생기면 얘기하려고 짧은 연설문을 써 둔 참이었다. 그리고 처음으로 대중 앞에서 기후 위기에 관해 이야기했다. 내 마지막 말은 이랬다.

"함께해요!"

'함께해요.' 이 말은 어떤 목적을 추구하는 활동가라면 누구나 홍보하는 메시지지만, 함께하는 사람을 찾기란 대체로 어렵다. 나도 엘튼, 그린캠페인아프리카, 힐다, 새드라크와 시간을 보내면서 다른 사람도 나만큼이나 우간다의 미래를 걱정한다는 사실을 깨달을 수 있었지만, 그래도 초창기에 기후 활동을 할 때는 보통 혼자서 파업을 벌였다.

이런 경험은 우리나라에서 기후 활동가가 되기 어려운 현실을 떠올리게 한다. 정부가 모든 공공 집회를 정치적이거나 불법이라고 판단하여 그만두라고 요구할 수 있기 때문만은 아니다. 허가증이 없거나 인정받은 단체의 도움이나 공식적인 승인 도장을 받지 않고서는 시위 활동을 조직하기 어렵기 때문이기도 하다.

예를 들어, 나는 활동 첫해에 캄팔라에서 수천 명이 참가하는 어린이 기후 행진에 참여했다. 이 행사를 이끄는 리틀핸즈고그린Little Hands Go Green은 변호사이자 마케팅 전문가인 조셉 마셈베가 2012년에 설립한 전국 환경 단체로 아이들에게 나라 전체에 과일나무를 심도록 장려했다. 정부는 리틀핸즈고그린이 조직하는 행진을 지원했는데, 파업이나 시위가 아니었기 때문이다. 정당성을 인정받은 리틀핸즈고그린은 다른 단체는 물론이고 여러 학교에서도 지원을 받을 수 있었다.

때로는 물자와 비용 때문에 어려움이 생긴다. 혼자 시작할 때는 필요한 것이 별로 없지만, 사람들이 더 모일수록 필요한 것이 많아진다. 2020년 9월 세계 기후 행동의 날Global Day of Climate Action에 라이즈업무브먼트는 운 좋게 기부를 받은 덕분에 현수막을 만들고, 확성기를 사고, 적절한 파업 장소를 찾고, 코로나가 유행하는 때라 시위대가 쓸 마스크를 구매하고, 현장에 갈 교통편을 마련하고, 파업을 마치면서 참가자들한테 음료를 나눠 줄 수 있었다. 기부를 받지 않았다면 허가증이 있다 한들 이렇게 할 수 없었을 것이다.

또 다른 어려움을 들자면, 내 좁은 인간관계는 대부분 대학이나 기숙학교에서 만난 여자 친구들인데, 이 중 다수가 파업을 미심쩍게 여긴다는 점이다. 이 친구들은 젊은 여자가 파업을 한다고 피켓을 들고 서 있으면 사회적 낙인이 찍힐지도 모른다고 걱정했다. 그뿐 아니라 스물두세 살이라는 나이로 FFF 활동에 참여하는 것을 불편해했는데, FFF는 10대 청소년이 만들었고 활동도 대부분 10대가 하기 때문이다. 최근에 대학을 졸업한 다른 이들을 비롯하여 내 나이 든 동년배들은 소속감을 못 느끼거나 여기에 참여하는 일이 나이에 맞지 않게 느껴질까 걱정했다.

나는 이런 망설임을 이해할 수 있고 더는 학생도 아니었지만, 청소년 시위대와 관계 맺는 것을 꺼리지는 않았다. 파업하는 요일도 개의치 않았다. 어쨌든 내가 키틴탈레와 부골로비에서 처음 파업했을 때도 남동생과 사촌들은 청소년이었고, 그날은 일요일이었다. 기후 비상사태를 예방하지 못한 기성세대가 남긴 틈을 메우고자 수많은 나라에서 앞으로 나선 청소년 중에는 여성도 많으며 나는 이들한테서 자극을 받았다.

그래도 나는 내 또래가 느끼는 거부감을 극복하고자 단체를 하나 만들어 '유스포퓨처Youth for Future'로 하자고 제안했다. 그러면 FFF와 구별되면서도 여전히 FFF를 지원하고 함께 활동할 수 있을 터였다. 그렇게 하자 내 친구 중 몇몇은 더 편안해했고, 몇몇은 용기를 내어 집에서 파업을 벌이며 소셜미디어에 사진을 올리거나 이따금 부골로비역을 비롯한 장소에서 나와 함께 피켓을 들었다. 2020년으로 접어들 무렵, 유스포퓨처는 라이즈업무브먼트로 바뀌었는데, 우간다 밖 활동가들까지 아우르기에는 이게 더 나아 보였다.

그렇지만 단체를 부르는 이름이 무엇이든, 우리나라는 여성이 해야 하는 역할을 성 편향적으로 생각하기에 많은 친구가 파업에 동참하지 않았다. 사람들은 여자가 대학을 졸업하면 곧 결혼하고, 머지않아 아이를 낳겠거니 생각한다. 여자가 '반듯하게 자랐다면' 육아와 요리와 청소에 헌신할 것이라고 기대한다. 우리 사회는 여자가 집 밖에서 일하더라도 육아와 집안일은 여자 책임이라고 강하게 단정한다. 반대로 이런 일을 하려는 남자는 많지 않다.

마지막으로 파업이라는 개념이 장애물로 남았는데, 이는 우간다 의회 밖 경찰관들한테만 해당하는 게 아니었다. 나는 **파업**이라는 단어를 사용함으로써 세계적으로 주목받는 FFF 파업과 연계하기를 바랐다. FFF 활동가들이 우리들이 살아갈 미래에 대해 적극적으로 관여하고자 애쓰면서 강하게 목소리를 낸다는 사실도 좋았다. 또 이들은 교육에 관해 기본적인 질문을 던졌다. 어른들이 사실을 인정하지 않고 기후 위기에 관해 진실을 말하지 않는다면, 애당초 교육에 무슨 의미가 있을까? 지식이 행동으로 이어지지 않고, 우리가 교육을 받으며 준비하는 미래가 우리더러 학교에 가라고 말하는 사람들한테 저당 잡혔다면, 왜 거리로 나가 미래가 **있는지** 확인하지 않고 교실에 앉아 있어야 할까?

나는 모든 아이가 무료로 공교육을 받는 나라라면 큰 불이익을 받을까 봐 걱정하지 않으면서 이런 질문을 품고 행동할 수 있을 거라고 생각한다. 하지만 우간다와 대다수 아프리카 나라에서는 FFF 파업 관행처럼 학생이 교실을 떠나거나 학교를 아예 빠질 수 없다. 수업을 그만두거나 빠지는 학생은 몸이 안 좋거나 가족한테 큰 문제가 생기거나 다른 타당한 결석 사유가 없다면 정학이나 퇴학을 당할지도 모른다. 아프리카에서는 초등학교 과정을 지나면 거의 모든 학교가 수업료를 받으며 퇴학당한 학생은 등록금을 돌려받지 못한다. 적어도 환불받았다는 말을 못 들었다. 우간다는 극소수 말고는 초등학교마저 수업료를 받는다. 아이를 학교에 보내기 위해 돈을 냈으며 그 아이가 교육을 마치고 좋은 직업을 얻어야 행복해질 부모한테는 아들이나 딸이 학교에 빠지면 온 가족을 배신하는 것처럼 여길 것이다.

게다가 나도 그랬지만 우간다에서는 많은 학생이 중고등학교부터 기숙학교에 다닌다. 그리고 이런 학교는 보통 우리 학교처럼 시골에 있다. 이론만 보면 거기서도 파업을 할 수 있지만, 관객이 거의 없을 것이다. 그리고 여전히 벌을 받거나 퇴학당할 위험이 있다.

그래서 나는 메시지를 퍼트릴 필요성과 현실을 해결할 방법을 함께 찾는다. 그리하여 학생들한테 교실 밖으로 나가라고 제안하는 대신, 기후 파업을 학교 **안으로** 가져오기로 했다. 학교에서는 기후 파업이 교육과정 중 일부가 될 수 있었다. 어린 시절 교육과정에 기후변화가 있기를 바랐던 방식으로 말이다.

2019년 3월, 나는 캄팔라에 있는 존 목사 재단 초등학교를 방문했다. 나는 교장 선생님한테 설명하길, 학생들한테 기후에 관한 관심을 심어 주고 지도자들한테 행동하길 요구하고자 노력한다고 했다. 교장 선생님은 내가 학생들과 이야기하고 파업도 벌일 수 있게 허락해 주었다. 학교가 기꺼이 협력해 주니 신이 났다. 일주일 뒤에 다시 찾아갔더니, 선생님들이 학생 수백 명을 학교 울타리 안에 모아 두고 있었다. 나는 아이들에게 내가 나무와 지구 전체를 보호하려고 열심히 노력 중이라고 설명했다. 화석연료로 만든 일회용 플라스틱을 거부한다고 했다. 또 더 많은 사람이 홍수 때문에 집을 떠나거나 산사태에 쓸려 가지 않도록 노력한다고 했다. 나는 쉽고 전문적이지 않게 말했고, 구호를 외칠 수 있게 이끌기도 했다.

"우리가 원하는 건? 기후정의. 언제 원하나? **지금.**"

선생님들은 내 말을 과격하거나 불온하다고 걱정하지 않는 듯했고, 오히려 구호를 더 크게 외치도록 학생들을 격려했다! 이 일은 내가 학교에서 진행했던 많은 기후 위기 계몽 활동의 모델이 됐다.

＼ ／ ＼ ／ ＼ ／

졸업식 날 점심을 먹는 자리에서, 많은 여자 친척들은 졸업 다음에 이어질 우리 집의 경사를 기대하는 듯했다. 내 결혼식을 말이다. 중고등학교나 대학교에 다닐 때는 데이트도 못 하게 했으면서 졸업하고 나면 마법처럼 갑자기 결혼 상대가 나타나기를 기대하다니 이상했다. 여자라는 이유로 인생이 정해지는 방식이 무척 짜증 나서 나는 크게 신경 안 쓰려고 노력했다. 그리고 이런 계획 때문에 활동을 절대 소홀히 하지도 않을 것이다.

그렇다 해도 사회가 20대 초중반 여성에게 정해진 길을 기대하는 것이 현실이다. 이미 밝혔듯 나는 아직도 부모님과 산다. 우간다에서는 내가 혼자 살거나 배우자가 아닌 사람과 사는 것을 사회적으로 인정하지 않는다. 여동생들과는 살아도 되겠지만, 젊은 독신 여성끼리 아파트를 빌리는 일은 매우 드물다.

이런 불합리한 사회규범은 시위하는 것에도 영향을 미친다. 우리 아버지는 내가 규칙적인 기후 파업을 시작한 뒤에 먼 친척 몇 명한테 불평을 들었다고 했다. 친척들은 못마땅해하며 아버지한테 물었다.

"그 애는 뭘 하는 겁니까? 졸업도 했는데 시내 길거리에서 피켓을 든 게 보이더군요! 그 집 딸내미는 뭐가 문젭니까?"

우리 아버지는 나를 옹호하며 말했다고 했다.

"아니, 아니에요. 그냥 놔둡시다."

그러고 나서 나한테 도움이 됐으면 하는 생각으로 몇 마디 덧붙였다.

"바네사는 뭔가를 하려고 마음먹으면 꼭 하고 말거든요."

나는 운이 좋아서 부모님이 내 활동을 이해하고 지지해 주었고, 결혼해서 가정을 꾸리라며 압박하지도 않았다. 이런 열린 마음은 두 분의 성장 환경에서 나온 결과일지도 모른다. 아버지 폴은 10대에 사업가가 됐고, 어려서부터 공익사업에 관심이 있었다. 스물다섯 살이었던 1998년에 지역사회에서 청년 대표로 뽑혔고 그다음에는 시의원이 되어 임기를 두 번 채웠다. 2016년에는 나카와구 구청장에 출마했다. 나카와는 캄팔라시를 구성하는 다섯 구 중 하나다. 각 구에서 선출된 구청장은 시장 아래서 일한다. 아버지는 이때 선거에 졌지만 2021년 1월에 다시 출마하여 이겼다.

아버지는 '사교적인 사람'이라고 할 만한 사람이었다. 내가 어렸을 때 사람들이 우리 집에 오면 어머니가 아침 식사로 차와 빵을 준비하고 아버지가 고민을 들어 줬던 기억이 난다. 나는 정치인들한테 믿을 수 없는 구석이 있어 정치를 싫어하긴 하지만, 아버지가 선거구 주민과 이웃을 돕고자 헌신하고 부골로비 로터리클럽에 가입한 데서 영향을 받았다. '나를 넘어선 봉사'를 좌우명으로 삼는 로터리클럽 회원들한테 아버지가 상장을 여러 번 받은 기억이 난다. 내가 어떻게 그런 상장을 받았냐고 묻자 아버지는 무엇이든 맡은 일에, 특히 다른 사람을 돕는 일에 늘 최선을 다하기 때문이라고 대답했다.

어머니 안나도 열정적으로 남을 돕는다. 기꺼이 시간을 내어 음식을 나누고, 병원에서 치료받게 도와주고, 조언을 건네면서 이웃과 지역사회 사람들을 돕는다. 어머니는 쌍둥이고, 출신지는 캄팔라 북부 카고마Kagoma 지역의 한 마을이다. 어머니는 힘겨운 어린 시절을 보냈다고 했다. 어머니는 늘 뛰어다녀야 했고, 가족들은 늘 짐을 싸야 했다고 기억하는데, 이것은 수십 년 동안 우간다와 이웃 국가들을 얼어붙게 한 갈등 때문이었다.

어머니와 형제자매들이 가끔 먹을 수 있었던 것은 귀리죽뿐이었다.

어머니는 내 생명을 구하기도 했다. 내가 어린아이였을 때, 어느 아침에 엄마와 시장에 걸어가는 길이었다. 밤새 비가 많이 내려 길가에 있던 흙이 물에 쓸려 내려간 뒤였다. 함께 길을 가다가 갑자기 내가 멈춰 서 뒤처지자, 어머니는 내가 왜 버티는지 알아내려고 아래를 봤다가 내가 몸을 숙여 무언가를 주우려 하는 것을 알아챘다. 불발탄이었다.

어머니는 재빨리 나를 잡아당기며 도움을 청했다. 한 군인 장교가 폭발 장치임을 확인한 다음 그 근방에서 사람들을 대피시켰다. 인근 부대에서 군인들이 와서 폭탄을 제거했다. 어머니는 우간다와 콩고민주공화국에서 20년 넘게 활동했던 반정부 단체인 연합민주군Allied Democratic Forces, ADF이 그 폭탄을 심어 두었을 수도 있다고 했다. 아마 차량을 폭파하고 그 뒤에 이어지는 폭발로 많은 사람을 죽이고자 길가에 폭탄을 설치했을 것이다.

어머니는 그 일에 대해 말을 아끼지만, 어머니와 그 일을 생각하면 무엇이 중요한지가 다시 떠오른다. 우리는 의미 있는 삶을 살 기회를 모두 붙잡아야 한다. 무슨 일이 벌어질지 절대로 알 수 없기 때문이다.

\ / \ / \ /

기후 활동을 시작할 무렵부터 2년이 지난 지금 돌이켜 보니, 내가 활동가가 됐다는 사실이 놀라우면서도 놀랍지 않다. 나는 수줍음이 많고 혼자 있는 것을 좋아하지만, 리더 역할을 맡아 왔다. 기숙학교에서 기숙사 부반장을 했고, 스포츠, 음악, 춤, 연극을 담당했으며, 나중에는 학습 반장이 됐다. 게다가 일부 지역 언론에서 '미인 대회'로 잘못 언급하지만, 사실은 전국 청소년 장기 대회인 〈미스 10대Miss Teen〉에 참가하기까지 했다. 이 대회에 참가하면서 나는 중요한 전환점을 맞이했다. 나는 막 고등학교 2학년이 된 참이었고, 모든 새로운 일에 적응하며 시간을 보내고 있었다. 어떤 학생은 내가 대회에 참가하는 것을 비판하면서 내가 무척 내성적이라 학교를 망신시킬 수도 있다고 했지만, 나는 정말 대회에 참가하고 싶었다. 나는 학교를 대표해서 2등을 했다. 나도 놀랐고, 모두 놀랐다. 나는 대회에 참가하면서 처음으로 대중 앞에서 말하고 질문에 대답해야 했는데, 이 경험으로 자신감을 얻은 덕분에 어려웠을지도 모를 남은 학교생활이 훨씬 쉬워졌다. 어쩌면 나는 〈미스 10대〉에서 긍정적인 경험을 했기에 청중 앞에 서서 이야기하는 것을 꺼리지 않았는지도 모른다. 하지만 나도 많은 젊은 여성과 마찬가지로 이런 행동에 양면적인 감정을 느낀다. 나 역시도 많은 소녀와 젊은 여성이 받는, 우리는 입을 다물어야 하며 대변인이나 의사 결정자로 나서면 안 된다는 관념에서 자유롭지 않다. 사람들은 우리 목소리와 권한을 남성과 소년에게 넘겨주라고 한다. 우리 내면의 목소리와 우리 또래의 목소리 그리고 우리가 믿는 것을 드러내어 말하거나 지지하면 안 된다고 하는 목소리에 붙잡혀 있다.

2019년 초반, 나는 의심이 들고, 나쁘다 싶은 순간에도 열정과 신념, 목적을 향해 활동을 늘려 갔다. 매주 기후 파업을 이어 가고, 학교에서 기후 교육을 하고, 캠퍼스를 청소하고, 우간다의 기후와 환경 운동가들과 협력하고, 글을 쓰고, 소셜미디어를 운영하고, 인터뷰하면서 나는 앞으로 나아가고 있다고 느꼈다.

나에게 귀를 기울여 주는 사람들이 있다고 믿으며.

3

COP는 물러가라!

내가 활동가가 된 첫해에 우간다에서는 환경 재난이 계속되었다. 2019년 6월, 캄팔라에서 갑작스러운 홍수가 발생하여 8명이 사망했다. 우간다 서쪽에 있는 카세세Kasese는 수위가 올라가고, 강둑이 터지고, 심각한 홍수가 발생하면서 물에 잠겼는데, 도로와 건물이 파괴되고 작물이 휩쓸려 나간 지 몇 달 만에 또 일어난 일이었다. 2018년에 그토록 고통받았던 부두다에서도 또다시 대규모 산사태가 일어났고, 인근 시론코Sironko도 마찬가지였다. 이런 사건을 보면서 왜 내가 활동가가 됐는지 끊임없이 생각하게 된다.

2019년 9월 초, 나는 유엔 본부 사무처에서 기후 문제를 담당하는 한 여성한테서 이메일을 받고 깜짝 놀랐다. 이 여성은 전화로 이야기를 나눌 수 있겠냐고 물었다. 통화가 됐을 때 자기와 동료들이 소셜미디어에서 내 활동을 지켜봤다며, 9월 21일 뉴욕 유엔 본부에서 열리는 청소년 기후 정상회담Youth Climate Summit에 내가 참석해 주기를 바란다고 했다. 이 회담은 사무총장이 주재하는 기후 행동 정상회담Climate Action Summit 이틀 전으로 예정돼 있다고 했다. 기후 행동 정상회담은 각국이 모여 온실가스 배출을 2015년 파리에서 동의한 것보다 더 많이 감축하기로 약속하고자 마련한 것이었다. 유엔에서 항공료와 뉴욕에서 머물 숙박비를 부담하고, 필요한 정보를 이메일로 보내 준다고 했다.

내가 파업과 기후 교육 활동을 온라인에 올린 지 거의 9개월 만이었다. 더 많이 리트윗되고 댓글이 달리고 있기는 했지만, 유엔에서 일하는 누군가가 나한테 주목했다는 것이 여전히 놀라웠다. 어머니한테 초대받은 사실을 말하자 어머니는 진짜일 리 없다고 했다. 아버지도 말문이 막힌다며 의심쩍어했다. 장난이나 사기가 아닐지 판단하게 이메일을 보여 달라고 했다. 아버지는 어머니와 나를 향해 외쳤다.

"진짜다. 유엔에서 온 진짜 초대장이야!"

이 일은 내가 해 온 활동에 또 다른 분기점이 됐다. 우리 부모님도 내가 하는 일이 그저 개인이 열심히 하거나 지역에서 관심을 보이고 참여해야 하는 무언가에서 그치지 않는다는 사실을 깨달았다. 그리하여, 나는 초대를 받아들였다.

준비할 시간이 2주밖에 없었다. 우간다 사람이 여행을 간다면 가장 어려운 나라는 미국이다. 면접을 보는 것은 물론이고 보통 몇 달 동안 준비해야 비자를 받을 수 있다. 아버지는 친구들한테 전화를 돌려 비자를 신청하는 방법에 관해 조언을 구했다. 다행히도 늦지 않게 비자가 나왔다. 여행을 떠나기 며칠 전, 아버지는 나에게 명함을 만들어 주고, 여행 가방을 빌려주고, 150달러를 줬다.

"비상시에 써."

긴장되고 설렜다. 나는 우간다 국경도 넘어 본 적이 없다. 우리 가족 중 처음으로 미국을 가게 됐다. 혼자 여행하거나, 비행기를 타거나, 다른 대륙은 고사하고 다른 나라에 가는 것조차 처음이었다.

\ / \ / \ /

9월 18일 저녁, 캄팔라 도로에 가득 찬 차 사이를 요리조리 뚫어 가며 엔테베 공항Entebbe Airport에 가는 동안, 나는 설렘과 긴장으로 뒤범벅됐다. 비행기를 타자 모든 게 새로웠다. 번호가붙은 좌석, 비행기의 크기, 이륙할 때 필요한 추진력까지. 나는 충돌 사고나 땅이 얼마나 아래 있는지는 생각하지 않으려 했다. 잠들기 어려웠지만, 결국 피곤을 이기지 못하고 잠들어 버렸다.

암스테르담에서 비행기를 갈아타고 뉴욕시에 있는 JFK 공항에 도착하자 맨해튼에 있는 숙소인 웨스트사이드YMCAWest Side YMCA로 가는 방법을 알아내야 했다. 뭘 골라야 할지 모를 만큼 선택지가 많아 보였다. 너무 혼란스러운 나머지 그 더운 오후에 붐비는 공항 터미널 밖에 짐을 놓고 서서, 거의 90분 동안이나 무엇을 해야 할지 고민했다. 여기 내가 왔다. 주머니에 고작 150달러가 있을 뿐 신용카드도 없이, 낯선 나라에 있는 거대한 도시에 막 도착했다. 마중 나온 사람도 없고, 회담에 참석하는 사람 중 아는 사람도 없으며, 두 회담 중 하나에 참가할 법한 청소년이나 대표단도 보이지 않았다.

결국 가장 비싸고 덜 기후 친화적인 선택이라는 사실을 알면서도 YMCA까지 가는 택시비로 70달러를 썼다. 빽빽하고 정신없는 교통 사정을 겪으니 캄팔라가 떠올랐다. Y 글자 앞에 도착했을 때, 유엔에서 일하는 한 여성이 거기서 청소년 대표들의 체크인을 돕고 있었다. 나와 같은 방을 배정받은 젊은 기후 활동가 한 명은 아직 도착하지 않았고, 다른 대표들도 보이지 않았다. 방에 도착하자 곧장 침대에 누워 잠에 빠졌다. 나중에 노크 소리가 들렸다. 나는 룸메이트이자 세계 기후 네트워크인 350.org(화석연료를 사용하는 시대를 끝내고 재생 가능한 에너지로 100퍼센트 옮겨 가는 속도를 높이고자 노력하는 미국 기반 국제 네트워크)에서 일하는 피지Fiji의 활동가, 아멜리아 '리아' 튀푸아를 만났다. 리아는 다른 피지 기후 활동가와 음식을 가지러 갈 것인데 같이 가겠느냐고 물었다. 나는 여행하며 너무 위축되고 지친 나머지 방에 있겠다 했더니, 새 친구이자 천사 같은 리아가 내가 먹을 피자를 가져다줬다.

다음 날 아침 금요일, 리아와 다른 피지 활동가들은 자기네 영사관에 방문해서 추가로 드는 비용을 지원받을 수 있을지 물어볼 것이라고 했다. 내가 전날 밤에 만났던 유엔 대리인은 뉴욕에서 머무르는 동안 드는 음식값과 대중교통 비용을 지원해 준다고 말하지 않았다. 나는 호텔에 올 방법을 직접 알아냈던 일을 생각하면서, 내가 알아서 비용을 해결해야 한다는 것을 깨달았다. 그래서 리아와 마찬가지로 우리 영사관을 찾아가서 도와줄 사람을 찾아보기로 했다.

영사관 안내원한테 내 상황을 이야기하자, 안내원은 사무총장이 주재하는 기후 회의에 참석하는 정부 대표단만 지원해 줄 수 있다고 말했다. 하지만 무척 친절하게도 자기 돈 50달러를 내게 주었고, 이 돈은 내 구명줄이 됐다. 뉴욕은 돈이 많이 드는 도시다.

나는 미국 기후 활동가들이 유엔 정상회담을 앞두고 지도자들에게 압박을 주기 위해 정오에 시작하는 행진을 준비했다는 사실을 알았다. 그날 120개국에서 4,500건 이상 벌어지는 기후 파업 중 하나가 될 것이었다. 주최 측이 예상하는 바에 따르면 로어 맨해튼Lower Manhattan에 있는 폴리광장Foley Square에서 시작해 섬 끄트머리에 있는 배터리공원Battery Park에서 끝나는 이 집회에 수만 명이 참여할 것이다. 또 그레타 툰베리와 다른 젊은 기후 활동가들이 연설할 예정이었다.

나는 행진에 참여할지 망설였다. 호텔에서 배터리공원까지 얼마나 먼지 몰랐고, 청소년 정상회담 대표들을 만나는 약속도 없었기 때문이다. 나는 이렇게 큰 시위에 참여해 본 적이 없었다. 모두가 '지금 당장 기후 행동!'이라며 같은 구호를 외치는 시위는 어떤 것이든 참여해 본 적이 없었다. 나는 현장에 도착해서 '기후를 위한 청소년 파업'이라는 피켓을 든 채로 노소를 가리지 않는 사람 수만 명에 둘러싸였다. 부골로비역에 있었을 때나 엘튼과 함께 의회 밖에 서 있었을 때, 그동안 우간다에서 혼자 파업을 벌였던 그 모든 때와는 매우 다른 경험이었다.

나는 거리를 점령한 기후 행동에 참여해서 기뻤는데, 이는 우간다에서는 불가능한 일이었다. 미국 출신 알렉산드리아 빌라세뇨르, 멕시코 출신 시예 바스티다 등 내가 온라인에서 몇 달 동안 팔로우했던 활동가들이 언뜻언뜻 보여 설렜다. 다 함께 움직이며 구호를 외치기 시작하자, 나도 그 속으로 빨려 들어가면서 불안함이 줄어들었다.

그와 동시에 외로웠다. 내일 회담에 참여하는 다른 젊은 활동가도 그 자리에 있을지 모른다고 생각했지만, 보이지는 않았다. 우간다에서 온 동료 활동가가 눈에 띄기를 바랐지만, 그런 일은 없었다. 나는 알렉산드리아한테 인사를 건네면서 알렉산드리아가 행진 준비를 도왔던 일에 내가 얼마나 큰 영감을 얻었는지 말할 수 있기를 바랐다. 하지만 배터리공원 무대를 둘러싼 바리케이드를 경호하는 사람이 나한테 알렉산드리아가 너무 바쁘다고 했다. 실망스러웠지만 이해할 수 있었다.

여러 사람의 연설을 듣고 나니 늦은 오후가 됐고, 시차 적응도 힘들고 체력이 바닥나서 피로가 몰려들기 시작했다. 그래서 나는 버스를 타고 도심을 벗어나 호텔 근처에서 간단하게 밥을 먹고 샤워를 마친 뒤 사진 몇 장을 소셜미디어에 올려놓고 잠자리에 들었다. 긴 하루였고, 돌이켜 보니 거의 모든 일을 혼자서 겪어 냈다.

다음 날, 리아와 나는 청소년 기후 정상회담에 참가하고자 유엔으로 갔다. 회담이 시작되기를 기다리면서 주변을 둘러보니 나는 회의장에서 몇 안 되는 아프리카인 또는 흑인이었다. 그리고 이상한 경험을 했는데, 의자에 누구 자리라는 표시가 없었는데도 앉을 사람이 있으니 비켜 달라는 부탁을 두 번이나 받았다. 그 구역에서 나만 비켜 달라는 말을 들었다. 나는 한동안 서 있다가 나중에야 뒷좌석에 앉았다.

실망스러웠던 점이 하나 더 있었다. 내가 처음 정상회담에 초대받았을 때, 나는 우간다가 처한 기후 위기에 대해 연설할 수 있다는 말을 들었다. 하지만 나중에 알고 보니 예상과 달리 나는 정식으로 발표하는 기회를 얻을 수 없었다. 그래도 그레타와 미국인 10대 활동가 제이미 마골린이 하는 이야기를 들을 수 있어서 무척 기뻤다. 제이미가 공동대표를 맡은 제로아워Zero Hour는 청소년이 이끄는 단체로 기후정의에 관한 젊은이들의 다양한 목소리를 하나로 모으기 위해 기후 행진을 계획하고 준비했다. 나는 유엔에서 마련한 점심을 먹은 뒤, 서른 명 남짓한 참가자와 함께 분과 회의에 참석했다. 이 시간에는 우리 지도자들이 무엇을 해야 할지에 대해 앞서 나눴던 내용을 청소년 정상회담 대표들한테 요약해서 발표하는 영광을 누렸다.

더 기대되는 순간이 찾아왔는데, 사무총장이 주관하는 기후 정상회담에 참석하는 우간다 대표단을 만났을 때였다. 뉴욕에 머무는 동안 그중 한 명이 내게 이메일을 보내 유엔 주재 대표부가 있는 우간다 공관에 와서 아침 식사를 하지 않겠냐고 물었다.

내게 찾아온 행운을 믿을 수 없었다. 불과 몇 달 전만 해도 의회 앞에서 파업을 벌이지 못하고 경찰한테 쫓겨났는데, 이제 정부의 책임 있는 사람들과 직접 이야기를 나눌 기회가 생기다니. 나는 우간다 공관에서 대표단 몇 사람을 소개받았다. 그중 기후 위원회 위원장은 내게 명함을 줬고, 한 국회의원은 우리나라 NBS TV 채널에서 방영하는 사회문제 프로그램 〈페이스 오프Face Off〉에서 나를 봤다고 했다. 나는 기후변화가 우간다에 미치는 영향을 논의했다. 나처럼 예산이 적은 사람한테는 우리가 '아이리쉬Irish'라고 부르는 감자, 차, 빵 같은 집이 생각나는 음식을 차려 둔 뷔페가 그렇게 맛있을 수가 없었다.

나는 우간다 공관에서 정부 관계자와 마주친 일이 시작일 수도 있겠다고 생각했다. 집에 돌아간 뒤에 의회의 기후 위원회는 물론이고 어쩌면 의회 전체에 이야기를 건넬 기회가 생기리라고. 안타깝게도 내가 우간다로 돌아간 다음 기후 위원회 위원장은 내 전화를 한 번도 안 받았다. 나더러 활동을 계속하라고 격려하며 명함을 주고받았던 대표단 사람도 연락이 닿기를 바라는 내 노력에 답하지 않았다. 내 명함을 잃어버렸을지도 모르겠다.

\ / \ / \ /

우간다 공관에서 아침을 먹은 다음 날이던 9월 23일, 나는 다른 젊은 기후 활동가들과 유엔 기후 행동 정상회담에 참석했다. 이제 대다수 사람이 그 월요일을 그레타 툰베리가 얼굴을 찡그리면서 트럼프를 쳐다보고 트럼프는 이를 의식하지 못한, 사소한 일방적인 만남으로 기억한다. 하지만 나는 여러 수상과 대통령이 지구가 직면한 긴급한 문제를 인정하지 못해 쏟아 냈던 시시한 발언들을 기억한다. 물론 호소력과 감정을 자극하는 진실함으로 각국 정부 대표단과 언론을 놀라게 했던, 그레타의 감동적인 연설도 기억한다. 무척 조용한 가운데 긴장감이 맴돌던 거대한 총회장에 앉아 있다가, 그레타가 연설을 마치고 말 그대로 방이 뒤흔들릴 만큼 박수가 터져 나왔을 때는 깜짝 놀랐다.

다음 날, 나는 리아와 다른 피지 활동가 둘과 택시를 함께 타고 (요금도 같이 냈다!) 공항으로 갔다. 집으로 돌아가는 오랜 비행시간은 뉴욕에서 보낸 시간을 정리하기에 충분했다. 나는 정말로 운이 좋았다. 내 영웅 몇 명을 보았고, 새 친구를 사귀었고, 대규모 기후 행진에도 참여했다. 유엔에서 열리는 두 정상회담에 참석했고, 우간다 공관에서 정부 인사를 만나 함께 식사도 했고, 전 세계 많은 사람이 방문하기를 꿈꾸는 도시와 나라에서 시간을 보냈다. 무엇보다도 마침내 다른 활동가와 일대일로 이야기할 수 있어서 가장 즐거웠다. 활동가 단체와 함께 있으니 내가 진정으로 세계적인 무언가에 참여하고 있다는 사실을 몸으로 느낄 수 있었다.

하지만 불안감을 떨칠 수 없었다. 청소년 기후 정상회담에 참석한 몇 안 되는 아프리카 활동가 가운데 한 사람으로서, 우리 대륙이 놓인 현실에 관해 이야기할 기회를 얻고 싶었다. 경험 많은 여러 활동가와 내 기후 영웅들을 회의실 맞은편이나 바리케이드 너머로 보기보다는 그들한테서 직접 배우고 싶었다. 나는 도시를 메운 군중과 기후 행진 참가자들 사이에서도 외로움과 고립감을 느꼈다. 이 낯설고 거대한 도시에서 적은 예산에 맞춰 혼자 생활해야 한다는 부담감이 나를 짓눌렀다.

어쩌면 내가 호텔로 가는 방법을 알려 준 이메일을 못 봤을지도 모른다. 어쩌면 유엔 기후 사무처에 식비와 지역 교통비를 부담해 달라고 더 단호하게 요구했어야 했는지도 모른다. 어쩌면 동료 활동가한테 연락해 도움과 조언을 구할 수 있었을지도 모른다. 어쩌면 나한테 자리를 두 번이나 옮기라고 한 일도 단순한 오해였을지 모른다. 하지만 나는 이 모든 일이 낯설고 당혹스러웠으며, 말수가 적고 남에게 의지할 줄 모르는 성격에 발목을 잡혔는지도 모른다. 어쩌면 그냥 실수였을 수도.

어쨌든 엔테베 공항에 우리 가족이 마중 나와 있었다. 돌아오니 기분이 좋았다. 뉴욕에서 보낸 시간이 기후 활동을 이어가며 헌신하고자 하는 내 열정을 꺾지는 못했지만, 나는 너무 크게 실망한 나머지 가족이나 친구한테 이번 여행에 대해서 말하지 않았다. 이해하기 어려울 수도 있지만, 뉴욕에서 보낸 며칠은 어떤 면에서 가슴이 아팠다.

\ / \ / \ /

하지만 내 슬픔은 우간다에서 벌어지는 일에 묻혀서 흐릿해져 갔다. 폭우가 끊임없이 내리며 계속해서 나라를 적셨다. 그해 (2019년) 10월 동부 지방에 심각한 홍수가 발생하여 수백 명이 집을 잃었다. 서부에 있는 카세세 지역은 또다시 침수됐다. 11월에는 전례 없는 폭우가 내리는 바람에 중부 지방에서 다리가 무너져 사람들이 쓸려 갔다.

생명을 위협하는 홍수나 돌이킬 수 없는 산사태가 일어날 때마다 내 생각은 분명해졌다. 이런 끔찍한 사건이 더 심각해지고 자주 일어나지 않게 하려면 시간이 얼마 남지 않았고, 해야 할 일이 많다는 생각이. 이런 이유로 유엔 COP의 역할은 무척 중요했다.

설명하자면 이렇다.

1992년 리우데자네이루에서 '지구 정상회의Earth Summit'라고 하는 유엔환경개발회의United Nations Conference on Environment and Development를 개최한 뒤, 유엔은 유엔기후변화협약UN Framework Convention on Climate Change, UNFCCC을 설립하여 1995년부터 매년 당사국총회Conference of the Parties(당사국은 정부를 말한다), 즉 COP를 소집했다. 이 회의에서 각국은 진행 상황을 알리거나 가장 시급한 환경 변화 문제를 고민했다. COP는 매번 나라를 달리하며 개최한다. 제25차 기후 COP는 스페인의 마드리드에서 2019년 12월 상반기에 2주 동안 열릴 예정이었다.

파리에서 열린 제21차 COP에 따라 각국 정부는 국가결정기여Nationally Determined Contribution, NDC*를 정해 언제까지 얼마나 많이 온실가스 배출을 감축할지 약속했다. 그리고 이렇게 정한 목표를 5년마다 평가하기로 했다. 나를 비롯한 미래를 위한 금요일 활동가들이 보기에 지표 온도가 평균 섭씨 2도 이상 올라가지 않게 확실히 보장할 수 있으려면 이 국가결정기여로는 턱없이 부족했다. 지구온난화 때문에 태평양의 섬나라들이 높아지는 해수면에 잠기고, 아프리카 국가는 광범위한 식량 불안에 직면해 있다. 남반구 저개발국들은 제21차 COP가 열리면 산업화한 나라들도 마침내 이 사실을 깨달으리라 기대했다. 우리는 산업화한 국가들이 모호한 미래 목표를 정하기보다 신속하게 온실가스 배출을 감축하고 가난한 나라에 충분한 기후 기금을 제공하기를 기대했다. 하지만 이런 약속은 지켜지지 않았다. 따라서 마드리드에서 열리는 제25차 COP는 기후 활동가한테, 특히 남반구 저개발국 출신에게 약속을 지키라고 주장할 기회를 제공했어야 했다.

나도 그 자리에 참석하고 싶었다. 나는 국제 환경 단체인 그린피스의 활동가들과 함께 왓츠앱 그룹에서 파업을 하거나 인식을 바꾸기 위해 다양한 활동을 하면서 최신 상황을 공유하고 있었다. 그린피스는 젊은 활동가들이 제25차 COP에 참여할 수 있게 후원했는데, 나도 그중 한 명이었다. 그뿐 아니라 아바즈Avaaz(기후변화, 인권, 동물권을 위해 일하는 젊은 활동가를

★ 각 나라가 자국의 상황을 고려하여 자발적으로 정한 온실가스 감축 목표를 말한다.

지원하는 미국 기반 비영리단체)와 350.org에서도 초대를 받았다. 나는 어떤 단체에도 불쾌감을 주기 싫었으며, 그린피스가 가장 먼저 나를 초대했기에 그린피스에서 후원을 받기로 했다.

제25차 COP에서 정신없이 일정을 소화했다. 마드리드행 비행기가 연착되는 바람에 나는 도착해서 옷을 갈아입거나 호텔에 들를 시간이 없었다. 그린피스에서 나온 제시카 밀러를 따라서 다른 활동가들과 함께 곧장 기자회견장으로 갔다. COP가 진행 중인 회의장이 있는 건물이었다. 놀랍게도 거기에는 그레타가 있었으며, 더욱 놀랍게도 그레타는 나를 보며 "안녕하세요"라고 인사했다. 잠시 뒤, 제시카와 나는 그레타와 그레타의 아버지, 몇몇 활동가와 회의장 건물에서 우연히 마주쳤다. 그레타는 아버지와 식탁에 앉아 여러 가지 과일을 먹다가, 나를 초대해서 과일을 나눠 줬다. 나는 몹시 배가 고픈 참이었다!

이 부녀는 나를 몹시 반기며 우간다에서 하고 있는 기후 활동에 관해 물었다. 나는 유럽이나 미국에서처럼 파업을 벌이기가 어렵다고 대답하면서 피켓을 압수당할 뿐 아니라 체포될 수도 있기에 대규모 시위는 거의 불가능하다고 말했다. 그런 이유 때문에 학교 운동장에서 파업을 벌이거나 다른 식으로 행동에 나선다고 설명했다. 홍수, 무더위, 가뭄 때문에 우간다 사람 대다수가 생계를 의지하고 있는 작물이 죽어 가며, 식량 불안이 우간다에서 큰 문제라고도 이야기했다. 기후 비상사태로 빈곤이 더 심각해지면서 너무 많은 소녀가 학교에 못 다니게 됐다. 가족들이 학비를 감당할 수 없기 때문이다. 부모가 음식이나 돈을 받는 대가로 너무 어린 나이에 딸을 결혼시키기도 한다. 부모한테는 생존에 꼭 필요한 일이었을지 모르나, 이 소녀들한테는 재앙이나 다름없었다.

그레타 부녀는 매우 신중하게 듣더니 내가 하는 일에 깊은 감사를 표한다고 했다. 나는 그 인사가 매우 고마웠다. 그레타는 으스대거나 자기가 가장 중요한 사람인 양 행세하지 않았다. 정부와 기업이 기후 과학에 따라 필요한 범위에서 시급하게 행동하도록 밀어붙이는 데 완전히 집중했다. 정말이지 그레타의 활동을 무척 존중하는 나로서는 그레타 부녀와 내 활동에 관해 이야기하는 상황이 꿈처럼 느껴졌다.

나는 마침내 호텔에 도착했고, 러시아, 칠레, 스페인 등에서 온 다른 젊은 기후 활동가 여덟 명과 방을 함께 써야 한다는 것을 알았다. 이들이 벌이는 활동에 대해 배우고 아이디어와 전략을 공유할 기회가 생겨 무척 기뻤다. 뉴욕에 방문했을 때와는 달리, 제시카와 그린피스 팀은 나를 비롯하여 자기네가 지원하는 다른 활동가들한테 어디에서 무슨 일이 일어나는지 계속 새로 알려 주었다. COP 때는 대학, 활동가, 비정부기구(NGO)에서 주최하는 행사가 여러 곳에서 동시에 열리기 때문에 계속 정보를 받아 보는 일이 정말로 중요했다.

그린피스는 내게 남반구 저개발국에서 온 다른 활동가를 소개해 줬다. 우리는 여전히 북반구 국가에서 온 활동가보다 수가 훨씬 적었다. 나는 이제 여덟 살인데도 자기 나라가 높은 대기오염 수준을 낮춰야 한다고 주장하는 인도 출신 리시프리야 칸구잠을 만났다. 리시프리야는 COP에서 나 역시 열정적으로 믿는 사안을 지도자들이 밀고 나가기를 촉구했다. 학교에서 기후 소양을 길러 주어야 한다고 말이다. 나는 케이맨제도에서 온세 활동가 올리비아 짐머, 스테프 맥더못, 코너 차일즈와도 친해졌으며, 이들이 활동하는 방법에서 큰 영감을 받았다. 이들은 예술과 사진을 이용해서 기후변화에 관한 메시지를 온라인에 퍼트렸는데, 나로서는 처음 만난 방식이었다.

스페인에서 좋았던 또 하나는 차드 원주민 여성과 민족 협회Association for Indigenous Women and Peoples of Chad에서 대표를 맡은 힌두 우마루 이브라힘을 비롯하여 아프리카 활동가를 사귄 일이었다. 힌두는 기후 적응과 진정한 지속 가능성에 관해 들려줄 지혜가 많은 원주민을 COP 같은 기후변화 논의에 더 많이 끌어들이고자 캠페인을 벌였다. 또 유엔 지속가능발전목표Sustainable Development Goals, SDGs를 옹호하는데, 나는 현재 영광스럽게도 그 노력에 동참하고 있다. (지속가능발전목표가 무엇이며 내가 어떻게 참여하는지는 9장에서 다룬다.)

우리나라에서 온 활동가들과도 교류했는데, 이 중 세 명은 내 친구이자 기후 활동을 함께하는 동료이다. 리아 나무게르와는 당시 열다섯 살이었고 우간다에서 비닐봉지 사용을 금지하게 만들고자 노력했다. 데이비스 루벤 세캄와는 마케레경영대학교 캠퍼스 청소에 참여했고 내가 뉴욕에 갔을 때도 금요일 기후 파업을 이어 갔다. 힐다 나카부예는 그해 초에 만났다.

나는 COP에서 회의에 참석하거나 전략을 짤 때를 제외하면, 수많은 언론인과 인터뷰했다. 그 덕분에 이미 기후변화가 우간다와 아프리카 전역에서 생명과 생계와 생태계를 심각하게 파괴하고 있는 상황을 강조할 기회를 누렸다.

환경과 사회정의 활동가들이 준비하여 제25차 COP와 동시에 진행하는 일주일짜리 집회인 기후 행동을 위한 사회 정상회의Social Summit for Climate Action에서 뜻밖에 연설할 기회를 얻어 특히 감사했다. 데이비스, 실비아 디아즈 페레즈(그린피스 조직 위원)와 청중 사이에 앉아 회담이 시작되기를 기다리는데, 조직 위원 중 한 명이 나에게 발언을 하겠냐고 물었다. 주최 측에서는 FFF 운동을 하는 사람이 발표를 맡아 주었으면 한다고 했다.

"하지만 저는 준비가 안 됐는걸요. 무슨 말을 하죠?"

내가 조직 위원에게 말하자 동료들이 응원했다.

"그냥 해요. 할 말이 생각날 거예요."

"진심에서 우러나는 말을 해."

결국 나는 동의했고 내 생각보다 더 오래 이야기를 하게 되었다. 말이 쏟아져 나왔다. 내가 벌였던 파업, 심각해지고 있는 아동 결혼, 그 밖에 우간다에서 기후 위기로 발생한 끔찍한 일들. 나는 동료 활동가들에게 우리가 왜 COP에 왔는지를 다시 언급하면서 환경을 오염시키는 거대 기업들과 이를 지원하는 나라들의 수장이 보여 주는 그린워싱greenwashing*에 속지 말자

★ 실제로는 환경에 악영향을 끼치면서도 친환경적인 것처럼 포장하는 위장 환경주의.

고 설득했다. 또 우리는 이들에게 책임을 묻고 무슨 일이 있어도 목소리를 내야 한다고 말했다. 나는 완전히 뜻밖이긴 했지만, 말할 기회가 생겨 진심으로 감사했다. 또 내 말이 회의실에 있는 많은 사람에게 울림을 준 듯하여 행복했다.

나는 COP에서 많은 파업에 참여했다. 한 파업에서 우리는 경비원이 우리를 강제로 쫓아낼 때까지 연단을 점거한 채로 양손을 들고, 기후정의를 요구하는 구호를 외쳤다. 또 다른 파업에서는 백어 명이 넘는 사람이 그린피스와 FFF 활동가들과 행동을 같이하면서 정부가 협상을 벌이는 건물 로비에 앉아 농성을 벌였다. 우리는 회의를 지키는 보안 요원이 우리를 강제로 쫓아내면서 그날 COP 장소에 들어오는 것을 금지할 때까지 구호를 외쳤다. 우리는 극도로 화가 났는데, 기업 대표들이 여전히 회의장에 있었고 그중 몇몇 기업은 온실가스를 심각하게 배출하고 있기 때문이다.

여러분 중에는 점거 농성과 파업을 거북하게 느끼는 사람도 있을 것이다. 특히 정부 관계자가 고위급 회담에 참여하고 있을 때면 말이다. 그런 불안을 이해한다. 나는 2019년 내내 공개적으로 목소리를 내서 사람들이 집중하게 만들고 싶은 바람과 타고난 수줍은 성격 사이에서 흔들렸다. 사람들이 나를 과격하다고 여길까 불안했고 정부가 내 활동을 불법이라고 판단하면 무슨 일을 할까 두려운 마음과 싸웠다. 나는 이런 불안한 느낌이 늘 계속되리라 생각한다. 하지만 COP에서 활동가들과 함께하며 구호를 외치고 로비를 점거하자 힘이 솟아났다. 우간다에서는 이런 일을 절대로 못 했을 것이다. 공격을 당하거나, 아마 최루탄이나 곤봉으로 진압당하거나, 심지어 체포당했을 것이 뻔했다.

물론 이따금 이런 시위를 벌이기에는 너무 위험하거나 불안한 상황이 찾아올 것이다. 하지만 기후 위기를 두고 존중하고 인내하던 시기는 끝났다는 것이 내 확고한 의견이다. 우리는 더는 점잖게 행동하거나 정책을 서서히 수정하거나 생산을 조금 변경하면 충분하다고 가정해서는 안 된다. 여러분이 내 또래거나 더 어리다면 특히 그렇다. 지도자들은 우리한테 필요한 결정을 내리지 않고, 지구는 파괴되고 있으며, 사람들은 생계가 무너지고, 수십만 명이 죽어 간다. 우리는 **항의해야 한다**. 지도자들은 잘못된 방향으로 이끌어도 신경 쓰거나 걱정하는 사람이 많지 않으면, 자기 마음대로 해도 된다고 믿을지도 모르며, 그렇게 두어서는 안 된다.

젊은 기후 활동가가 다른 사람을 대신해서 목소리를 높이기에 너무 치기 어리거나 순진하다고 생각한다면, 성숙함은 몇 살을 먹었느냐와는 상관이 없다고 말하겠다. 여러분은 2011년에 태어난 리시프리야처럼 어릴 수도 있고 1926년에 태어난 방송인이자 환경 운동가인 데이비드 애튼버러 경만큼 나이가 많을 수도 있다. 두 사람은 모두 이 행성을 사랑하고, 과학자들이 하는 말에 귀를 기울였고, 이 위기가 얼마나 심각한지 전달하고자 최선을 다한다.

나는 제25차 COP에서 엄청나게 많은 것을 온몸으로 배웠다. 다양한 나라에서 온 수많은 FFF 활동가를 만나면서 파업과 시위를 조직하여 이어 가는 방법을 더 많이 배웠다. 기자회견에서 더 자신 있게 말하고 기자를 덜 무서워하게 됐는데, 특히 기자가 많을 때도 그랬다. 매우 다양한 FFF 왓츠앱 그룹에서 나를 추가해 주었는데, 그 안에서는 서로 뉴스와 최근 소식을 공유하고, 체포될 위험을 알려 주고, 국경을 넘어선 연대를 유지하기가 매우 수월했다.

제25차 COP 때 배운 것은 12월 중순에 집에 돌아가서 활동과 교육 프로젝트를 유지하고 확장하는 데 도움이 될 것이다. 나는 마드리드를 떠나면서, 화석연료 산업은 물론이고 삼림을 점점 빠르게 파괴하는 단체를 더 압박하기로 마음먹었다. 나는 뉴욕에서 고민했던 대표권 문제에 관해서도 더 생각했다. 제25차 COP에는 남반구 저개발국에서 온 활동가도 많이 있었지만, 북반구 국가에서 온 활동가가 훨씬 많았다. 앞으로 있을 모든 기후 회의에서는 동등함이 보장되어야 한다는 생각이 들었다.

＼／＼／＼／

활동가로 보낸 첫해를 생각하면, 분명해지는 어떤 사실이 있다. 나는 홀로 시위를 벌이더라도 다른 사람에게 어떤 영향을 미칠지 예상할 수 없다는 점을 깨달았다. 그 사람들이 눈앞에 있든 온라인상에 있든 말이다. 나는 세계적인 운동에 진정으로 참여하고 있으며, 우리가 하나로 뭉쳐 협력하면 더 많은 일을 하고 더 큰 영향을 미칠 수 있다는 사실을 알게 됐다.

나는 모이는 일(물론 유행병으로 불가능해졌다)이 얼마나 가치 있는지를 몸소 체감했다. 인간적인 교류와 공간을 공유하는 일은 그 무엇과도 바꿀 수 없었다. 나는 나이를 떠나서 사람들이 기후 위기를 몹시 걱정할 뿐 아니라 나와 마찬가지로 좌절과 어려움에 맞서는 모습을 봤다. 서로 배우고 연대하고 영감을 얻는 일이 얼마나 중요한지 이해했다. 이 사람들이 벌이는 투쟁은 내가 벌이는 투쟁이었다. 내가 거둔 승리는 이 사람들이 거둔 승리며 그 반대도 마찬가지였다.

하지만 그해에 또 다른 귀중한 교훈도 얻었다. 우리 중 상당수가 이야기하기 어려워하는 교훈이다. 2019년 3월 중순까지, 나는 두 달 넘게 매주 기후 파업을 벌였다. 파업을 유지하는 일이 중요하다고 믿었다. 하지만 동참해 주는 사람이 드문 데다가 캄팔라 사람 중 소수만 내가 피켓으로 든 메시지에 관심이 있는 듯 보이니 기운이 빠졌다. 진자로Jinja Road는 차가 멈추는 법이 없었다. 승용차와 택시는 주유소를 드나들었고 사람들은 계속 빌리지몰에서 쇼핑을 했다. 그리고 지구는 계속 뜨거워졌다. 우간다를 비롯한 여러 곳에서 사람들이 얼마나 다양하게 기후 위기의 영향을 받는지 알아낼수록 나에게 파업이 더 중요해졌다. 내 감정이 커질수록 이 큰 비상사태에 대응하는 사람이 우리나라에 거의 없는 듯한 현실이 더 아프게 다가왔다. 그리고 우울감에 빠졌다.

4월 무렵에는 무척 무기력한 나머지 2주 동안 파업할 힘도

나지 않았다. 방에서 홀로 많이 울었던 기억이 나는데, 이 상황이 도무지 말이 안 됐기 때문이다. 기후 활동을 잠시 쉰다고 온라인에 공지한 다음 소셜미디어에서 로그아웃했다. 당시에는 팔로워가 그리 많지 않았고, 다시 생각해 보라고 재촉하는 메시지를 많이 받은 기억도 없다.

나중에 가서야 그때 내가 경험했던 번아웃 증후군이 활동가 사이에서, 특히 목표가 막 생긴 사람들 사이에서 드물지 않다는 사실을 알았다. 이들과 마찬가지로 나도 무척 당황한 참이었다. 기후 위기는 규모가 어마어마한 문제다. 왜 더 많은 사람이 분노하거나 더 많은 기관과 단체와 정부가 힘을 합치지 않는지 이해할 수 없을뿐더러 당황스럽기까지 했다. 나는 매주 거리에 서 있었지만, 아무것도 변하지 않는 듯했다. 가족이나 친구마저도 왜 우리가 몇 달 전까지 짐작도 못 했던 일에 그토록 열정적으로 신경 쓰는지 이해하지 못할 수 있다. 우리는 온라인에서 지지를 얻거나 활동 단체에 속해 있어도, 자신이 고립되고 무시당하고 쓸모없다고 느낄 수 있다.

감정을 감추려 하는 내 성향이 나한테 도움이 안 됐다는 사실을 이제는 안다. 나는 왠지 모르게 우리 가족이 이해하지 못하리라 생각했다. 무척 강하고 열정적으로 보이는 많은 국제 기후 활동가를 존경하긴 하지만, 이들에게 연락해서 내 무력감과 패배감을 고백할 생각은 하지 않았다. 캄팔라에서 알게 된 환경 운동가들한테조차 내 기분을 털어놓는 게 거북했다. 중고등학교와 대학교에서 만난 오랜 친구한테도 내 상황을 설명하기가 두려웠다. 예전에는 학교 공부나 사회적 압박이 너무 부담스러울 때면 친구들에게 속내를 털어놓고는 했는데 말이다. 친구들이 보기에 기후 위기는 추상적이고 개인과 상관이 없는 일일 텐데 내가 이런 일로 우울해한다는 사실을 이해해 줄까?

그 무렵, 나는 대화를 나눌 만한 활동가 친구가 한 명 **있다는 사실**을 떠올리고 마침내 이야기를 꺼냈다. 데이비스 루벤 세캄와는 나와 마찬가지로 기후 파업가로서 캄팔라에, 우간다에, 국경 너머에 영향을 줄 만한 방법을 찾고자 노력하는 단계에 있었다. 데이비스는 내게 아주 중요한 조언을 해 줬다. 자기를 돌보는 일이 꼭 필요하다고 했다. 하루쯤 쉬어야 한다면 그렇게 해야 했다. 데이비스는 말했다.

"활동을 시작했을 때 상상한 미래를 포기하지 않는 게 가장 중요해."

시간이 조금 걸리긴 했지만, 나는 데이비스가 옳았다는 사실을 깨달았다. 나는 활동을 시작한 지 고작 몇 달밖에 안 됐으면서 내가 실패하리라고 판단했다. 이런 예상은 오히려 문제를 키우고 역효과를 낳았다. 나는 데이비스가 말했듯 자기를 돌보는 일은 사치가 아니라 필수라는 점을 기억해야 했다. 데이비스가 다시 일깨워 주었듯 나한테는 이 일이 무척 중요해서 지쳐 나가떨어질 수 없었다. 나는 파업을 다시 시작했고, 한 달쯤 뒤에 소셜미디어에 다시 가입했다.

이렇게 지치는 시기를 경험해 본 적 있는 활동가라면 알겠지만, 무력감이나 의심, 절망감을 떨치기란 쉽지 않다. 그러므로 서로 도울 수 있는 사람끼리 온라인에서든 현실에서든 공동체를 만들어야 한다. 나는 제25차 COP에 참석하고 나서 그런 공동체를 찾은 느낌을 받았다.

\ / \ / \ /

활동가들한테는 놀랍지 않게도 제25차 COP에서 열린 정부 논의는 매우 실망스럽게 막을 내렸다. 주요 문제들이 해결되시 못한 채 남았다. 부유한 나라들은 매년 1,000억 달러를 모아 가난한 나라가 기후변화의 영향에 적응하도록 돕고 온실가스 배출을 줄이기로 **2009년에** 했던 약속을 이번에도 이행하려 들지 않았다. 역시 실망스럽게도 기후 위기가 초래하는 '손실과 피해'에 따른 비용을 부담할 의지도 없었다. 마드리드에서 정부 협상단이 동의한 최종 문서에 따르면, 각국 정부가 앞서 서약했던 온실가스 배출 감소량은 제21차 COP 때 기온 상승을 섭씨 1.5도와 2도 아래로 제한하겠다고 정한 목표를 달성하는 데 필요한 수준에도 한참 미치지 못했다. 정부가 사용하는 언어는 미온적이고 조건부였으며 재앙이 벌어지는 상황에 전혀 맞지 않았다.

어떻게 이 결과를 우간다 사람들한테, 기후 위기가 말 그대로 생사가 걸린 문제인 이들한테 설명할 수 있을까? 나는 집에서 크리스마스와 새해를 축하하면서 굳게 결심했다. 2020년에는 우간다에서 활동하는 범위를 넓힐 것이다. 그리고 국제 기후 정책을 결정하는 데 아프리카 사람들의 목소리와 시각과 해법이 더 많이 들어가도록 다른 활동가들과 힘을 모을 것이다.

4

잘려 나가다

2020년 1월, 북극의 급격한 온난화를 경고하는 과학자 단체, 북극 베이스캠프Arctic Basecamp가 나를 다보스로 초대했다. 큰 흥미가 생겼다. 나는 다른 젊은 활동가 다섯 명과 합류하여 행사장 밖에 설치한 추운 탐험가용 텐트에서 잘 예정이었다. 기후 위기를 다루려면 우리처럼 편한 영역을 벗어나야 한다는 것을 세계경제포럼 참석자들한테 보여 주기 위해서였다.

그 당시 나는 북극 베이스캠프나 다보스는 물론이고 세계 경제포럼에 관해서 전혀 몰랐다. 지금은 활동가가 된 내 친구한 테 초대를 받아들였다고 이야기하자, 친구는 행사를 조사해 봤다면서 부자가 많이 참석할 것이라고 했다. 그런데 나는 그것보다 난생처음으로 눈을 볼 수 있다는 것에 더 관심이 갔다. 내가 알기로 스위스는 산이 많은 나라이고 1월이니 북반구가 추우리라고 예상했다. 북극 베이스캠프 팀은 필요한 겨울옷을 마련해 줄 테니 걱정하지 말라고 했다.

나는 다시 한번 아버지한테 무겁고 바퀴가 달린 여행 가방을 빌려서 겹쳐 입을 수 있겠다 싶은 옷을 전부 챙겼다. 엔테베 공항으로 가서 취리히로 날아가니, 알프스산맥이 언뜻 보였다. 다보스에 있는 스키 리조트까지 기차를 타고 가서 자정 무렵 도착했다.

난방을 튼 기차에서 내리자 무자비한 추위가 나를 때렸다. 취리히에서 기차를 제대로 타는 데 열중한 나머지 가방에서 장갑을 꺼내는 것을 잊어버렸고, 셔츠 위에 스웨터와 스카프만 걸친 채였다. 가로등도 몇 개 없어 점점 불안해졌다. 우간다에서는 여자가 늦은 시간에 어두컴컴한 거리에 혼자 나와 있으면 무모하다고 생각한다. 게다가 어디서 케이블카를 타야 북극 베이스캠프가 텐트를 쳐 놓은 산으로 올라갈 수 있을지도 몰랐다. 다행히도 우연히 마주친 나이 든 남성이 내가 완전히 헤매는 것을 알아챘다. 그리고 10대 소년 몇 명에게 부탁하여 가방을 끌고 케이블카 역으로 가도록 도와주게 했다.

그때 나는 추위 때문에 손이 아리고 무언가를 만질 때마다 아팠다. 몸이 덜덜 떨리며 체온을 유지했다. 머릿속으로 기도문을 외우기 시작했다. 늦은 시간에는 케이블카가 30분에 한 번씩 출발하므로 오래 기다려야 할지도 모른다는 사실을 미처 몰랐다. 케이블카 역은 환해서 마음이 놓이긴 했지만, 바깥보다 약간 따듯할 뿐이었다. 나는 가방을 열고 옷을 더 꺼낼 기운마

저 없었다. 자포자기한 채 발을 노려보면서 저체온증으로 죽을 것 같다고 생각하던 그때, 남자들이 무리 지어 들어와 근처에 앉았다. 그중 한 명은 나와 좋은 친구가 된 기후변화 상담가, 캘럼 그리브였는데, 나를 계속 찾던 참이었다. 캘럼이 마침내 말했다.

"북극 베이스캠프에 올라가십니까?"

내가 그렇다는 뜻으로 우울하게 고개를 끄덕이자 캘럼이 대답했다.

"당신이 바네사군요. 당신을 찾아다녔는데, 보이질 않더군요. 여기까지 와 주시다니 정말 기쁩니다."

캘럼은 나에게 코트를 빌려줬고, 케이블카가 산에 올라갈 때는 가방 나르는 것을 도와줬다. 캘럼은 내가 기온이 영하인 텐트에서 밤을 보내기보다 정말로 몸을 녹여야 한다고 판단했다. 북극 베이스캠프에서 온 직원 몇 명이 내게 따뜻한 옷을 주고 호텔 로비에 있는 난로 근처에 앉혀 주었다. 결국에는 내게 방을 보여 주면서 따뜻한 물로 목욕하고 차를 마신 다음 뜨거운 물병을 안고 잠자리에 들라고 조언해 줬다. 그날 밤처럼 침대를 고대했던 날은 없었다.

아침에 일어났을 때, 더는 손이 안 아팠고, 엄지 두 개를 포함하여 손가락 열 개가 모두 붙어 있었다. 그리고 알프스산맥은 경치가 환상적이었다. 그날은 온종일 언론과 인터뷰하고 북극 베이스캠프에 초대받아 참여한 다른 활동가들과 시간을 보냈다. 주 웬잉은 모교인 중국 상하이대학교에서 환경보호 자원

봉사 팀을 이끌었다. 카이메 실베스트레는 브라질에서 온 법대생으로 아마존 열대우림을 위해 캠페인을 벌였다. 사샤 블리도르프는 그린란드에서 FFF 시위를 조직했을 뿐 아니라 덴마크 의회에서 자리를 얻고자 선거에 출마했다. 영국에서 온 브릭스 화이트맨은 형제와 함께 북극 베이스캠프에서 봉사 활동을 했다. 미국 출신인 에바 존스는 여자 노숙인을 위해 활동한다. 나는 전에 카이메를 만난 적이 있는데, 뉴욕에서 열린 유엔 청소년 정상회담 때였다. 나랑은 달리 카이메는 추위를 단단히 대비하고 왔다.

우리는 다 함께 다보스에 있는 마을로 내려갔다. 북극 베이스캠프에서 나온 과학자들은 그 마을에서 어떻게 기후변화가 북극을 변형시키는지 설명했다. 지난 30년 동안 북극은 지구의 다른 지역보다 두 배나 빠른 속도로 따뜻해졌다. 그리하여 어떤 사람은 2035년까지 북극에서 얼음이 사라질 것이라고 예상했다. 우리 무리는 다보스에 있긴 했지만, 세계경제포럼에 참석하지는 않았다(우리는 초대받지 않았다). 대신 '바깥'에서 공개 선언을 하고 인식을 바꾸는 활동에 참여했다. 지역 학교에 방문해서 열 살부터 열다섯 살까지의 학생들을 만났는데, 감명을 받았다. 아이들은 내가 우간다에서 벌이는 활동에 호기심을 보였고, 기후 활동가가 되는 방법을 무척 배우고 싶어 했다.

그 금요일, 1월 24일에 나는 유럽 기후 활동가들, 스웨덴에서 온 이사벨 악셀손과 그레타 툰베리, 스위스에서 온 루키나 틸레, 독일에서 온 루이사 노이바우어와 함께 FFF 기자회견에 초청받아 내 이야기를 했다. 그다음에 우리는 기후 행진에 참여하여 거리를 걸었다. 세계경제포럼 참석자들에게 기후 위기를 최우선 과제로 삼으라고 요구하고자 다보스에 온 사람 수백 명이 이 행진에 참여했다. 그 뒤에 나는 몇몇 기후 운동가와 함께 점심을 먹었다. 바로 그때 〈연합통신〉에 올라온 사진을 봤는데 이사벨, 그레타, 루키나, 루이사는 나왔지만… 나는 없었다. 우리 다섯이 함께 서 있는 모습을 찍은 사진이었다. 하지만 AP가 공개한 사진은 네가, 백인이 아닌 유일한 활동가가 잘려 나간 채였다.

사진을 확인하고 나서 몇 시간 동안 나는 감정을 수습할 수가 없었다. 아드레날린이 계속 치솟고, 뼛속까지 피로가 몰려왔다. 식당에서 AP한테 왜 나를 사진에서 잘랐느냐고 묻는 트윗을 올렸다. 하지만 그때 북극 베이스캠프로 서둘러 돌아가야 했는데, 나를 포함한 활동가 대부분이 그날 밤 다보스를 떠나 고국으로 돌아갈 예정이었기 때문이다. 대화할 시간이 없었다. 각자 짐을 싸느라 바빴다.

북극 베이스캠프 직원은 내가 잘려 나간 사실에 놀라면서 안타깝다고 말했다. 하지만 내가 바랐던 것처럼 성명을 내거나 AP에 항의하지는 않았다. 그러자 너무 화가 나서 말할 기분이 아니었는데도 한마디 해야겠다는 의무감이 생겼다.

나는 북극 베이스캠프에서 어떤 일이 벌어졌는지를 내 처지에서 설명하는 동영상을 녹화하기로 했다. 나는 완전히 감정적이었고, 마음이 가라앉을 때까지 기다렸다가 라이브 방송을 했지만 울음을 억누를 수 없었다. 나는 말했다.

"우리 **목소리**를 지운다고 해서 바뀌는 것은 없을 겁니다. 우리 **이야기**를 지운다고 해도 바뀌는 것은 없을 거예요."

그다음에 아주 개인적인 말을 덧붙였다.

"지금은 기분이 좋지 않아요. 이 세상은 너무 잔인하죠."

금요일 저녁에 AP를 향해 트윗을 남겼다.

"당신들은 그냥 사진을 지운 것이 아닙니다. 대륙을 지운 겁니다."

그러자 제대로 파악하기 어려울 만큼 많은 일이 일어났다. 몇 시간 뒤, 나는 취리히 공항으로 돌아가는 기차에 올랐고, 그다음에는 밤 비행기를 타고 집으로 돌아왔다. 와이파이를 쓸 수 없을 때도 있었고 휴대전화 배터리도 바닥을 보여 내 트윗과 동영상에 대한 반응을 실시간으로 볼 수 없었다. 하지만 내가 볼 수 **있던** 반응만 놓고 판단해도 명확했다. 내가 잘려 나간 일은 반향을 일으켰고, 많은 사람이 전 세계에서 나와 함께 화를 내었다. 다른 기후 활동가들이 리트윗과 글을 올렸고, 고향 친구들은 행운을 빌며 나에게 응원을 보내 줬다. 그뿐 아니라 우간다로 돌아가는 여정은 내가 더 많이 생각하고, 사진에서 잘린 일에 왜 그렇게 강한 반발심이 들었는지 알아낼 기회가 됐다. 비행기가 엔테베 공항에 거의 도착할 무렵, 내가 느꼈던 감정을 설명하는 단어가 떠올랐다. **비탄**과 **우울**이었다.

\ / \ / \ /

그 사진에서 잘려 나간 지 1년이 훌쩍 넘은 지금도, 나는 그때 일어났던 일과 그 뒤로 이어진 몇 시간, 며칠에 관해 이야기하기가 힘들다. 부정하지는 않겠다. 나를 투명인간 취급하며 개인적으로 모욕했다고 느꼈으며 다보스에서 시간을 낭비했다는 생각도 들었다. 사진에서 빠지니 내가 활동가로서 가치가 없으며 기후 인식과 기후정의를 얻으려는 싸움에 아무런 도움이 안 되는 듯한 의구심이 솟았다. 나는 **정말로** 여유가 없었다. 내 고향과 매우 먼 다보스에서, 온기를 유지하고자 끊임없이 고군분투했기 때문이다. 게다가 지난 몇 달은 아찔하게 많은 새로운 경험을 체득하면서 동시에 미래를 위한 금요일 파업에도 계속 힘을 쏟으며 지내고 있었다.

내가 겪은 일이 그렇게 큰 문제인지 의아해할 사람도 있다는 것을 안다. 어쨌든 사진이 올라온 그날, 당시 AP 편집장이었던 샐리 버즈비는 성명을 내면서 '사진 속 유일한 유색인종'인 내가 잘려 나갔음을 인정했고, 이는 '판단 착오'라고 말했다. 그리고 개인 트위터 계정으로 사과를 보내왔다. AP는 그 사진을 내가 보이는 것으로 바꾸고, 기자회견에서 찍은 사진들을 더 올렸는데, 거기서는 내가 우리 다섯 중 가운데에 앉아 있었다.

AP의 사진 감독은 나를 고의로 지우려고 잘라 내지 않았으며 시간에 쫓긴 사진사가 '구도를 고려해서' 한 일이라고 주장했다. 뒤에 나온 건물이 주의를 분산시켜서 나를 잘랐다는 것이다. 나를 자른 사진에 다른 건물 두 채가 여전히 남아 있다는 사실을 제외하더라도 의문이 남는다. **무엇** 또는 **누구**한테서 주의가 분산된다는 것일까? 저 멀리 있는 알프스산맥? 산 앞에 서 있는 내 유럽 출신 백인 동료 네 명? 아니면 그레타?

내가 트위터 영상에서 눈물을 흘린 이유는 개인적으로 슬프기 때문만이 아니라 좌절하고 분노했기 때문이다. 내가 좌절한 이유는 사진에 딸린 기사의 제목이 '미 재무장관의 조롱을 떨쳐 낸 툰베리'였을 뿐만 아니라 AP가 나를 사진에서는 물론이고 참가자 명단에서도 지워 버렸기 때문이다. AP는 우리 다섯이 참여했던 기자회견에서 내가 한 말을 한마디도 싣지 않았다. 매우 아이러니하게도 나는 그 기자회견에서 대표단을 향해 화석연료라는 편리한 중독에서 벗어나기를 강하게 요구했을 뿐 아니라 기자들에게 의례적인 보도에서 넘어서기를 부탁했다. 나는 말했다.

"이제 세계 곳곳에서 일어나는 일을 보도할 때입니다. 각지에서 사람들이 고통받고 있기 때문이죠."

그레타도 그 자리에 있는 기자에게 자기뿐 아니라 우리 네 명한테도 질문하라고 권유했다.

AP가 하루에 기사를 2천 건, 1년에 사진을 백만 건씩 싣는다는 사실에도 좌절했다. AP는 250곳에서 운영되며 세계 인구의 절반 이상이 AP가 쓴 기사를 본다. 세계 뉴스를 접하기 어려운 지역에서는 더더욱. AP는 나를 잘라 낸 사진을 세계 언론 단체에 보냄으로써 한 아프리카 활동가가 모습을 드러내고 어쩌면 메시지를 전달할 기회를 박탈했다.

내가 화가 난 이유는 다른 기관이나 언론 매체가 공개한 사진에는 내가 나와 **있었기** 때문이다. 덕분에 나는 AP에서 나를 제외하기로 한 결정이 고의였다는 느낌을 받았다. 사진을 내려받기에 너무 크거나 신문 규격에 맞지 않아서가 아니었다. 아니, 누군가가 나를 어울리지 않는 사람, 이상한 사람으로 판단하고 내가 남아 있으면 사진이 보기 좋지 않다고 생각한 듯했다. 우리 다섯 명은 한 줄에 서 있었다. 그 줄에는 '끝'이 두 개였지만, 한쪽 끝만 잘렸다.

소셜미디어에서 항의가 거세지고 사진을 자른 이야기를 주류 언론에서 다루자 AP도 답변을 내놓아야 했다. AP는 유감을 표명했지만, 나는 계속 의심이 들었다. 나는 정식으로 사과하는 메시지는커녕 트윗 하나만 받았을 뿐이다. 그리고 AP는 이렇게 엄청난 소동이 일어난 뒤에야 나를 자르지 않은 사진을 공개했다.

\ / \ / \ /

나는 엔테베 공항에 도착한 뒤, 많은 언론사에서 여러 플랫폼을 이용해 보낸 메시지가 백 통 넘게 와 있는 것을 보고 놀랐다. 이들은 무슨 일이 있었는지 묻고 싶어 했다. 그렇게 집에 돌아오고 난 뒤로 며칠은 국제 언론은 물론이고 우간다 언론과 쉴 새 없이 인터뷰했다. 무척 기쁘게도 우간다를 비롯한 아프리카 사람뿐 아니라 유럽과 미국 출신 활동가들도 AP에 트윗을 보내 줬다. 또 친구들과 여러 활동가가 내게 힘을 내라고 다시 한

번 말해 줬다. 솔직히 말해 우리 가족은 내가 왜 그렇게 속상해하는지를 이해하지 못한 채로 그 사건을 별것 아닌 일로 여기면서 나를 달래려고 했다. 그렇다고 우리 가족이 원망스럽지는 않다. 나를 보호하고 기운을 북돋워 주고 싶어서 그랬다는 것을 알기 때문이다. 하지만 좀처럼 기분이 나아지지 않았다. 가족한테 설명하고 언론 인터뷰에서도 이야기했지만, 나는 잘려 나간 사진이 인종차별과 성차별을 직접 표현한다고 느꼈다.

그 이유는 이렇다.

BBC에서 내가 얼마나 고통스러워하는지를 보도한 뒤, 일부 사람들은 소셜미디어에서 나를 향해 바보 같고, 울보에다가, 나약하고, 자기중심적이라는 댓글을 달았다. 내가 얼마나 큰 특권을 누리는지 알아야 한다고 했다. 어쨌거나 나는 스위스에 초청받았고 기자회견까지 참석했는데도 사진에서 빠졌다고 불평을 늘어놓는 중이었다. 누군가는 내가 끝에 서지 말았어야 한다는 식으로 말했다. 한 악플러는 내가 예쁘지 않아 사진에서 잘렸을 것이라고 썼다. 누군가는 내가 인종차별이라는 '카드'를 이용해서 사람들의 감정을 자극하고 관심을 받는다고 비난했다. 내 활동과 의견이 그리 대단치 않아서 나를 제외했을 것이라고 주장하는 사람도 있었다.

하지만 인종차별에 화를 내며 감정적으로 반응하는 행동은 바보 같지 않다. 부당하다고 소리 높여 지적해야 한다. 감정을 표현한다고 해서 부당한 현실이나 진실을 덜 심각하게 취급할 이유는 없다. 나는 댓글에서 너무 익숙한 성별 고정관념을 감지했다. 여성은 비이성적이고 지나치게 감정적이라는 고정관념을. 우리는 목소리를 낼 때, 터무니없는 것을 기대하거나 요구한다는 비난을 종종 듣는다. 우리가 무언가를 강하게 말하면, 남자들이 그럴 때처럼 위엄이 있다고 여기기보다는 꽥 소리를 지른다고 여긴다. 우리를 열정적이라고 보지 않고 잔소리를 늘어놓거나 다른 사람을 쥐고 흔들려 한다고 여긴다. 사실 좋은 아프리카 여성으로 보인다는 것은 보통 아무 말도 안 한다는 뜻이다.

그러니 나처럼 목소리를 높이면 아프리카인답지 않을 뿐 아니라 여성스럽지도 않다는 비난을 듣는다. 몇몇 아프리카 비평가는 온라인에서 나를 위축시켰다. 내가 여자로서, 흑인 여자로서, 아프리카인으로서 "분수를 알아야 한다"고 말했다. 한 명은 이렇게 적었다.

"뭘 기대했는데요? 당신은 어린 흑인 여자입니다."

특권을 누린다는 의견에 관해 말하자면, 나는 북극 베이스 캠프, 뉴욕, 마드리드에 초대받은 일이 얼마나 큰 행운이었는지 알기에 사진에서 잘린 일이 그토록 고통스러웠다. 나는 유엔 청소년 기후 정상회담, 제25차 COP, 다보스에 오지 못한 우간다인과 다른 아프리카인을 대표하여 메시지를 전달해야 한다고 느꼈다. 나를 비난하는 사람은 주로 세계 언론을 향해서는 입을 다무는 아프리카인이나 이런 회담에 참석해 자기네 생명도 중요하다고 말할 만한 상류층 권력자들이었다.

그리고 나는 데이비스 루벤 세캄와, 놈비 모리스, 엘리자베스 와투티, 아데니케 티틸로페 올라도수 같은 아프리카 FFF 활동가와 그곳에 오지 못한 다른 많은 이들을 대표해서 말하고 싶었다. AP는 나를 지우면서 이 대륙에 퍼져 있는 기후 활동가들을, 기후 위기는 아프리카가 겪는 문제이며 아프리카 사람이 가장 크게 영향을 받는다는 사실을 보여 주고자 노력하는 이들을 지워 버렸다.

왜 내가 다보스에 온 몇 안 되는 아프리카 기후 활동가 중 하나였는지를 묻는다면 좋은 질문이다. 힐다 나카부예는 제25차 COP에서 "왜 가장 많이 영향을 받는 나라들이 늘 덜 주목받는지 모르겠지만… 남반구 저개발국에서 내는 목소리에도 귀를 기울여야 마땅하다."고 말했다. 우리 같은 사람들이 이런 자리에 많이 올 수 있게 될 때까지, 우리 대다수는 목소리를 내고 주목을 받아야 한다는 책임감을 계속 느낄 것이다. 단지 우리를 위해서만 아니라 지금 당장 기후 위기의 최전선에서 가난, 경제 마비, 분열, 죽음으로 고통받는 우리나라 사람 수백만 명을 위해서. 게다가 방에 들어가 주위를 둘러보는데 자기처럼 생긴 사람이 하나도 없을 때, 어떤 식으로든 자신이 이 행성에 사는 모든 흑인을 대표한다고 느끼지 않을 흑인이 어느 나라 사람이든 한 명이라도 있을지 궁금하다. 우리는 이런 부담을 지고 태어나지 않으며 어려서부터 이런 부담을 지게 되리라 예상하지도 않는다. 이런 부담은 보통 자기네가 만든 편견에 우리가 순응하거나 대항하기를 바라는 다른 사람이 우리에게 얹는 것이다. 이따금 우리는 이 무게를 느끼고 분개한다. 때로는 이 무게에 한껏

자부심을 느끼기도 한다.

그리고 때로는 낙담할지도 모른다. 내 소셜미디어 포스팅에 달린 댓글을 읽어 보니, 나를 자른 사진에 실제로 힘을 실어 주는 것이 눈에 보였다. 내가 발전시키고자 노력했던 것과는 거의 정반대인 이야기에. 그 이야기에 따르면 피부가 흰 유럽인만이 기후 위기를 걱정하는데, 백인 유럽인이 유일하게 신경 쓰는 것이 기후 위기이기 때문이다. 이는 아프리카나 흑인의 생명을 전혀 고려해 본 적 없는 백인 세상의 부와 특권을 확장한 것이다.

아프리카 사람이나 다른 유색인종이 쓴 댓글은 매우 직설적이었다.

"기후변화 의제는 백인들을 위한 것이다."

"백인을 위한 것은 백인한테 맡겨라."

한 트윗은 말했다.

"백인이 기후를 파괴하면… 다른 백인이 기후변화에 맞서 싸우는데, 전부 자기네한테 좋아 보여서 하는 일이다."

또 한 사람은 이렇게 댓글을 달았다.

"백인은 개똥 같아."

더 교활하게도, AP는 사진에서 나를 잘라 냄으로써 일부 아프리카 사람이 품은 의심에 확신을 주었다. 백인 유럽인이 뭐라고 이야기하든 세계적인 언론은 기후 위기를 백인 유럽인 또는 어디에 살든 백인이 신경 쓰는 문제로 여긴다는 생각에 말이다. 어떤 사람은 내게 '백인 언론'과 일하지 말고 흑인이 소유했거나 직원으로 있는 언론 매체를 응원하라고 적었다.

"우리의 역사를 서구 사람들이 쓰도록 줄곧 놔둔다면, 아프리카 사람들은 계속 이렇게 냉대를 당할 것이다."

"아프리카 언론은 어디 있지?"

어떤 사람은 내게 아무것도 바뀌지 않을 것이라며 그냥 넘어가라고 했다.

"저는 흑인 남자고 아프리카 사람인데, 이렇게 제외당하는 일에 익숙합니다."

누군가는 이렇게 적었다.

"저는 그냥 넘기고 신경 쓰지 않는 법을 배웠죠."

한 해설가는 절망했다.

"너무 슬프네요. …우리 모두의 삶이 잘려 나갔습니다. 언제 이런 일이 멈출까요?"

이런 댓글을 요약하면 그 한가운데 가혹한 현실이 드러난다. 이런 질문을 하는 것조차, 제외됐다고 항의하거나 포함해 달라고 요구하는 것조차, 언론이 백인 구세주를 카메라 렌즈 중앙에 둔다고 말을 꺼내는 것조차, 배은망덕하고 무례하며 지나치게 예민하거나 쉽게 짜증을 내거나 그보다 더 나쁘게 행동하는 문제아로 비칠 위험이 있다는 현실이.

미국에서 환경 정의의 아버지로 알려진 아프리카계 미국인 교수 로버트 불라드 박사는 이 사진을 분석하며 〈가디언The Guardian〉에서 말했다.

"대다수 사회에서는 젊은이가 벌이는 기후 활동을 '백인이 하는 일'로 인식합니다. 그러니 잘라 내기 전 사진은 훌륭한 사

례가 아니죠. 인종차별은 유색인종을 고의로 감춰 버리려 합니
다."

박사 과정 학생인 첼시 맥패든은 이후 2020년 〈지속 가능
성 교육 학술지Journal of Sustainability Education〉에 사진을 자른 일
이 전형적인 '백인 구세주 주의'라고 썼다.

"백인 구세주라는 발상은 이 세상에, 제삼세계라고 성문화
되며 기후변화라는 맥락에서 인종으로 차별당하는 곳에 고통
빚는 사람이 있으며, 이 상황을 해결할 사람은 백인뿐이라는 생
각이다. 이는 나카테 같은 활동가가 무시당하고 대화에서 본격
적으로 밀려나기까지 하는 대가로 백인 기후변화 활동가들의
인기가 많아지는 현상을 설명한다."

내가 그 사진이 큰 문제라고 생각하는 이유의 핵심이 바로
이것이다. AP는 나를 잘라 냄으로써 내가 한 인터뷰에서 다음
과 같이 말했던 잘못된 믿음을 추가했다.

"아프리카 기후 활동가들은 다보스에 오지 않았다고 말이
죠. 아프리카 사람들은 기후변화 운동을 활발히 벌이지 않는다.
저 같은 사람이나 아프리카와 아시아, 남미에 사는 다른 많은
젊은이는 세계적인 기후 운동에 참여하지 않는다고 말입니다."

＼ ／ ＼ ／ ＼ ／

여러분이 알아 두어야 할 점이 있는데 내가 사진에서 잘려 나
간 뒤로 많은 기후 활동가가 나를 크게 지지하고 연대해 주었

으며, 지금도 마찬가지라는 사실이다. 그레타는 사진을 자른 일이 "어느 모로 보나 절대로 이해할 수 없는 일"이라고 했다. 이사벨 악셀손은 다보스 같은 곳에서는 내 목소리가 자기들보다 더는 아니어도 똑같이 중요하다고 덧붙였다. 제이미 마골린은 말했다.

"소수의 목소리를 지우고, 인종과 계급을 차별하는 일은 새롭지 않다. 이 사건을 사진에서 자른 일이라고 설명하면 편하겠지만, 사실은 전반적인 기후 과학이라는 이야기에서 잘라 낸 일임을 암시한다."

제이미는 나한테 일어난 일에서 교훈을 얻었다고 했다.

"바네사가 겪은 일 덕분에 여러 회의를 돌이켜 보니 사진 속 내 옆에 피부색이 어두운 활동가가 없었다. 그리하여 내가 목소리를 높였어야 했다는 사실을 이제야 깨닫는다."

AP 자체도 이 사건 덕분에 '자가 점검'을 하게 됐다고 주장했다. 샐리 버즈비는 AP 기자에게 말했다.

"저는 우리가 다양성과 포괄성을 최우선 과제 중 하나로 삼아야 한다는 점을 맨 위에서부터, 저부터 명확히 해야 한다고 느꼈습니다."

AP는 사진을 자르는 이런 '끔찍한 실수'를 계기로 다양성 교육을 확대하겠다고까지 발표했다.

나는 아프리카 남성이 온라인에서 추천해 준 대로 "이렇게 배제당하는 일에 익숙해지고… 그냥 넘기면서 신경 쓰지 않는 법"을 배울 수도 있었다. 아무 말 없이 그대로 짐을 챙겨 다보스를 떠난 뒤 활동을 이어 가고자 마음먹을 수도 있었다. 하지만 나는 신경이 쓰였고, 왜 아프리카 사람들은 배제당하고 무시당해도 그냥 받아들여야 하는지 이해할 수 없었다. 또는 교체당해도 말이다.

〈로이터Reuters〉와 〈가디언〉 모두 사진을 자른 사건을 보도하면서 잠비아 출신 소녀 인권 활동가 나타샤 므완사와 나를 혼동했다. 나타샤는 세계경제포럼에 참석했지만 나는 아니었다. 또 이렇게 삭제당하는 사건은 나보다 훨씬 더 눈에 띄고 중요한 사람한테도 일어났다. 2019년 G7 정상회의에서 〈연합통신〉은 캐나다 총리 저스틴 트뤼도, 인도 총리 나렌드라 모디, 프랑스 대통령 에마뉘엘 마크롱과 함께 '신원을 알 수 없는 지도자'가 나온 사진을 실었다. 트뤼도와 모디, 마크롱은 트위터 계정 아이디로도 구분할 수 있었지만, '신원을 알 수 없는 지도자'는 그렇지 않았다. 이 지도자는 남아프리카공화국 대통령 시릴 라마포사였으며 트위터 계정 아이디는 @CyrilRamaphosa다.

내가 공개적으로 말하지 않았다면, AP는 그 사진사가 찍은 사진을 추가로 공개하지 않았을 것이다. 우리는 인종과 환경 운동을 주제로 더 깊게 논의할 기회를 놓쳤을지도 모른다. 어쩌면 나와 다른 아프리카 사람이 목소리를 덜 높였을지도 모른다. 내가 사진에서 잘리는 사건이 일어난 뒤로, 기자들이 아프리카 대륙에서 활동가들을 찾아다니는 모습이 눈에 띄었다. 기자들은 기후 위기를 가장 앞서 경험하는 공동체를 포함하여 남반구 저개발국들이 받는 영향을 1면에서는 아니더라도 대체로 더 많이

다뤘다. 당연히 전부 내 공로는 아니다. 오히려 그 반대다. 하지만 나에게 일어난 일과 그에 대한 내 반응이 너무 늦어 버린 대화에 불을 붙였다고 생각한다.

나는 사진에서 잘린 일을 계기로 우리 가족, 친구, 또래가 내 안부를 넘어 사회적 존중까지 걱정하며 보이는 반응에 반박할 수 있었다. 우리 가족도 이번 일을 계기로 다른 이야기를 살펴볼 수 있었다. 내 여동생 클레어는 자기가 사진에서 잘렸다면 공개적으로 말하지 않았을 것이라고 했다. 내가 그 이유를 묻자 말해 보아야 아무 소용이 없으리라 생각하기 때문이라고 대답했다. 이는 내가 무언가를 말하기를 잘했다고 생각하기에 충분한 이유였다.

나는 세상이 어떻게 돌아가는지 모르지 않는다. 나를 콕 집어서 지우고 내가 거기에 반응한 일로, 나는 소셜미디어에서 일곱 배는 더 눈에 띄게 됐고, 지역은 물론 국제 언론에서 더 관심을 받게 됐다. 나는 몇몇 우간다 언론 매체를 비롯해 인종차별에 관해 질문하는 기자와 이야기하면서 기후정의에 관해서도 말할 수 있었다. 인지도가 높아지니 인터뷰를 더 많이 하게 되고, 초청받아 연설하게 되고, 마침내 여러분이 읽는 책을 쓰게 됐다. 부정적인 사람은 내가 악어의 눈물을 흘리며 돈을 쓸어 담는다고 비난할지도 모른다는 점을 잘 안다. 하지만 내가 기후활동을 벌이며 배운 바에 따르면, 목소리를 높일 때는 큰 위험을 감수해야 한다.

나는 사진에서 잘려 나간 뒤로 변했다. 더 대담하고 직접적으로 기후 위기와 인종차별에 관해 이야기하고, 지금 여러 민족이 얼마나 다양하게 충격을 받는지를 또렷이 표현하게 됐다. 내 진로에 관한 생각도 바뀌었다. 나는 코로나바이러스 감염증이 유행한 탓도 있지만, 기후 활동에 시간을 더 많이 쏟느라 우리 가족이 운영하는 가게에서 일하기를 피했다. 그러다 보니 우리 아버지도 내가 돌아오지 않으리라는 사실을 깨달았다. 나는 마케팅 분야에서 학사 다음의 과정을 수료하거나 MBA를 취득하고자 공부히는 데 더는 흥미가 없었다. 젊은 아프리카 여성이라는 관점에서 기후 위기, 환경 정의, 성차별이 맞물린 다양한 양상을 다루는 데에 가능한 많은 시간을 바치기로, 그 과정에서 양해를 구하지도, 삭제될까 두려워하지도 않기로 마음먹었다.

5

우리는 모두 아프리카다

2019년 10월, 부골로비 로터리클럽에서 환경과 기후변화에 대해 연설해 달라는 부탁을 받았다. 로터리클럽 회원으로서 나를 부골로비 지부에 추천하기도 했던 아버지는 회원들이 일을 마치고 모이는 호텔에 자주 들렀다. 그래서 나는 아버지를 놀라게 할 생각으로, 이 초대를 알리지 않았다.

나는 이런 기회가 찾아오기를 몹시 기대했다. 대부분 우리 부모님 연배이며 전문직에 종사하는 우간다 사람들 앞에서 활동가로 연설하는 것은 처음이었다. 이들은 시민 의식을 갖춘 중산층으로, 기후 위기에 더 관심을 기울여 정부와 민간 부문에 압력을 행사할 수 있는 사람들이었다. 아니면 정반대로 할 수도 있었다. 자기들이 생각하는 '발전'이나 '진보'를 늦추는 듯한 모든 시도에 반대하고 어린 세대가 품은 고민을 무시할지도 모른다. 우리 아버지도 드디어 내가 대중 앞에서 하는 이야기를 듣게 될 것이다.

나는 그레타 툰베리가 했던 연설을 동영상으로 보며 준비했다. 불과 한 달 전 뉴욕에서 열린 기후 행동 정상회담 때 그레타가 대표단을 향해 어떻게 연설했는지 다시 떠올려 봤다. 그레타가 자기보다 훨씬 나이가 많은 사람들을 향해 직설적이고 단호하게, 변화를 불러일으키려고 강하게 힘을 실어 이야기하는 모습은 인상 깊었다. 그레타는 마음에서 우러나오는 철저한 정직함 같은 것을 갖췄다. 이와 동시에 그 연설은 온통 과학과 사실과 정책에 관한 내용으로 가득했다.

10월 11일 발표를 시작하기 한 시간 전쯤, 나는 호텔에 도착해서 방 뒤에 있는 의자에 앉아 말하고자 하는 내용에 집중했다. 회원들 앞으로 불려 나가 20분 정도 발표를 하고 나자 청중 사이에서 질문이 많이 나왔다. 로터리클럽에서 아버지가 받았던 것과 비슷한 공로패를 내게도 주어서 미소가 나왔다. (나중에 알고 보니 아버지는 그날 로터리클럽에 올 수 없어 내 연설을 놓쳤다. 하지만 아버지의 친구들이 내 연설을 좋게 평가해 줬다고 했다. 아버지는 2020년 봄, 유행병에 따른 봉쇄 기간에 내가 로터리클럽에서 온라인 발표를 했을 때 그제서야 내 연설을 들었다.)

그 회의에 참석한 서른 명 남짓한 회원이 물었던 질문은 우간다에 사는 교육받은 사람 사이에서 자주 나올 만한 것들이었다. 대다수는 내 말에 놀라움을 표현했다. 모두 기후변화라는 어떤 일이 일어난다는 사실은 알았다. 하지만 누군가가 시간을 들여서 기후변화가 존재한다는 증거를 제시하거나 그 규모를 정확하게 설명하거나 위기가 얼마나 심각한지 알려 주는 이야기를 들어 본 적은 없었다. 이런 정보를 전문가도 아닌 젊은 사람한테 듣게 되어 놀란 듯했다. 하지만 내가 이 시급한 문제를 이해할 수 있게 해 주었다며 기뻐했다.

중간에 한 남성이 말하기를 현재 아마존 열대우림이 줄어드는 상황은 아프리카에서조차 널리 비난을 받지만, 콩고 열대우림이 파괴되는 일에 관해서 이야기하는 사람이 없어 의아하다고 했다. 모임이 끝나 갈수록 그 남자가 한 말이 내 머릿속에 맴돌았다. 왜 우간다 사람은 콩고 열대우림에서 일어나는 일에 관해 이야기하지 않을까? 특히 이 열대우림 중 60퍼센트가 있는 콩고민주공화국은 우리나라 서쪽과 국경을 맞대고 있는데 말이다. 나는 이 질문에 제대로 대답할 수 없었기에, 열대우림과 열대우림에 닥친 위험에 관해서 더 알아보기로 했다.

내가 알아낸 사실은 충격적이었다. 아마존 열대우림이 여러 국경에 걸쳐 있듯 콩고 열대우림도, 더 정확히 말하면 콩고 분지 열대우림 생태계Congo Basin Rainforest Ecosystem도 여러 나라에 조금씩 걸쳐 있다. 콩고민주공화국, 카메룬, 적도 기니, 가봉, 중앙아프리카공화국에. 세계의 '두 번째 허파'라고 알려진 이 숲은 아마존처럼 다양한 생물들이 산다. 또 세계 온실가스 흡수원으로 없어서는 안 되는데, 매년 콩고 열대우림에서 탄소를 내뿜는 양보다 가두는 양이 최대 6억 톤 더 많다. 세계경제포럼에서 말하길 이 양은 "미국에서 모든 운송 수단이 배출하는 이산화탄소의 3분의 1에 해당한다."

이 열대우림은 바트와Batwa, 밤부티Bambuti, 바아카Ba'Aka 같은 원주민을 포함하여 무려 150개나 되는 민족이 사는 거주지이다. 인간은 이 숲에서 5만 년 이상 살았으며, 오늘날에는 7천 5백만 명이 이 숲에 의지해 살아간다. 이 생태계에는 열대식물이 만여 종 있으며, 그중 몇 가지 종은 암을 치료하는 데 효과가 있다고 밝혀졌다. 더 많은 종에서 의학적 효능을 찾을 수 있을지도 모른다. 이 열대우림에는 새 천여 종과 물고기 7백여 종이 산다. 그뿐 아니라 고릴라, 코끼리, 오카피(기린의 사촌이지만 목이 훨씬 짧다), 세계에서 가장 심각한 멸종 위기에 처한 원숭이 종인 콜로부스를 포함해 포유류 4백 종이 사는 서식지기도 하다.

아마존과 마찬가지로 콩고분지도 자원 때문에 착취당한다. 안타깝게도 콩고에서 이런 착취는 최근에 나타난 현상이 아니다. 16세기부터 17세기까지 콩고 왕국은 대서양 노예무역으로 남녀 4백만 명을 잃었다. 1885년에서 1908년까지 벨기에 왕 레오폴드 2세는 고무를 생산하기 위해 이 지역과 사람들을 잔인하고 끔찍하게 짓밟았다. 콩고민주공화국은 1960년에 독립했지만 서구권과 소련의 대리전을 펼치는 무대가 되기도 했다. 거의 40년이 지난 1997년에 미국이 지원했던 독재자 모부투 세세 세코가 몰락한 뒤, 당시 자이르Zaire라 불렸던 이곳에서는 우간다 정부를 비롯한 여러 지역 정부가 10여 년 동안 싸움을 벌였다. 이 충돌 때문에 기아와 질병으로 목숨을 잃은 사람이 540만 명쯤 된다. 심지어 오늘날에도 콩고민주공화국 동부에 있는 이투리Ituri, 카사이Kasai, 키부Kivu 지역은 폭력으로 얼룩져 가고 있다.

계속되는 정치 불안이 환경 파괴로 이어지는 면도 분명히 있다. 하지만 전체 삼림 파괴 중 84퍼센트는 전통적인 화전 농업 때문에 생긴다. 2000년부터 2014년까지 방글라데시 면적보다 더 큰 삼림 지역이 콩고분지에서 사라졌다. 더욱 화가 나는 것은 2020년에는 콩고분지 지역에 있는 많은 나라를 포함하여 전 세계에서 산림 파괴가 12퍼센트 증가했다. 코로나바이러스 감염증이 유행하면서 대다수 경제가 봉쇄됐는데도 말이다. 콩고민주공화국, 카메룬, 중앙아프리카공화국에서는 2019년보다 2020년에 숲이 더 많이 사라졌다. 어떻게 이럴 수 있을까? 데이터에 따르면 너무 많은 나라가 완전히 잘못된 방향으로 나아가고 있었다.

이런 손실은 단지 지역 주민이 일으키는 문제가 아니다. 아직 많지는 않지만, 이 지역에서 산업용 팜유 생산이 늘어나고 있다. 또 중국에서 수출용(대부분 미국으로 보낸다) 가구를 만들 목재를 사들이면서 벌목이 빨라지고 있다. 회사들이 목재를 운송하려고 도로를 건설하자, 이전에는 접근할 수 없었던 숲속에서 대규모 사냥이나 밀렵, 농지 개간이 가능해졌다. 그 결과 생태계가 파괴되고 나무와 야생동물이 더 많이 사라졌다.

벌목은 귀금속과 광물에 대한 투기로도 이어진다. 세계 공급량 중 80퍼센트가 콩고에서 나오는 컬럼바이트, 탄탈라이트 (탄탈석)는 우리가 사용하는 전자회로 기판, 컴퓨터, 스마트폰, 콘솔에 들어가는 재료다. 탄탈석을 채굴한다는 것은 환경이 오염되는 것은 물론이고 노동자가 위험한 환경에서 저임금으로 장시간 동안 가혹하게 일한다는 뜻이다. 또 광산은 아동 노동은 물론이고 소녀와 여성을 대상으로 한 성 착취와도 관련이 있다. 탄탈석은 주석 광석, 텅스텐, 금과 더불어 '분쟁 광물'이라고 하는데, 해당 지역을 점거한 무장 난제늘이 이런 금속을 차지하고자 싸우기 때문이다.

이런 모든 요인과 더불어 인구 증가와 오랫동안 비가 내리지 않는 추세를 고려할 때, 과학자들은 무언가가 극적으로 바뀌지 않는 한 2100년까지 원시림(총 2억 2백만 헥타르)이 전부 사라질 것이라고 계산했다.

나는 콩고분지에 무슨 일이 일어나는지 알수록 더 속상하고 화가 났다. 내 첫 번째 반응은 이랬다. **왜 나는 이 사실을 몰랐지?** 글쎄, 이유를 하나 대자면 언론을 포함하여 세계의 재원이 북반구에 집중돼 있기 때문이다. 그러니 텔레비전에 나오고 지면이나 온라인에 실리고 소셜미디어에서 공유되는 소식은 압도적으로 선진국에 맞춰져 있다. 그리하여 우리는 2019년과 2020년에 호주와 미국 서부 해안에서 일어난 끔찍한 화재를 우간다에서도 알 수 있었다.

그 로터리클럽 회원이 말했듯, 우리는 아마존에서 일어나는 삼림 파괴에 관해서는 소식을 쉽게 듣는다. 소를 방목하고,

사료용 콩 같은 목초를 심고, 나무를 베고, 채굴할 땅을 개간하고자 불을 지르는 많은 사례에 관해서도 말이다. 어떻게 보면 우리는 아마존에서 생물 다양성이 감소하고 토착 부족이 살고 있던 거주지에서 쫓겨나는 상황을 더 잘 안다. 콩고에서 생물 다양성이 감소하고 원주민이 처한 상황보다 말이다. 이는 내가 화나고 속상한 또 다른 이유다. 콩고 열대우림에서 난 불은 아마존에서 난 불만큼 파괴적이지만 한 사건은 톱뉴스가 되고 다른 하나는 그렇지 않았다. 우리가 아프리카에서 가장 큰 숲을 지키지 못한다면, 어떻게 우간다에 있는 숲을 포함하여 더 작은 숲들을 지킬 수 있을까?

나는 부골로비에서 연설을 마치고 난 며칠 뒤, 콩고 숲을 위해 첫 번째 파업을 시작했다. 다른 사람한테도 각자 플래카드 (콩고 열대우림을 구하자)를 들고 동참해 주기를 촉구했다. 사진을 찍어 이 중요한 생태계에 관한 메시지를 온라인에 퍼뜨려 주기를. 시위의 첫 번째 결과는 기운이 날 만한 것은 아니었다. 알고 보니 콩고에서 환경과 인간이 끊임없이 겪는 비극에 관해 들어 본 사람이 거의 없었다. 그뿐 아니라 어떤 사람은 콩고 열대우림이 존재한다는 사실조차 몰랐다(나는 적어도 **그 존재는** 알았다!). 누군가가 세계적인 생태계를 통째로 사진에서 잘라 낼 수 있으며, 그 사실을 알아채는 사람이 거의 없을 수도 있다는 생각이 뚜렷하게 다시 떠올랐다.

마침내 파업 15일째 날, 내가 그날 파업 때 찍은 사진을 그레타가 리트윗해 주면서 관심이 점점 더 많이 쏟아지기 시작했다. 더 많은 사람이 사진을 공유해 주기 시작하더니 11월 8일에는 천 명이 넘는 사람이 이 파업에 동참했다. 매우 감사하게도 다른 FFF 활동가들도 참여해 주었다. 그중에는 내 우간다 동료이며 학교 파업에 동참해 줬던 놈비 모리스와 콩고민주공화국 동부 지역 출신으로 지질학자이자 원주민 권리 활동가인 레미 자히가도 있었다.

레미는 콩고인바이로보이스CongoEnviroVoice를 설립한 창시자다. 이 단체에 속한 젊은 콩고인들은 분지를 보호하는 데 헌신할 뿐 아니라 그 안에 서식하는 동식물을 보호해야 한다는 의견을 옹호하고 주장한다. 레미와 나는 2020년 5월에 열린 온라인 그린피스 모임에서 연설을 했다. 그때 레미는 "각국 지도자와 세계 정상들이 야생동물과 국립공원을 보호하기로 서명한 협약을 존중하고 지원하는 방식으로 콩고 숲에 주목하기"를 촉구했다. 또 보호구역과 공원의 보안 상태를 개선하면서 지역 주민의 권리를 보장하는 데 합의하기를 요구했다.

＼ ／ ＼ ／ ＼ ／

물론 콩고 열대우림 파괴는 기후변화 때문에 아프리카에서 점점 더 심각해지는, 서로 연결된 수많은 재난 중 하나일 뿐이다. 2018년 9월, 남아프리카공화국의 케이프타운은 3년 연속으로 강우량이 모자랐던 탓에 90일 안에 물이 바닥날 위험에 처했다. 2019년 3월과 4월에는 사이클론 이다이Idai와 케네스Kenneth가 아프리카 남동부에 있는 모잠비크 해안을 강타했다. 그 바람에 2천2백만 명이 홍수로 피해를 입고 긴급 구호가 필요해 졌다. 81만 5천 명이 이미 가뭄으로 심각한 빈곤에 시달리는 나라에서 말이다. 말라위와 짐바브웨도 사이클론 때문에 손해를 입었다.

2019년 8월에는 20만 명 이상이 홍수 피해를 봤다. 특히 니제르의 수도 니아메에서는 니제르강이 1미터 가까이 상승하면서 집이 침수되고 사망자가 발생했다. 나이지리아, 중앙아프리카공화국, 모리타니, 모로코를 포함하여 그 지역에 있는 다른 나라들도 이 무렵 큰 홍수를 겪었다. 11월에는 아프리카의 뿔에 자리한 지부티에서 **하루 만에** 2년 치 강우량을 기록하면서 아이 몇 명이 사망했다. 한편 케냐에서는 산사태와 폭우가 발생해 우간다와 국경을 접한 웨스트포콧West Pokot 지역에서 37명이 목숨을 잃었다. 2020년 5월에는 소말리아에서 거센 폭우가 도시 하나를 통째로 쓸어 가면서 수백 명이 사망했다. 케냐와 르완다와 우간다도 마찬가지였다. 우간다에서는 카세세 근처 서부 지방에 있는 킬렘베Kilembe의 한 병원을 사나운 물살이 덮쳐 버렸다. 약국과 영안실도 쓸려 가 버렸다.

이 대륙이 뒤집힌 이유는 홍수와 가뭄 때문만은 아니다. 2018년에는 아라비아반도에 닥친 가뭄에 뒤이어 드물었던 사이클론이 몇 차례 이어지면서 폭우가 내렸는데, 추정컨대 그 결과 70년 만에 가장 심각한 메뚜기 떼가 창궐했다. 메뚜기 떼는 2019년 여름에 에티오피아, 에리트레아, 소말리아로 퍼져 갔으며, 2020년 2월에 케냐와 탄자니아, 우간다에 도착했다. 4월에는 또 다른 해충 떼가 우리나라 북동부에서 농부들을 위협했다. 메뚜기는 12개월 동안 동아프리카 전역에서 6만 9천 헥타르에 이르는 작물을 파괴하면서 이미 식량 부족에 시달리는 사람 수백만 명을 기아 위기로 몰아넣었다.

2018년부터 2020년까지 겪은 불행에도 너무 쉽게 잊히는 아프리카(국제 인도주의 단체 케어CARE가 보고서에서 결론 내리길 2019년에 가장 덜 보도된 인도주의적 위기 10가지 중 9가지는 아프리카에서 일어났다). 그마저도 덜 가혹했는지, 과학자들은 앞으로 몇십 년 동안 극단적인 상황이 더욱 나빠질 것으로 예상한다. 세계 평균 지표면 온도가 산업화 이전 수준보다 섭씨 1.2도 높은 현재보다 더 올라가면 말이다. 지난 20년 동안 아프리카는 한 해를 제외하면 전부 최고 기온을 기록해 왔다. 그러면 새로운 '정상' 기온은 과거 기록에 남은 그 어떤 온도보다 뜨거울 것이다. 이 사실은 특히 중요한데, 기온이 높으면 물이 더 많이 증발하므로, 폭풍이 더 자주 강하게 발생하고, 질병이 더 넓게 퍼질 가능성이 생기고, 더 가물어지기 때문이다. 인도양이 계속 따듯해지면 극심한 사이클론이 더 자주 발생할 것으로 예상된다.

또 기온이 올라가면 식량 위기가 더 심해질 것이다. 남아프리카공화국에 기반을 둔 기후 과학 단체인 퓨처클라이맷포아프리카Future Climate for Africa에서 나온 2017년 보고서가 예측하길, 사하라 이남 아프리카에서 작물 생산성이 10퍼센트 감소할 것이며, 남부부터 서부에 이르는 넓은 아프리카 지역에서 이용할 수 있는 물이 최대 50퍼센트 줄어들 것이다. 이는 인구 대다수가 농업을 주요 수입원으로 삼는 우간다 같은 나라들이 엄청난 어려움을 겪을 것이라는 걸 보여 준다. 기후변화에 관한 정부 간 협의체에서는 사하라 이남 아프리카 전반에서 2050년까지 옥수수 수확량이 22퍼센트 감소할 것이라고 예상한다. 특히 남아프리카공화국과 짐바브웨는 30퍼센트 이상 감소할 것으로 보인다. 〈아프리카 미래 기후 전망: 우리는 어디로 향하는가Future Climate Projections in Africa: Where Are We Headed?〉를 쓴 저자들은 상승하는 기온 속에서 살아남은 작물도 대기 중 이산화탄소 수준이 높아지면서 영양 성분에 부정적인 영향을 받을 것이라고 한다. 그리하여 "사하라 이남 아프리카 곳곳에 단백질과 미세 영양소가 심각하게 부족한 지점들이 생겨날 것"이라고 했다.

그렇다면 기온이 섭씨 1.5도 올라가면 아프리카 대륙은 어떻게 될까? 직설적으로 말하면 굉장한 충격을 받을 것이다. 연구자들이 추정하기로 기온이 섭씨 1.5도 올라가면 매년 아프리카에 평균 1~3회 찾아오던 혹서기가 2050년까지 두 배 증가하여 6회로 늘어날 것이다. 또 전 세계적으로 '거대 도시'에 사는 사람 가운데 무더위로 생명을 위협받는 사람이 3억 5천만 명에 이를지도 모른다. 이런 도시 중에는 나이지리아의 라고스, 코트디부아르의 아비장, 수단의 하르툼도 있다. 미국 〈국립과학원회보Proceedings of the National Academy of Sciences〉에 실린 한 연구에 따르면 기온이 섭씨 1.5도 오를 때 라고스 사람들이 받는 열 스트레스heat stress* 부담이 천 배 늘어날 것이라고 한다. 그러면 전기와 물이 더 필요해질 것이고 사망자가 늘어날 것이다. 이는 지금도 인구 절반이 깨끗한 물을 얻을 수 없는 나라에서 일어나는 일이다.

라고스에서 300킬로미터 떨어진 토고 로메에서 온 기후 활동가 카오사라 사니는 기후 위기가 자기 도시와 나라에서 사람과 환경에 미치는 영향을 매우 잘 알고 있다. 카오사라는 노숙 아동을 돕는 자원봉사를 하던 중 시골에서 온 아홉 살짜리 아이를 시장에서 만났다. 이 아이는 거리에 혼자 살면서 플라스틱 포장 용기를 주워 돈을 벌었고 학교는 안 다녔다. 카오사라는 이 아이를 도와줄 비정부기구나 정부 기관을 찾으려 했지만 하나도 찾을 수 없었다. 이 아이를 다시 찾아갔지만, 아이는 사라진 뒤였다. 카오사라는 내게 말했다.

"저는 '어린아이의 삶이 이렇게나 망가졌구나' 생각했어요."

카오사라는 왜, 어떻게 부모가 자기 아이를 고향 마을에서 도시로 보내 구걸하게 만들 수 있는지 이해할 수 없었다. 그러다 답을 발견했다.

저는 시골 지역에서는 주로 농사를 짓는다는 사실을 깨달았어요. 사람들은 자연에 의지하죠. 그런데 기후가 달

---

* 우리 몸이 과도하게 쌓인 열 때문에 받는 스트레스.

라져 홍수가 나면 가족을 부양할 수 없어요. 결국 좋은 작물을 얻을 수 없으니까요. 그러니 아이를 도시로 보낼 수밖에요.

카오사라는 기후 위기에 관해 공개적으로 발언함으로써 이런 어린아이들을 지키려고 했다. 카오사라는 말했다.

"기후변화는 아이들의 삶을 훔칩니다. 미래가 아닙니다. 이미 현재를 훔치고 있습니다."

카오사라는 농부들이 씨앗과 비료를 살 수 있게 돕고자 다른 기후 활동가와 함께 액트온사헬Act on Sahel이라는 캠페인을 시작했다. 카오사라는 말했다. "농부들은 기후변화의 최전선에 있다. 우리가 하지 않으면 누가 할까?" 또 액트온사헬은 식물성 위생용품을 마련할 기금을 모을 뿐 아니라 깨끗한 물과 재생에너지를 쓸 수 있게 해 달라고 주장한다. 카오사라도 나처럼 학교에서 기후변화에 관해 이야기하면서 학생들이 나무를 심도록 격려한다.

토고 인구 800만 명에서 4분의 1이 살고 있는 로메의 시민들과 두 번째 도시 아네호Aneho에 사는 사람들의 가장 주요한 현안은 50킬로미터에 달하는 토고 해안이 침식되는 것이다. 바다는 매년 해안선을 5~10미터씩 잠식한다. 카오사라는 말한다.

"저는 바다 근처에 살고 있습니다. 우리는 매일 바다가 얼마나 올라오는지 보고 있습니다."

카오사라가 내게 말하길 토고 대통령이 '진보'와 '지속 가능한 개발'의 의미가 뭔지 물었다고 했다. 그것이 바다를 막을 벽을 세우기 위해 돈을 모으는 것이라면, 오직 10년 안에 더 내륙 쪽이든, 더 높은 벽을 짓기 위해서든 더 많은 돈을 모으는 것밖에 없을 거라고.

카오사라는 자기네 정부가 화석연료에서 나오는 온실가스를 책임지려 하지 않는다는 사실을 깨닫고 태양열 발전으로 만든 전기를 사용하도록 강하게 요구하고 있다. 하지만 여전히 요구가 받아들여지지 않아서 더 대담하게 행동할 필요성을 느낀다.

"우리 정부는 기후 문제를 진지하게 고민하지 않아요. 유일한 길은 제가 직접 행동에 나서는 것이죠. 나무를 한 달에 열 그루씩만 심는다 쳐도 전혀 안 하는 것보다는 낫습니다. 한 달에 단 한 명만 돕더라도, 하느님이 우리를 모두 도와주실 거라고 말하는 것보다는 낫죠. 직접 행동하지 않으면 변화를 부를 수 없습니다."

\ / \ / \ /

카오사라는 사헬에 집중하는 몇몇 서아프리카 기후 활동가 중한 명이다. 사헬은 비가 잘 안 오는 지역으로 수단에서 세네갈까지 뻗어 있다. 사하라사막이 인구밀도가 높은 사바나 지역까지 남쪽으로 확장되지 못하게 막는 완충 지대 역할을 한다.

나는 2019년 11월에 또 다른 서아프리카 사람을 알게 됐는데, 나이지리아 활동가 아데니케 올라도수다. 당시 아데니케와 케냐에서 온 엘리자베스 와투티와 나는 EET(일레븐-일레븐-트웰브Eleven-Eleven-Twelve) 재단이 나이지리아 이바단에서 마련한 회의에 초청을 받은 참이었다. 이 단체는 친환경 해법을 사용하고 취업 기회를 늘려 나이지리아 경제를 성장시키기를 촉구했다. 나는 이때 처음으로 아프리카의 다른 나라를 방문했다.

이바단에서 아데니케는 자신이 아프리카의 또 다른 중요한 생태계로 관심을 끌어모으고자 벌이는 캠페인에 관해 내게 말해 줬다. 바로 알제리, 카메룬, 니제르, 나이지리아, 중앙아프리카공화국, 리비아, 차드에 걸쳐져 있는 차드호 유역Lake Chad Basin에 관해서다. 이 호수는 세계에서 여섯 번째로 큰 내륙 물줄기였는데, 1960년대 이후 원래보다 10분의 1 크기로 줄어들었다. 마구잡이로 농업용수를 끌어다 쓰고, 사헬지역 인구가 증가하면서 물 사용량이 늘어나고, 기후변화의 영향을 받은 결과였다. 2~3천만 명한테 물과 식량을 제공해 온 이 호수에 해마다 사막이 침범해 오고 있고, 지금 이 지역에는 인도주의적 구호가 필요한 사람이 천백만 명쯤 살고 있다.

차드호가 줄어들자 이 지역에서 농업으로 생계를 유지하기 어려워졌다. 그러자 대규모 인구 유출이 일어났고, 국경을 사이에 두고 또는 지역 안에서 분쟁이 더 많이 일어났다. 카오사라가 말하듯, 농부와 목동의 갈등을 포함하여 아프리카에서 일어나는 여러 국지적, 지역적 갈등의 중심에는 비옥한 토지와 물에 접근할 기회가 줄어드는 현실이 있다.

"이 사람들은 예전에는 친구이거나 가족이었습니다. 지금은 자원을 차지하고자 서로 살해하죠. 이를 원치 않는 일부는 테러 단체에 가입하거나 여전히 유럽으로 가는 꿈을 꿉니다. 일부는 공해에서 생명을 잃을 것이고 일부는 다른 아프리카 나라에서 다른 장소를 찾으려 노력할 겁니다."

아데니케는 차드호가 말라 가면서 사회, 정치, 경제, 생태계에 닥친 위기에 관한 인식을 높이고자 캠페인을 벌인다. 이 사태가 전 세계에 경종을 울린다고 생각하고 있다. 생태계가 거기에 의존하는 수많은 사람을 더는 지탱하지 못할 때 무슨 일이 생기는지에 대해서 아데니케는 이렇게 말한다.

감소하는 강우량, 높아지는 기온, 여타 기후 요소가 결합한 결과는 사람들이 아프리카, 유럽, 아시아 그 어디에 살든 경제적 생계 수단을 파괴할 것이다. 차드호는 세계가 수십 년 안에 목격하게 될 광경을 보여 주고 있으며… 국내 난민과 수용소가 생기고, 사막이 확장되고, 자원이 통제되고, 무장 갈등이 벌어지고, 마침내 민주주의가 실패할 것이다.

그러니 어떤 면에서 우리는 모두 아프리카다.

이바단에서 보낸 며칠 동안, 아데니케와 엘리자베스와 나는 어떻게 우리가 협력할 수 있을지에 대해 자주 이야기를 나눴다. 엘리자베스는 학교에 과일나무를 심는 자기 프로젝트(6장에서 논의할 것이다)에 관해 이야기했다. 아데니케는 공동체가 자연재해로 위협받으면 그 결과 성폭력을 당하거나 버림받을 위험에 처한 모든 여성과 함께 자신이 하는 일에 관해 설명해 줬다.

우리 셋은 비슷한 어려움에 맞닥뜨렸다. 많은 아프리카 목소리가 사람들 귀에 쉽사리 닿지 못한다는 사실을 깨달았다. 세계에서뿐 아니라, 대륙 안에서, 심지어 자기 나라에서조차. 우리는 좌절했는데, 이른바 '하느님의 뜻'이라고 말하는 수많은 재난 뒤에 기후 위기가 있다는 사실을 아는 일반인이 매우 적기 때문이다. 또 기후 행동에 관해 한목소리를 내지만 우리나라에, 지역에, 세계에까지 영향을 미치기란 무척 어려웠다.

어떤 문제는 우리가 즉각적으로 해결할 수 있는 영역 밖에 있지만, 우리는 몇 가지 행동을 함께하기로 했다. 온라인에서 활동을 공유하면서 서로가 내는 목소리를 더 키워 주기로 했다. 또 점점 늘어나는 동료 기후 활동가들이 단체로 보여 주는 노력이 얼마나 중요한지를 세계 언론에 힘주어 말하기로 했다. 그리하여 아프리카에서 기후정의를 위해 싸우는 사람은 고작 한 줌이 아니라는 사실을 보여 주기로 했다. 우리가 이 대륙 여러 나라에서 사람들이 모두가 걱정하는 점을 그대로 외친다는 사실을 보여 주기로 했다.

우리는 이바단대학교에서 차드호와 콩고 열대우림을 위한 기후 파업을 이끌었다. 나중에 나는 엘리자베스가 상을 받았던 EET 행사에서 발표하며 참석자들에게 말했다.

"아무도 아프리카를 위해 싸워 주지 않는다면, 그건 아프리카 사람들이 침묵하기 때문입니다."

\ / \ / \ /

나는 마드리드에서 열린 제25차 COP 때 콩고와 관련해 파업을 벌일 기회를 얻었다. 각국 정부가 전시관을 설치해 두고 기후 친화적인 미래를 만들고자 자기들이 무슨 일을 하는지 보여 주는 박람회를 돌아다닐 때였다. 놀랍지 않게도 이런 박람회에는 겉이 번드르르한 그린워싱 사례가 많이 등장하며, 제25차 COP도 예외가 아니었다. 몇몇 활동가와 나는 우간다 전시관을 찾아다니느라 헛수고를 하다가 콩고공화국 전시관을 우연히 발견했다. 거기서 직원으로 일하는 사람한테 내가 콩고 열대우림을 위해서 벌이는 파업에 관해 이야기했다.

직원들은 달가워하지 않았다. 돌아가며 이야기하길, 나는 자기네 나라에 와 보거나 콩고 열대우림을 본 적이 없으므로 콩고 시민한테 무엇이 필요한지 또는 그 지역을 개발하는 일이 얼마나 중요한지를 모른다고 했다. 한 직원이 콩고 사람들은 제대로 지은 집이 필요하다고 말했다. 집을 지을 나무를 숲에서 가져와야 한다는 의미 같았다. 이상하고 불편한 토론이었다.

나중에 우리는 그 전시관 앞에서 콩고 열대우림을 위한 파업을 벌였다. 여러분도 상상이 가겠지만, 그 직원이 멀리서 우리를 노려봤다. 우리가 회의장 건물로 돌아갈 때 직원들은 분명히 기뻤을 것이다.

실제로 나는 콩고 지역에 가 본 적이 없으며 그 분지 안이나 주변에 사는 사람들한테 얼마나 개발이 절실한지를 완전히 이해하지 못했을 수도 있다. 하지만 가구나 팜유, 건축자재, 광물, 화석연료를 얻고자 세계의 '두 번째 허파'를 파괴하는 것은 도무지 말이 안 된다.

이 책을 읽는 여러분 중 일부는 우리 중 누군가가, 아데니케, 엘리자베스, 나 또는 다른 아프리카 기후 활동가가 아프리카 전체를 대변해서 주장을 펼치는 것이 주제넘다고 느낄지도 모르겠다. 55개 나라로 구성되어 있으며 12억 7천5백만 명이 살고, 매우 다양한 생태계와 사람과 문화와 사회 환경을 아우르는 대륙을 말이다. 나 역시 개인 한 명이 한 대륙을 대변한다는 가정은, 그저 짐작일 뿐이라도 터무니없다고 생각한다. 하지만 AP가 다보스에서 찍은 사진에서 나를 잘라 낸 뒤부터, 거의 모든 인터뷰 진행자는 내게 기후변화가 우간다에 미치는 영향뿐 아니라 다른 아프리카 지역에 어떤 결과를 불러올지 물었다.

인정하건대 나는 이 대륙이 겪는 일에 관해 다른 활동가한테 배운 내용을 바탕으로 짤막하게 설명할 수밖에 없다. 콩고분지를 위한 정책에 영향을 미치고자 내가 직접 할 수 있는 일에는 한계가 있다는 것도 안다. 다른 지역을 위한 정책도 마찬가지다.

하지만 나는 우리가 목소리를 높여야 한다고 믿는다. 카오사라가 말하듯 '침묵을 깨기 위해서'다. 나는 사람들이 한 번도 한 적 없는 이야기를 끌어내는 것이 기후 활동에서 내가 맡은 일이라고 생각한다. 은행, 헤지펀드, 다국적기업, 정부가 시행하는 파괴적인 정책과 투자를 강조하는 일도 마찬가지다. 그들은 자기네가 하는 일을 우리가 모르길 바라니 말이다. 또 사람들이 잘 들어 보지 못했지만, 날마다 삶이 뒤집히고 사라지는 공동체로 관심을 끌어들이는 것도 내가 할 일이라고 생각한다.

어디에 있든 한 나라만 떼어 놓고 볼 수는 없다. 콩고분지 열대우림에서 일어난 일은 아프리카 중부에 있는 나라 사람들한테만 영향을 미치지 않는다. 전 세계 기상 패턴에 영향을 미친다. 기후 위기는 지정학적 경계나 정치 진영이나 지역 내 무역 연합을 준수하지 않는다. 그러니 콩고에서 일어나는 일은 콩고 사람이나 그 이웃 나라 사람한테만 닥친 일이 아니다. 우리가 모두 걱정해야 하는 일이다.

마지막으로 나는 우리가 플랫폼을 더 다양화하고 더 많은 젊은 활동가들한테 자기 나라나 지역이 직면한 어려움에 관해 이야기할 기회를 주어야 한다는 데에 가장 먼저 동의할 것이다. 아프리카 민족 국가마다 활동가들이 54명 또는 216명 또는 1,028명씩 국제 기후 회의에서 그리고 정부를 향해서 이야기할 수 있어야 한다. 모든 활동가는 할 이야기가 있다. 모든 이야기는 해법을 제시할 수 있다. 모든 해법은 삶을 변화시킬 수 있다.

6

더 푸른 우간다

2019년 10월, 미래를 위한 금요일 우간다 동료 힐다 나카부예는 C40 회의에서 연설했다. C40은 기후 회복력과 기후 행동을 우선순위로 하는 도시의 시장들이 모이는 국제 네트워크다. 힐다는 홍수가 가족 농장을 휩쓸어 3개월 동안 학교에 못 간 적이 있다. 아버지가 수업료를 마련하지 못했기 때문이다. 힐다는 그 자리에 모인 시장과 참모에게 말했다.

"기후변화는 제 고향 마을에 엄청난 영향을 미쳤습니다. 그렇게 폭우와 강풍이 우리 농작물을 휩쓸어 간 뒤, 맨땅에 건기가 계속되면서 개울이 말라 버렸습니다. 부모님은 땅과 가축을 팔아 삶을 지탱해야 했습니다."

힐다는 눈물을 참으며 이어 갔다.

"저는 운 좋게 지금까지 살아 있습니다. 그리고 이 기회를 당연하게 여기지 않을 겁니다. 왜냐하면 날마다 사람들이 죽어 가고 있기 때문입니다."

그리고 어떻게 FFF에 참여하게 됐는지 설명했다.

"저는 지구라고 부르는 단 하나밖에 없는 이곳을 보호하기로 마음먹었습니다. 그리하여 전 세계에서 온 젊은 활동가들과 함께 우리 미래를 지키고자 끊임없이 싸우며 저 자신을 바치고 있습니다."

지구 온난화가 심해지면서 힐다와 그 가족이 겪은 시련이 오늘날 우간다에서 점점 흔한 일이 되고 있다. 우간다는 1960년대부터 10년마다 기온이 섭씨 0.2도 올랐다. 퓨처클라이맷포아프리카가 2016년 보고서에서 결론 내리길 우간다는 빠르면 2030년까지 기온이 산업화 이전 수준보다 1.5도 이상 상승할 가능성이 있다. 또 2060년대까지 섭씨 3.3도가 올라 재앙이 찾아올 가능성도 있다.

그러면 우리나라는 비상 상황이 된다. 도시화가 빠르게 진행되고 있지만, 4분의 3에 이르는 우간다 사람이 여전히 농촌에 살면서 힐다의 아버지처럼 농업으로 생계를 유지하기 때문이다. 힐다에게는 삶과 죽음의 문제라 해도 과장이 아니다. 과학자는 더 심각한 홍수가 자주 일어나리라 예측했다. 그뿐 아니라 농부가 파종하고 수확하는 시기를 계획할 때 의지하는 계절성 강우가 변동하면서 2080년까지 강우량이 188밀리미터 감소할 수 있다고 계산했다. 그러면 이 나라는 자립적으로는 먹고 살기 어려워질 것이다. 게다가 우간다는 인구가 현재 4천만 명에서 두 배 이상 증가하여 2050년까지 1억 명이 될 것으로 예상한다.

홍수는 공중 보건에도 영향을 미친다. 우간다에서는 2019년 10월 빅토리아호 주변에 끊임없이 폭우가 내려 수위가 올라가더니 2020년 5월에 13.42미터를 기록했다. 케냐, 탄자니아와 국경을 맞대고 있는 호수 주변의 더 취약한 저지대 정착지는 물에 잠겨서, 20만 명의 이재민이 발생했다. 지역사회의 식수가 오염되면서 말라리아, 주혈흡충증, 콜레라, 이질 같은 수인성 질병이 발생할 위험이 높아졌다.

호수 주변에 있는 임시 정착촌만 홍수로 피해를 보는 것이 아니다. 몇 년 전, 부활절 휴일인 월요일에 나는 마이애미비치Miami Beach라고 하는 호숫가로 동생들과 가족 휴가를 갔다. 거기서 음악을 듣고 수영하며 하루를 보낼 계획이었다. 하지만 우리가 도착했을 때, 호숫가는 전부 물에 잠겨 있었다. 우리는 마른 곳을 찾아보려 했지만, 찾을 수 없었다. 물이 정말 더러웠다. 아마도 비에 흙이나 하수 찌꺼기가 호수로 쓸려 들어가 그럴 것이다. 우리는 거기 도착하자마자 바로 집으로 돌아가기로 했다.

마케레대학교 지리학자 레보카투스 트위노무항기는 2020년에 빅토리아호의 수위가 올라가서 생긴 문제와 기후 위기 전반에 관해 이야기해 달라는 요청을 받고 입을 열었다.

"기후변화는 그 어느 때보다 더 현실이 되고 있습니다. 호숫가와 강이 흘러드는 곳, 보호림 들에서 활동을 멈추지 않으면,

우리는 아프리카에서 이용할 수 있는 자원이 고갈되는 재앙을 향해 갈 겁니다."

캄팔라는 우기에 종종 거리가 물에 잠긴다. 배수 시설이 형편없는 도로가 많다. 포장도로도 많지 않다. 대부분 구멍이 움푹 패 있다. 그러다 보니 나는 심해지는 홍수와 도시에 생긴 깊은 물웅덩이가 걱정되기 시작했다. 약 2년 전 어느 아침, 나는 어머니 친구의 두 살 난 딸을 데리고 교회에 가려 했다. 시간이 촉박한 터라 보다보다를 타기로 했다. 전날 밤에 비가 많이 내린 뒤였는데, 도로로 나서니 물이 많이 차 있어 어떻게 지나갈 수 있을지 갈피를 잡을 수 없었다. 운전사는 갈 수 있다고 자신 있게 말했지만, 나는 어린아이의 생명을 위험에 빠트릴 수 없다. 그래서 돌아와 택시를 타고 교회에 갔다. 당연히 늦었지만 적어도 우리는 안전했다. 나중에 듣기로 그날 아침에 한 젊은 여성이 내가 있던 곳과 멀지 않은 길에서 보다보다를 타고 가다가 물에 빠졌다고 했다. 이 여성은 몇몇 사람이 구해 줘서 무사했다. 하지만 물이 얼마나 쉽게 우리를 덮칠 수 있는지 알게 되니 두려워졌다.

캄팔라 사람들은 단단하고 마른 땅을 기대하고 도로에 발을 내디뎠다가, 사실은 물이 가득 찬 수로나 구덩이에 빠지는 일을 흔하게 겪는다. 도로변에 있는 일부 배수로와 노면에 생긴 구덩이는 너비가 상당한데, 때로는 도로가 무너져 큰 구멍이 생기기도 한다. 이런 구멍은 차가 빠질 만큼 클 때도 있다. 나는 물에 빨려 들어가 익사한 사람들 이야기를 뉴스에서 봤다. 이제는 폭우가 내려 캄팔라 거리에 물이 찼을 때 어머니나 동생이나 친구가 시내에 있으면 매번 걱정된다. 전화를 해서, 어디를 가든 조심해서 잘 보고 다니라고 환기시킨다.

"땅이 확실히 보이지 않으면 거기에 서거나 가지 마세요. 위험하니까, 조심해요."

구경꾼이 누군가를 구하는 데 손을 보태고 싶어도 그러지 못하는 때가 많다. 사고는 순식간에 일어난다. 갑자기 여러분을 덮친다.

\ / \ / \ /

다른 곳과 마찬가지로 우간다에서도 도시를 벗어나면 삼림 파괴가 홍수와 가뭄을 일으키는 주요 원인이다. 안타깝게도 이런 일은 흔하게 일어난다. 숲은 강우량을 조절하고 지역 기후를 안정시키는 데 도움이 된다. 산악 지방에서 나무들이 쓰러지면, 그 지역에 산사태가 쉽게 일어난다. 숲과 나무는 토양과 기온을 안정적으로 관리하고, 토사가 강으로 쓸려 들어가지 않게 막아 토양을 비옥하게 유지하고, 건기 때 땅에 물을 저장할 수 있는 용량을 늘리는 데 도움이 된다. 숲과 나무가 적으면 기상이변이 더 잦아질 뿐 아니라, 나무에 저장되는 탄소가 줄어들고 맨땅에서 탄소가 더 많이 풀려날 것이다.

우간다 산림청에 따르면 지난 25년 동안 우간다에서 거의 3백만 헥타르나 되는 숲이 사라졌다. 놀랍게도 63퍼센트나 감소한 것이다. 세계산림감시Global Forest Watch에 따르면 2002년부터 2020년까지 우간다에서 원시림이 6만 8천 헥타르쯤 사라졌다. 이는 이산화탄소를 14.3메가톤 배출한 것과 맞먹는다.

우리는 삼림 파괴를 대규모 사건으로 생각하는 경향이 있지만, 나무를 한 그루만 잃어도 나쁜 결과를 불러올 수 있다. 우리 부모님은 캄팔라에서 서쪽으로 70킬로미터 떨어진 미티아나구Mityana District에 있는 아버지의 고향 마을 부테가Butega에 작은 땅이 있다. 우리는 그 땅에 카사바, 옥수수, 고구마, 여러 종류의 바나나를 키운다(친척들이 매일 농장을 지켜봐 준다). 하루는 이웃이 자기 땅에 있는 커다란 나무 한 그루를 베었다. 아버지가 말하길 그 이후로 큰비가 오면 땅에 물이 넘치고 때로는 농작물이 쓸려 가는데, 나무뿌리가 땅을 붙잡고 빗물을 흡수해 주지 않기 때문이라고 했다. 지금은 그 이웃뿐 아니라 마을에 사는 다른 많은 사람의 농작물에도 이 같은 문제가 생겼다. 순전히 뿌리 깊은 나무 한 그루를 쓰러트린 탓이다. 어느 날 저녁에 기후변화에 관한 뉴스를 보던 중, 아버지는 어머니와 내게 말했다.

"사람들은 잃어버릴 때까지 소중한 걸 모른다니까. 소중한 걸 잃고 나서야 자기네가 불러온 피해를 깨달아."

우간다에서는 나무를 베서 숯을 만들고, 그걸로 요리나 난방을 한다. 해마다 나무 600만 톤을 가공하여 숯 180만 톤을 만드는 것으로 추정된다. 숯가마가 예전보다 성능이 더 좋다고 해도, 숯 1톤을 생산하면 이산화탄소 3톤이 배출된다.

또 숲을 없애면 야생동물이 위험해지고 동물과 사람이 충돌할 수도 있다. 우간다에는 아직도 숲에 침팬지가 수천 마리 살고 있는데, 일부 지역에서는 침팬지 서식지가 빠르게 줄어들고 있다. 우간다 서쪽 앨버트호 근처에 사는 침팬지는 숲속 서식지가 줄어들고 농지가 팽창하면서 본래 먹던 과일을 먹을 수 없게 됐다. 그래서 지역 사람들이 일구는 밭으로 먹이를 구하러 내려올 수밖에 없었다. 일부 침팬지는 어린아이를 공격하고 죽이기까지 했다. 모두에게 비극이다. 다양한 생물이 사는 서식지가 파괴되거나 인간 거주지에 잠식당하면, 야생동물은 인간과 접촉하게 된다. 그러면 에볼라나 에이즈 같은 질병을 전파할 가능성이 올라간다.

선행이 의도치 않게 나쁜 결과를 불러오기도 한다. 우간다는 난민을 환영하고 땅을 내주는 오랜 전통이 있는데, 이따금 그 땅이 숲으로 뒤덮여 있을 때도 있다. 최근에 130만 명을 받아들였는데, 대부분 남수단, 콩고민주공화국, 수단, 소말리아, 브루나이 등 수십 년 동안 내전으로 불안정해진 나라에서 온 사람들이다. 우간다는 이런 환대에 걸맞게 칭송받았다. 하지만 유엔식량농업기구UN Food and Agriculture Organization, FAO에서는 난민은 현재 우간다의 숲과 삼림지대가 땔나무, 숯, 목재 때문에 받는 압박을 증가시킨다고 한다. 분석가들은 이런 수요를 줄이려고 노력하지 않으면, 이번 세기말까지 숲이 전부 사라질지도 모른다고 한다.

안타깝게도 내가 보기에 우간다 정부는 적극적으로 삼림

파괴를 지원하고 있다. 그게 아니라면 삼림 파괴를 멈추고자 신속하게 활동할 필요성을 무시하고 있다. 2020년에 정부 환경청은 여러 환경 관련 비정부기구에서 강하게 반대했는데도 사탕수수 회사 두 곳에 허가를 내줬다. 우간다와 콩고민주공화국 국경을 4만 헥타르가량 아우르는 부고마숲Bugoma Forest을 수천 헥타르 깎아 내도 좋다고 말이다. 리아 나무게르와는 #부고마숲구하기 운동의 하나로, 온라인에서는 물론이고 이 보호구역에서도 부고미숲을 보호하자는 캠페인에 참여했다. 그리고 2020년 9월에는 부고마숲에서 시위를 벌였다는 이유로 20명이 넘는 기후 활동가가 체포됐다. 리아는 말한다.

"삼림 파괴는 우리가 우간다에서 맞닥뜨린 모든 기후 위기의 주된 원인입니다."

2020년 12월에 마침내 정부가 나서서 동쪽에 있는 마비라숲Mabira Forest을 개간하지 못하게 막았다. 하지만 여러 개인과 회사가 숲속의 일정 구역에서 논란 많은 소유권을 획득하여 이미 숲을 상당히 훼손한 뒤였다. 나는 마비라숲을 지나다니는데, 한때 나무가 울창했던 이 숲은 농사 때문에 빈터가 됐다.

내 친구이자 기후 활동가인 에블린 아첨이 보기에 파괴된 마비라숲은 우간다에서 기후 위기를 다룰 때 마주치는 '가장 큰 장애물'을 대표하는 상징이다. 장애물이란 모든 사회계층이 공익을 지키고자 다 함께 일하는 데에 실패하는 것을 말한다. 아첨은 말한다.

"우리 사회는 책임을 지려 하지 않아요. 모든 시민이 하는

이야기를 들어야 합니다. 모든 목소리는 중요하죠. 모든 분야도
요. 지도자들은 돈을 벌 궁리뿐이고, 사람들은 서로에게 도움이
되게 개발을 진행할 생각을 안 하죠. 사람들이 마음을 달리하여
동료 시민과 이들의 행복에 관해 생각하기 시작한다면, 우리는
매우 큰 영향을 미칠 수 있습니다.

우리 지도자가 모든 시민을 진심으로 생각하고 조국을 사
랑한다면, 마비라숲은 팔리지 않았을 겁니다. 그 숲은 우리나라
에서 가장 크고 유일하게 남은 자연림이기 때문입니다. 하지만
상당 부분이 매각됐죠. 부고마숲을 보세요. 이 숲은 현재 위협
받고 있습니다. 일부 사람들이 숲을 없애 버리길 원합니다."

\ / \ / \ /

우리 가족은 운이 좋게도 농장에 생존이 걸려 있지 않다. 그래
도 우리가 농장에서 키운 음식은 캄팔라에서 살 수 있는 것들
보다 늘 더 맛있다. 나는 우리가 먹는 음식이 어디서 왔는지 알
면 기분이 좋아진다. 또 낭비하지 말아야겠다고 더 단단히 마음
먹는다. 음식이 우리 식탁에 오르도록 돕는 일도 좋아한다. 그
래도 전업 농부가 될 필요가 없어서 다행이다. 나는 도시 사람
이지만, 농작물을 심고 수확하는 게 얼마나 어려운 일인지 이야
기해 줄 수 있다. 어머니와 어머니 친구, 내 동생 트레버와 옥수
수를 땄던 기억이 난다. 옥수수가 한데 모여 있지 않았기에 우
리는 앞뒤로 왔다 갔다 하면서 열매를 하나씩 따서 바구니에

넣어야 했다. 얼마 안 가 트레버와 나는 지쳤고, 우리는 시간이 갈수록 "언제 집에 가요?"라고 계속 물었다. 나는 어머니와 어머니 친구를 쳐다봤다. 두 분은 몇 시간을 일했는데도 피곤해 보이지 않았다.

우간다인 수천만 명이 이렇게 식량을 기르며, 수출까지 할 만큼 작물을 충분히 생산한다. 하지만 사람들은 빈곤 때문에 영양가 있는 음식을 충분히 먹지 못한다. 세계은행이 규정하길 우리나라 사람 중 20퍼센트는 극심한 빈곤에 시달리며 3분의 1 이상이 하루 1.9달러 이하로 살아간다. 2019년 세계기아지수Global Hunger Index에 따르면 우리나라 5세 미만 어린이의 거의 30%가 발육 부진에 빠졌는데, 이는 그들이 충분히 성장하고 발달할 수 있을 만큼 제대로 먹지 않고 있다는 것을 보여 주는 것이며, 식량 불안정은 여전한 문제이다. 2020년 11월 세계식량계획World Food Programme, WFP은 식량을 배급하거나 식량을 살 현금을 주는 방식으로 우간다 성인과 아이들 120만 명 이상을 지원했다.

기가 찬 것은, 식량 불안은 시골 농촌 지역에서 더 심각하다. 대다수 농부는 환금작물로 수입을 만든다. 거의 모든 땅에 환금작물을 심고, 조부모 세대가 먹었을 잎채소, 다양한 곡물, 과일은 재배하지 않는다. WFP는 농부들의 수확물 처리 관행을 개선하고 철분이 풍부한 콩류가 더 잘 팔리도록 지역 비정부기구와 협력하고 있다. 도시에서는 과일과 채소를 적게 섭취한다. 저렴하고 건강한 완전 조리 식품을 찾거나 이런 식품을 만들

다양한 재료를 사는 것도 쉽지 않다.

지금의 식량 불안은 기후변화가 심각해지면서 더 나빠질 것이다. 우간다 인구는 도시로 몰리고 있으며, 대다수 지역과 마찬가지로 육류 식품에 대한 수요와 생산이 늘어나고 있다. 2014년 FAO 보고서에 따르면, 아무리 좋은 방법으로 경영하더라도, 식용 가축을 사육하고 땅을 따로 확보해 사료용 작물을 공급할수록 우간다의 천연자원은 더 줄어들 것이다. 여기에 더해 더 긴 가뭄, 기온 상승, 사막화, 홍수라는 고난도 있다. FAO 보고서는 말한다.

"모든 예측 결과에서 땅, 사료, 물을 차지하기 위한 경쟁이 치열할 것으로 나타난다."

기온을 조절하고, 빗물을 빨아들이고, 겉흙을 붙잡고, 강이 흙탕물이 되지 않게 막아 주고, 생물 다양성을 제공하는 숲이 다 사라진 우간다. 평균온도가 산업화 이전 수준보다 섭씨 3.3도 높으며, 식량 공급이 불규칙하고, 점점 더 파괴적인 기상이변이 발생하는 나라. 어떤 아이도 이런 미래를 마주해서는 안 된다. 하지만 우간다에서는 수백만 명이 이런 상황에 놓여 있다.

＼　／　＼　／　＼　／

나는 이렇게 다층적이고 서로 연결된 상황을 다루기 위해 실행할 수 있고, 범위를 넓힐 수 있고, 전체를 다루는 해법을 찾는 중이다. 2019년 10월에 시작한 속칭 베쉬 그린스쿨스프로젝트Vash Green Schools Project(베쉬는 친구들이 내게 붙여 준 별명이다)에서 이런 해법이 하나 나왔다.

2019년 8월, 스위스 출신 기후 기금 전문가 팀 로이테만이 내게 연락을 해 왔다. 팀은 우간다 학교에 태양 전지판과 친환경 요리용 화덕을 보급하고자 스위스, 독일, 우간다 정부와 이야기를 나누던 참이었다. 이 계획은 무산됐지만, 팀은 개인적으로 계속 계획을 추진하면서 사비를 들여 실행할 방법을 고민하고 있었다. 팀은 이 계획을 파리 기후 협약에서 요구하듯, '실질적이고, 검증할 수 있으며, 추가로' 실행하는 것을 중요하게 여겼다. 팀은 내게 같이 일할 생각이 있냐고 물었다. 계획을 진행할 첫 단계로, 내가 적합한 지역 학교 다섯 곳을 찾아내어 교장 선생님, 지역 대표, 태양 전지판과 요리용 화덕 판매상과 협업해 주기를 제안했다. 나는 동의했다. 나는 이 계획이 지닌 가치를 바로 알아봤다. 많은 시골 학교에 전기가 안 들어온다. 친환경 에너지가 있으면 학교는 체험학습과 더불어 더 많은 학습 선택지가 생길 것이다. 학교 급식에 친환경적인 화덕을 쓰면 숯이 덜 필요해지고 숲을 구할 수 있을 것이다. 학교 예산도 절약할 수 있을 것이다.

나는 고등학교 시절 기본적인 자원이 부족하면 어떤 일이 벌어지는지를 경험했다. 여자 기숙학교에서 고등학교 마지막 2년을 보내는 동안, 학기 중에 몇 차례씩 물이 끊겼다. 그러면 모든 학생이 한 손에는 플라스틱 물통을, 다른 손에는 양동이를 들고 학교가 이용하는 자연 저수지에서 물을 길어 와야 했다.

저수지까지는 걸어서 20분쯤 걸렸다.

선택할 수 있는 문제가 아니었다. 물을 안 길어 오면 수돗물이 나올 때까지 이삼일 동안 목욕을 못 하거나 옷을 빨 수 없었을 것이다. 학교 식당에 마실 물은 늘 있었지만, 그 자원은 무척 귀중하고, 플라스틱 물통과 양동이에는 각각 물이 20리터(통과 양동이를 빼도 총 무게가 40킬로그램이다)씩 들어갔기에 우리는 환경보호를 진지하게 생각하게 됐다. 그 무게를 버티면서 물이 철벅 튀어 나가지 않게 하려고 노력하느라 매우 천천히 걸어 기숙사로 돌아오던 기억이 난다. 학교에 전기가 끊기기도 했다. 보통은 밤중에, 발전기가 작동하기 시작한 뒤였다. 하지만 초저녁에 전기가 끊기고 발전기도 고장 나면 숙제를 안 해도 됐는데, 솔직히 말하면 그리 슬프지는 않았다. 우리는 달빛이나 손전등(지난번에 어디에 뒀는지 기억이 난다면 말이다)에 의지해서 기숙사로 돌아오고는 했다. 물론 이는 일부 학생들이 견뎌 내는 상황에 비하면 상대적으로 사소한 불편이다. 우간다에 있는 많은 학교는 여전히 제대로 된 화장실과 손 씻을 물이 부족하다. 이렇게 위생 시설이 부족하면 치명적일지도 모르는 세균 감염증이나 바이러스 같은 질병이 퍼질 위험이 커진다.

태양 전지판에 관해서라면 나도 경험이 좀 있다. 우리 가족은 내가 어렸을 때 살던 집에 태양 전지판을 설치했다. 그때는 전기 공급이 지금보다 불안정했기에 우리는 주기적으로 정전을 경험했는데, 때로는 일주일에 세 번이나 정전이 됐다. 우리 가족이 운영하는 가게에서도 태양광 전지를 판다.

나는 태양열 에너지에 장점이 많다는 것을 알았다. 유지 비용이 낮을 뿐 아니라 전력망에서 한참 떨어진 외딴 지역에서는 태양 전지판이 에너지 빈곤을 해결할 수 있는 실용적인 수단이다. 우간다는 태양열 에너지와 관련해서 잠재력이 많지만, 캄팔라에서 태양 전지판을 설치한 집은 별로 없다. 그마저도 대부분 축제 기간에 마을에 불을 켜고자 크리스마스 전에 구매한다.

가장 효율적인 요리용 화덕 역시 유망한 해법이다. 클린쿠킹얼라이언스Clean Cooking Alliance에 따르면 요리나 난방을 할 때 장작이나 숯을 태워서 쓰는 인구가 전 세계에서 거의 절반을 차지한다. 우간다 사람 90퍼센트는 여전히 이런 현실에 놓여 있다. 많은 학교가 요리하려고 장작이나 숯을 구매하며, 초중고등학교 학생은 학교에서 쓸 나무를 가져가야 할 때도 있다. 모든 장작을 땔감을 목적으로 만든 숲에서 가져오지는 않으므로, 인근에서 나무를 베거나 가지를 자르는데, 그러면 나무가 영구적으로 손상되거나 죽을 수 있다.

장작이나 숯을 태우면 온실가스 배출이 늘어날 뿐 아니라 이로 인해 해마다 전 세계에서 4백만 명의 조기 사망을 불러온다. '소아 폐렴, 폐 공기증, 백내장, 폐암, 기관지염, 심혈관 질환, 저체중 출산'으로 사망하는데, 이는 연기를 마시기 때문이다. 우간다에서는 2만 명이 이렇게 사망하고 그중 5천7백 명은 어린이다.

나는 이와 관련해서도 직접 경험해 봤다. 어렸을 때나 학교가 방학이라 집에 있을 때면, 집에 붙어 있는 요리실에서 어머니가 숯에 불을 붙이는 일을 도왔다. 적어도 15분은 공간 전체에 매캐한 연기가 자욱했다. 나는 아침저녁으로 하루에 두 번씩 연기 때문에 눈이 따가워 눈물을 흘렸다. 양파를 썰 때와 비슷했지만 더 나빴다.

반면 친환경 요리용 화덕은 나무를 덜 쓰면서도 더 효율적이며 독성 물질을 덜 내뿜는다. 최대 50퍼센트까지 연료를 절약할 수 있는데, 우리가 학교에 공급하는 화덕을 예로 들면, 한 학기에 사용하는 장작이 트럭 다섯 대에서 두 대 분량으로 줄었다. 대충 바꿔 말하면 화덕 하나로 온실가스 배출을 해마다 최대 이산화탄소 2톤가량 줄일 수 있다.

나는 팀의 연락을 받을 때까지, 나 자신이 교실에서 기후 현실에 관해 이야기하는 활동가라고 생각했다. 학교와 협력해서 기후변화에 대응하는 사업가가 아니라. 나는 경영학을 전공하기는 했지만 사업가는 아니었다. 그리고 이렇게 먼 곳에서 누군가가 그런 일을 하리라고 생각한 적도 없었다. 내가 팀이 부탁한 내용에 대해 말했을 때, 아버지는 미심쩍어했는데 특히 팀이 전지판과 요리용 화덕의 비용을 지원할 뿐 아니라 내 교통비와 다른 비용까지 부담하겠다고 말했기 때문이었다. 아버지는 다른 의견을 내며 말했다.

"기다리면서 그 사람이 네게 돈을 보내는지 보자꾸나. 그러면 그 사람이 진심인지 확인할 수 있겠지."

새로 개설한 내 첫 번째 통장에 돈이 들어왔을 때, 나는 정말 놀랐다. 아버지도 깊은 감명을 받았는데, 아버지가 말하길 백인이 아프리카 사람에게 돈을 맡기는 일은 매우 드물기 때문이다.

어떤 학교가 태양 전지판과 요리용 화덕을 설치하기에 좋은 후보일까 고민하면서 미티아나에 있는 학교들을 살펴보기로 했다. 나는 학교들이 정기적인 친환경 에너지원과 제대로 된 조리 시설에서 혜택을 받는 모습을 팀이 볼 수 있도록 동영상으로 찍어서 보내 주었다.

아버지는 미티아나에서 믿을 만하다고 생각하는 전구와 전지판 공급업자를 추천해 줬다. 우리한테 필요한 모든 것을 공급해 주고 설치 작업까지 관리해 줄 수 있는 사람이었다. 나는 그 사람과 계속 일했다. 요리용 화덕에 관해서는 어머니와 상의했다. 어머니는 우리가 캄팔라 교외 루지라Luzira에 살 때 화덕이 있던 이웃을 알려 줬다. 알고 보니 그 이웃한테 있는 화덕이 내가 학교에 설치해야겠다고 생각한 바로 그 종류였다. 이제 우리는 그 이웃과 같은 공급업체를 이용한다.

우리는 학교당 예산을 3천 달러가 넘지 않도록 목표를 정했다. 이 금액이면 '3가지 기능 일체형'이라고 알려진 커다란 요리용 화덕 하나와 200와트짜리 태양 전지판 하나, 에너지 효율이 높은 전구 약 20개, 전력을 150와트 저장할 수 있는 전지 한 개를 살 수 있다. 나는 학교마다 무엇을 제공할지 팀과 의견을 나누고 나서 설치 작업을 시작했다. 전지판은 하루, 현장에서 제작하는 요리용 화덕은 사흘이 걸렸다. 대개 금요일에 설치를 시작해서 일요일까지 마쳤다. 두 학교를 동시에 진행하면, 그다음 주 월요일에 마칠 수 있었다. 어떤 학교와 일할지 선택할 때, 우리는 가장 도움이 필요한 곳을 찾으려고 노력한다.

지금까지 베쉬 그린스쿨스프로젝트는 우간다 중앙 지역인 미티아나구와 와키소구Wakiso District 초등학교 열 군데쯤에 태양 전지판을 설치하고 친환경 요리용 화덕을 짓도록 지원했다. 나는 부모님 중 한 분이나 기후 활동을 하는 친구들과 학교에 가서 매번 설치 작업을 감독한다. 뒤에 물러나 있다가 모든 과정이 계획대로인지 확인할 때만 참견하려고 노력한다.

과정부터 완성까지 지켜보고 나면 매우 뿌듯해진다. 낡은 요리 공간을 허물어 아름다운 새 공간으로 바꾸고 태양 전지를 학교 지붕에 고정하노라면 이 사업이 학생, 교사, 지역사회에 얼마나 중요한지를 실감할 수 있다. 2019년 가을에 미티아나에서 처음 학교에 설치 공사를 했던 기억이 생생하다. 설치가 끝난 날, 학생, 학부모, 교사가 나를 둘러쌌다. 전기가 안정적으로 들어오는 상황에서 공부할 수 있게 되어 여간 기뻐하는 것이 아니었다.

그것 말고도 장점이 있다. 아이들은 제시간에 조리한 음식을 먹고 수업에 더 집중할 수 있을 것이다. 다음 날 학교에 가져갈 장작을 더는 모으지 않아도 된다. 학교는 장작을 많이 살 필요가 없어지니 다른 필요한 물품을 사는 데 돈을 쓸 수 있을 것이다. 나무를 벨 필요가 줄어들 테니 온실가스가 덜 발생할 것이다. 태양 전지판으로 전기가 안정적으로 공급되니, 학교는 더 안전하고 안심할 수 있는 곳이 될 것이다. 그리고 학교 조리사는 연기가 덜 나는 환경에서 음식을 준비할 것이다.

학교와 지역사회에 친환경 에너지원을 빠르게 널리 퍼트리면, 에너지 빈곤이 줄어들 뿐 아니라 우간다가 파리 기후 협약에서 정한 목표를 달성하는 데도 기여할 것이다. 베쉬 그린스쿨스프로젝트를 비롯하여 이와 비슷한 다른 프로젝트는 시골 공동체에서 살아가는 많은 소녀와 여성한테 직접적인 도움이 될 것이다. 나는 이 사업을 하면서 아이들과 그 지역의 어른들한테 기후 위기와 친환경 에너지에 관해 이야기하는 멋진 기회를 누리기도 했다. 선생님들은 나무를 자르면 기후 재난이 뒤따를 위험이 있다는 사실을 알지만, 급식을 달리 조리할 방법이 없으니 이마저도 안 하면 아이들이 학교에 오지 않을까 걱정이었다고 말했다. 언젠가는 설치 공사를 마친 뒤에 교장 선생님이 우리를 학교 뒤로 데려가서 자기가 심은 나무들을 보여 주었다. 그리고 장작으로 쓰려고 했는데 이제 그대로 놔두어도 되겠다고 말했다. 또 다른 학교에서 우리는 반복되는 홍수가 미친 영향을 직접 경험했다. 학교로 가는 길이 진흙탕으로 변해서 우리가 장비를 싣고 가던 차량이 꼼짝도 못 하게 됐다. 우리는 결국 삼삼오오 모여 태양 전지판, 전지, 요리용 화덕 재료를 들고 목적지까지 걸어갔다. 덕분에 설치 공사를 계획대로 진행할 수 있었다. 이 점이 무엇보다 중요했다.

나는 학생, 학교 직원, 설치 작업 중에 잠깐씩 들르는 지역 사람들이 고마워한다는 사실을 잘 안다. 하지만 이따금 내가 충족시켜 줄 수 없을 만큼 기대치가 높아지기도 한다. 2020년 10월, 와키소구에 있는 성 마가 초등학교에서 설치 작업을 하는데 마침 근처 교회에서 일요일 예배가 끝났다. 몇몇 신자가 내게 다가와서 "이 일을 더 할 수 있게 하느님이 계속 축복해 주시길 바랍니다"라는 뜻이 담긴 말을 다양하게 건넸다.

그런데 설치가 끝난 뒤 내게 와서 "이번 일은 감사합니다. 그런데 우리는 **다른** 어려움도 있어요"라고 말하는 사람도 있었다. 여러 학교 선생님과 교장 선생님이 컴퓨터, 프린터, 수도 펌프도 마련해 줄 수 있는지 물었다. 나는 이렇게 말할 수밖에 없었다.

"지금은 그런 것을 마련해 드릴 준비가 안 돼 있어요. 하지만 지원을 받는다면 이 학교를 꼭 염두에 두겠습니다."

물론 나는 모든 기술에는 환경 비용이 따른다는 사실을 안다. 전지판에 들어가는 광전지를 만들려면 희토류를 포함한 광물이 필요하고, 이를 제조해서 전 세계로 배송하려면 에너지를 사용해야 한다. 전지는 생산할 때도 그렇지만 특히 저장하고 폐기할 때도 자원이 들어갈 뿐 아니라 독성 물질을 내뿜는다. 우리 아버지가 하는 사업은 자원 폐기와 연관되어 있다. 손님이 다 사용했거나 망가진 전지를 가게로 가져오면, 전지를 우간다 배터리 주식회사Uganda Batteries Limited로 보내 재활용한다.

내가 이해하기로 오래된 전지는 새 전지뿐 아니라 태양 전지판을 만드는 데도 쓸 수 있다. 지금 존재하는 여러 에너지 전략은 전부 어떤 대안이 온실가스 배출 면에서 가장 피해를 적게 일으키는지를 고려한다. 그리고 전기, 운송, 제조업에 화석 연료를 계속 쓰기보다는 태양열과 풍력을 사용하는 것이 명백히 훨씬 나은 선택지다.

\ / \ / \ /

나는 그린스쿨스이니셔티브Green Schools Initiative를 밀고 나가면서 한 가지 요소를 추가했는데, 학교 운동장에 과일나무를 심는 것이다. 케냐에서 활동하는 엘리자베스 와투티를 보고 이 일을 해야겠다고 생각했다. 엘리자베스는 그린제너레이션이니셔티브Green Generation Initiative 활동을 하며 학교에 다니는 아이들이 가족이나 지역 주민과 더불어 이런 일을 하도록 권장한다. 엘리자베스가 세운 목표는 나무를 키우는 문화를 만들고, 아이들이 먹는 식단을 보충하고, 환경에 관해 교육하면서 책임감을 심어주는 것이다. 엘리자베스는 고인이 된 왕가리 마타이한테서 영감을 얻어 이 일을 시작했다. 마타이 교수는 그린벨트운동Green Belt Movement이라는 계획을 세워서 나무를 케냐 전역에 5천만 그루 이상 심고 전 세계가 비슷한 노력을 하도록 적극적으로 권장했다.

2004년에 노벨 평화상을 받은 마타이 교수는 나무에 다양한 가치가 있다는 사실을 깨달았다. 나무는 겉흙과 개울을 보존하고, 연료와 울타리를 공급하며, 야생동물한테 그늘과 서식지를 제공하고, 탄소를 가두고, 식량 불안을 줄이고, 필수 영양소를 공급한다. 그리고 씨앗을 심어 묘목을 기르고 나무를 심는 협동조합을 만들어 여성에게 권한을 부여할 수 있다.

엘리자베스는 케냐 중부 고원지대에 있는 니예리Nyeri 출신 인데, 이 지역은 마타이 교수가 성장하고 훗날 의회에서 대표로 활동했던 곳이다. 현재 엘리자베스는 왕가리 마타이 재단에서 캠페인 감독으로 일한다. 엘리자베스는 자신이 활동하게 된 바탕에 대해 이렇게 설명했다.

"저는 삼림을 통째로 벌목해 없앴거나, 어떤 개울에 갔는데 제가 예전에 고향에서 봤던 개울보다 더러운 상황을 보면 화가 치밀어 올랐어요. 이런 문제와 관련해서 무언가 하고 싶다는 열망이 생겼는데, 때때로 사람들이 화를 내는 데서 그친다는 걸 알기 때문이에요."

엘리자베스는 이 열망에 이끌려 기후 운동에 참여했다.

"저한테 굉장히 충격적인 이런 상황에 맞서 공개적으로 목소리를 내고 어떻게 하면 해결책에 참여할 수 있는지 알아내기 위해서였죠."

엘리자베스가 진행하는 그린제너레이션이니셔티브는 케냐에서 2만 명이 넘는 학생을 교육하고, 학교 안에 3만 그루가 넘는 나무를 심었다. 또 놀랍게도 그린제너레이션이니셔티브에서 교육한 아이들은 나무를 거의 죽이지 않았다. 아이들은 자기 나무가 살아남으면 신나 하고, 더 열린 마음으로 환경보호에 관해 이야기하며, 학교 주변을 아름답게 가꾸면서 교육적 경험을 강화했다.

우간다에는 나무를 심도록 돕는 지역단체와 국제 비정부기구가 많다. 우리 아버지가 활동하는 로터리클럽에는 환경 지속

가능성 로터리 행동 모임Environmental Sustainability Rotary Action Group, ESRAG이 있다. 코로나바이러스 감염증이 유행하기 전, 이 모임이 운영하는 미션그린Mission Green은 2017년부터 2022년까지 우간다와 탄자니아에 해마다 나무를 500만 그루 심기로 약속했다. 이 프로젝트에서 세운 목표는 초중고등학교 학생 9백만 명이 나무를 한 그루씩 심게 만드는 것이다.

우간다를 비롯한 많은 나라에서는 정치인들이 나무 심기 프로젝트에 참여하고 이를 지원하는 식으로 '친환경' 인사인 양 생색을 낸다. 각 지역에 토착종인 나무를 심는 일은 중요하지만, 그것으로 기존 숲을 보호하거나 황폐한 삼림을 회복하는 일을 대신해서는 안 된다. 또 이산화탄소를 대량으로 가두는 초원을 보호하고, 오래된 숲과 삼림을 온전하게 남겨 두는 일을 대체해서도 안 된다.

우간다는 태양 전지판, 친환경 요리용 화덕, 삼림 복원 및 조성 프로그램과 더불어 숯을 덜 쓰고 요리할 때 연료를 덜 태울 다른 방법을 찾아야 한다. 파리 협약에서 우간다가 정한 국가자발적기여 목표는 2030년까지 온실가스 배출량을 22퍼센트 줄이는 것이다. 우리 아버지는 나카와 구청장이라는 새 역할을 맡아, 유기성 폐기물을 조개탄으로 바꾸어 숯 대신 쓸 수 있게 해 주는 기계를 시범적으로 사용하고 있다. 이런 기계는 이산화탄소보다 훨씬 더 강력한 온실가스인 메탄이 쓰레기 매립지에서 발생하는 양을 줄인다. 또 캄팔라에서 매일 나오는 것으로 추정되는 쓰레기 1천3백 톤 중 일부를 부식시킨다. 이는 신

기술은 아니지만 대체로 평범한 캄팔라 사람이 감당할 수 없는 비용이 든다. 대다수가 전기조차 들어오지 않는 임시 거주지에 사는 시민 87퍼센트한테는 더욱 그렇다. 조개탄 생산은 캄팔라 사람한테는 성공적인 사업이 될 수 있다.

나는 베쉬 그린스쿨프로젝트를 확장하기를 바란다. 팀과 나는 고펀드미GoFundMe*에 페이지를 만들어 사람들이 더 쉽게 참여할 수 있게 했다. 하지만 내가 개인적으로 감독할 수 있는 학교가 9곳이든 90곳이든, 우간다에 있는 초중고등학교 2만 4천 곳 중에서 아주 적은 비중만이 태양열 기술과 친환경 요리용 화덕을 사용하는 혜택을 누릴 것이다. 프로젝트 실행 능력은 둘째 치고, 최소 비용 7천2백만 달러라는 목표는 내가 동원할 수 있는 자금을 훌쩍 뛰어넘는다.

마찬가지로, 한 개인이나 단체나 시민사회나 심지어 민간 부문을 통틀어도 나라 전체가 요구하는 에너지를 조달하는 일에는 한계가 있다. 이는 정부가 맡은 역할이, 관리 방식 전반이 무척 중요한 이유다. 하지만 이와 관련해서 대다수 정부는 해야 할 일을 안 하고 있다.

\ / \ / \ /

2006년 우간다는 앨버트호 유역에서 석유를 발견했는데, 잠재

---

* 크라우드펀딩 플랫폼.

매장량이 60억 배럴이 넘었다. 그뿐 아니라 천연가스도 140억 세제곱미터나 되었다. 이는 사하라 이남 아프리카에서 가장 많은 매장량 중 하나다. 이 뉴스가 나온 것은 내가 초등학교 다닐 때였는데, 선생님들이 우간다가 '검은 황금'을 발견했다며 무척 자랑스러워하고 기뻐했던 기억이 난다. 시험문제에도 자주 나왔다. **우간다에서는 언제 석유가 발견됐나? 그 의미는 무엇인가?** 우리는 두 번째 질문에 대한 답을 안다. 성공하고, 일자리를 늘리고, 경제를 발전시키고, 빈곤과 실업을 줄이는 지름길이다.

오늘날에도 이만큼 큰 기대를 모으는 비슷한 이야기가 흘러나온다. 2017년, 우간다 정부는 서쪽 르완다 국경 근처인 카발레Kabale에 정유 공장을 짓는 사업에 다국적 컨소시엄이 입찰하도록 승인했다. 등유, 휘발유, 중유, 디젤, 여타 제품을 생산하기 위해서다. 2022년 3월 무렵이면 이 정유 공장에서 석유를 하루에 4만 배럴씩 정제할 것으로 추정된다. 석유와 천연가스를 해외시장에 내놓으려면 운송이 필요하므로, 우간다와 탄자니아 정부는 프랑스 석유 회사인 토탈Total 그리고 한 중국 국영 기업과 협약을 체결했다. 그리하여 카발레부터 탄자니아 해안에 있는 탕가Tanga까지 1,440킬로미터나 되는 송유관을 건설하기로 했다.

우리는 동아프리카 원유 송유관East African Crude Oil Pipeline, EACOP을 설치하고 정유 공장을 건설하면, 건설 일자리 만 3천 개와 운영과 보수 관리 일자리 3천 개가 생길 뿐 아니라 그 지역 경제가 발전할 것이라고 들었다. 하지만 송유관을 설치하려면 수백만 가구가 거주지를 옮겨야 하고, 코끼리, 침팬지, 하마, 수많은 조류 특히나 다양한 종이 거주하는 숲 보호구역과 삼림 지역을 관통해야 한다는 사실이 드러나고 있다. 어떤 비정부기구가 계산하기를 이 석유를 태울 때 남는 탄소 발자국*은 덴마크의 탄소 발자국과 맞먹을 것이라 한다.

나는 많은 아프리카 기후 활동가와 함께 온라인과 오프라인에서 캠페인을 벌였다. 동아프리카 원유 송유관 사업을 멈추고 가장 큰 지분을 보유한 토탈이 이 프로젝트에서 손을 떼게 만들려고 했다. 이런 노력 가운데 하나로 동료인 에블린 아첨은 2021년 3월 〈아프리카 뉴스Africa News〉에 사설을 실어 이 프로젝트가 왜 문제인지 설명했다. 350Africa.org에서 활동하는 체리티 미그웨와 센터포시즌스컨저빙Center for Citizens Conserving에서 활동하는 에드윈 넘브리와 함께 썼는데, 이들은 이렇게 주장했다.

동아프리카는 석유나 다른 화석연료가 없어도 미래를 열 수 있다. 발전 가능성이 있고, 가격이 적절하며, 친환경 대체 에너지원이, 예컨대 태양열이나 풍력 등이 있기에 더욱 그렇다. 이런 대체 에너지원은 재생 가능하며, 장기적인 취업 기회 면에서 전망이 좋다. 동아프리카는 재생 가능한 에너지로 이행하는 데 집중해야 한다. 이는

★ 개인, 단체, 기업, 국가 들이 벌이는 활동에서 생기는 온실가스의 총량.

넓은 범위에서 친환경 직업 수백만 개가 생겨나도록 보
장할 것이다.

실제로 우간다는 실업률이 높다. 물론 평범한 시민이라면 당연
히 이렇게 물을 수 있다.

"뭘 해야 충분히 먹고살 수 있을까요? 제가 이 일을 그만둬
야 한다면 어떻게 계속 생계를 이어 가죠?"

이런 이유로 에블린은 왜 우리 정부가 노력해서 비공식 플
라스틱 재활용 같은 분야에 친환경적인 일자리를 더 만들지 않
는지 묻는다. 에블린은 플라스틱이 지구와 바다를 더럽히는 제
일 큰 오염 물질이라는 사실을 다시 떠올리게 해 준다. 에블린
이 제안하길 이런 친환경 일자리 중 일부는 "더 예술에 가까우
며, 플라스틱을 버리기보다는 재활용해 팔 수 있다."고 말한다.
그러면 빈곤과 높은 실업률을 낮추고, 젊은이와 여성과 어린 소
녀에게 권한을 부여하는 데 도움을 줄 수 있다.

나도 동의한다. 정부는 부유한 기업이 석유 프로젝트에 접
근하도록 촉진하거나 보조하기보다 환경친화적인 에너지를 생
산하도록 장려할 수 있다. 더 친환경적이고 덜 자원 집약적인
기술을 더 적절한 가격에 이용하게 만들 수 있다. 요리용 화덕
을 예로 들더라도 우간다 정부가 당장 시작할 수 있는 범위를
벗어나지 않는다. 독일에 본부를 둔 비정부기구 퍼스트클라이
맷First Climate은 캄팔라 가정에 친환경 요리용 화덕을 45만 개
공급했다. 화덕을 캄팔라에서 대량으로 제조해서 비용을 낮추

고 소비자가 기대하는 가격에 더 가깝게 맞추었다.

에너지와 관련해서 진전이라 할 만한 조짐이 보인다. 2020년 초 정부는 아랍에미리트연합국의 에너지 회사와 우간다 북동 지방과 북서 지방에 태양광발전소 네 곳과 풍력발전소 두 곳을 짓기로 협정을 맺었다. 나는 당연히 이 긍정적인 움직임을 반겼다. 착공하기로 계획했던 2021년 초까지 건설을 시작했는지는 불분명하지만 말이다. 많은 평론가들은 태양열이 우간다에서 정말로 성공할 수 있다고 말한다. 우리는 햇빛이 강하며, 현재 도시 거주자 40퍼센트와 시골 지역 사람 60퍼센트가 전기를 사용하지 못하기 때문이다.

\ / \ / \ /

우리 기후 활동가들은 플라스틱 사용과 육류 소비를 줄이는 두 영역에서 정부에게 더 창의적으로 생각하고 현재 시행하는 우대 정책을 바꾸기를 요구한다. 우간다 정부는 비닐봉지 사용을 금지했지만, 허점이 존재한다. 한편 플라스틱병은 세계 많은 지역이 그렇듯 우간다에도 어디에나 널려 있다. 우간다 FFF 활동가인 새드라크 니레는 캄팔라와 국내 곳곳에서 #플라스틱공해끝내기 캠페인을 벌인다. 새드라크가 지적하길 플라스틱은 그저 사람들이 선택하다 보니 **우연히 나온 결과**가 아니다. 기업과 정부가 결정을 내린 결과다. 코카콜라는 우간다에서만 플라스틱병을 일주일에 4백만 개씩 생산한다. 이 생산 속도는 어떤 재활용 방법으로도 도무지 따라잡을 수 없다. 새드라크는 말한다.

"기업이 계속 플라스틱을 생산하면서 자기들이 일으키는 플라스틱 오염 문제를 등한시한다면, 우리 개인이 하는 행동은 묻혀질 겁니다."

플라스틱 중 90퍼센트는 석유로 만들며, 전 세계 화석연료 산업은 더 많은 석유를 플라스틱과 여타 석유화학 제품으로 만들고자 고민한다. 우리 앞에 기후 위기가 펼쳐지는데도 말이다. 우리나라 정부를 포함하여 너무 많은 정부가 이들을 돕고 있다. 새드라크가 운영하는 웹사이트에서 밝혔듯, 우간다 정부는 플라스틱 제조업체들이 우간다산 석유로 만든 석유제품을 더 쉽게 이용할 수 있게 해 주려 한다.

정부는 식품을 생산해서 소비하는 과정에도 방향을 제시할 수 있다. 농업은 종종 삼림과 생물종 다양성을 파괴하는 주된 원인이 된다. 우간다에서 세를 넓히고 있는 대규모 유축농업*은 특히 탄소 집약적이고 자원 집약적이다. 지금 당장 많은 우간다인이 식량 부족에 시달리고 있다. 또 기후 위기는 농부한테 가장 큰 영향을 미친다. 하지만 이 장에서 앞서 언급한 식량농업기구 보고서는 우간다에서 육류를 더 많이 생산하기는커녕 가축에게 먹일 옥수수와 콩을 충분히 생산하는 것도 얼마나 어려워질지 명확히 밝혔다.

★ 작물 재배와 가축 사육을 결합한 농업 형태를 말한다.

우간다와 세계 여러 곳에 사는 대부분의 사람들처럼 나도 어떻게 식품 소비가 이 행성에 영향을 미치는지에 대해 아는 바가 거의 없었다. 온실가스 중 3분의 1 이상이 세계의 식품 제조와 소비 과정에서 발생하며, 축산업 부문에서 발생하는 온실가스만 해도 최소한 14.5퍼센트를 차지한다. 이제 이런 원인이 기후변화와 생물종 다양성 감소에 어느 정도로 영향을 미치는지 더 잘 알았으니, 나는 고기나 다른 동물성 식품을 매일 먹지는 않는다.

나는 채식주의자가 아니며, 활동가가 되기 전까지 **비건**이라는 말을 들어 본 적도 없었다. 하지만 가끔 일주일이나 한 달 동안 고기를 안 먹을 것이다. 사실 내 여동생들은 내가 결혼식을 한다면 음식을 채식으로 준비할 것이라는 말을 듣고 충격을 받았다. 결혼식 때 고기를 대접하지 않으면 무례하거나 지독한 구두쇠로 보이기 때문이다(나는 비건으로는 하지 않겠다고 확실히 이야기하며 한발 물러섰다!). 그래도 나는 언젠가 캄팔라에 작게 비건 식당을 여는 생각을 곰곰이 하고 있다. 아마 최초가 될 것이다.

물론 다른 문화적이고 구조적인 장애물도 육류 소비를 줄이고 더 친환경적인 선택을 하지 못하게 가로막는다. 우간다에서는 다른 여러 나라와 마찬가지로 육류를 소비하며 부를 과시한다. 여러분이 콩을 먹는다면 사람들은 여러분이 너무 가난해서 고기를 살 돈이 없다고 생각한다. 서구식 식단도 우간다를 유혹한다. KFC 같은 패스트푸드 프랜차이즈가 캄팔라에서 점점 흔해지고 있으며, 가격도 적절한 편이다. 그러니 중고등학교 학생과 대학생은 마음이 끌릴 수밖에 없다. 내 모교인 마케레경영대학교 부근과 마케레대학교 본교 캠퍼스에도 KFC가 있다. 거기서 식사하면 현대적이고 상류층 유행을 따르는 듯이 보인다. 학생과 젊은 전문직 종사자들은 종종 자기가 먹는 음식을 찍어서 소셜미디어에 올린다.

도시에 있는 대다수 직장은 음식을 제공하지 않는다. 따라서 점심시간에 직접 음식을 사 먹어야 하는데, 주로 고기만 팔거나 고기가 주요 메뉴인 식당을 이용한다. 치킨은 특히 인기가 있다. 내가 사람들한테 환경과 건강을 생각해서 고기를 덜 먹으라고 제안한다면, 나는 저항에 부딪힐 것이다.

"제가 배를 곯기를 바라는 건 아니죠?"

정부는 식당과 노점에서 채소를 더 많이 제공하도록 장려할 수 있다. 단백질과 철분이 풍부한 콩도 포함해서. 하지만 반발이 따를 것이다. 내가 우간다 지도자들한테 기후와 공중 보건을 위해 중산층 이상 시민이 고기를 덜 소비하도록 사회가 다 같이 생각해야 한다고 말한다면, 대부분 속으로 말할 것이다.

"이 여자가 무슨 말을 하는 거야?"

7

여성과 소녀를 위해
목소리를 내다

나는 고작 두세 살 무렵이던 어느 날 아침, 집에서 사라졌다. 부모님은 나를 샅샅이 찾아다녔다. 그리고 마침내 내가 근처 유치원에서 배울 준비를 하고 앉아 있는 것을 발견하셨다. 다음 날에도 똑같은 일이 일어났다. 우리 아버지는 선생님한테 어떻게 하면 좋겠냐고 물었다. 나는 유치원에 입원하기에는 너무 어렸지만, 교실에서 데리고 나오면 떼를 썼기 때문이다. 선생님은 적정 나이가 안 된 아이를 돈을 받고 교육하는 것은 불법이라고 대답했다. 하지만 내가 공짜로 머물 수 있게 해 주었다. 그리하여 나는 아침마다 유치원에 갔고, 결국 원래보다 1년 일찍 유치원에 등록했다.

나는 분명 배우고자 하는 열망이 있었다. 또 운이 매우 좋게도 우리 부모님은 내가 여자여도 교육받을 수 있게 지지해 줬다. 생활이 어려울 때도 등록금을 마련해 주려고 열심히 일했다. 우리 어머니는 내가 공부해서 직접 돈을 벌 수 있을 만큼 전문 지식과 기술을 익히지 않으면 내게 미래가 없다고 강조했다. 어머니와 내가 생각하기에 결혼하든 안 하든 여성은 반드시 금전적으로 자립할 수 있어야 했다.

우리 아버지도 마찬가지로 완고했다. 할아버지는 아버지와 고모, 삼촌이 모두 학교교육을 받을 수 있게 최선을 다했다. 아버지도 우리를 그렇게 기우고 싶어 했다. 아버지는 어머니와 마찬가지로 교육을 제대로 못 받은, 특히 여자아이가 미래에 어떤 한계에 부딪히는지를 알았다. 내 두 여동생과 나에게 강한 여성으로 자라도록 힘을 실어 주었다. 자기 권리를 알고 사회에서 더 나은 위치를 얻기 위해 권리를 주장할 줄 아는 여성 말이다. 아버지는 나와 마찬가지로 마케레경영대학교에서 학위를 받았다.

우리 부모님이 품은 교육열은 다섯 자녀뿐 아니라 우리 사촌 세 명한테까지 뻗어 갔다. 부모님은 사촌들한테 학비를 보태 주고 우리의 미래만큼이나 사촌들의 미래를 걱정했다. 내 동생들 얘기를 하자면, 여동생 클레어는 수의사가 되기 위해 대학교에서 공부 중이며, 조앤은 2019년에 고등학교를 마치고 정부에서 주는 대학 장학금을 받았다. 폴 크리스티안은 고등학교 마지막 2년 시기에 접어들었고 트레버는 초등학교 6학년이다.

여자아이를 교육하는 일은 신기술이나 새로운 발상이 아니라, 수십 년 동안 세계 개발 정책을 떠받치는 기둥이었다. 실제로 여러분은 많은 남녀 지도자들이 여자아이들과 남자아이들이 동등하게 교실에 있는 것이 매우 중요하다고 증언하는 말을 들을 것이다. 우간다는 초등교육에서 남녀 비율이 거의 동등한 수준에 이르렀다. 물론 이는 좋은 성과지만, 수천 명에 이르는 여자아이와 남자아이가 여전히 교실 밖에 있다. 그리고 많은 여자아이는, 우리 어머니가 그 시절에 그랬던 것처럼, 내 먼 친척이 지금도 그러는 것처럼 중등교육을 마치기 전에 학교를 떠난다. 따라서 상대적으로 우간다 소녀들의 대학 입학률이 낮다. 나는 마케레경영대학교 학생일 때 수업 시간에 젊은 여자를 꽤 많이 봤다. 대학교에 다니는 여자가 많기는 해도 그렇지 않은 여자가 훨씬 많다.

물론 나는 남자아이 교육에도 관심이 많다. 남동생이 두 명이니 당연하다. 하지만 사하라 이남 아프리카를 통틀어 최소 3천3백만 명이 넘는 여자아이가 초등학교에 들어가지만, 중고등학교에는 다니지 못한다. 이 지역에서는 5천만 명이 넘는 여자아이가 고등학교 교육을 받지 못한다. 전 세계에서 1억 3천만 명이 넘는 여자아이가 학교에 다닐 나이에 학교 밖에 있다. 이 아이들한테 기회를 줬다면, 얼마나 많은 아이가 교사, 변호사, 의사, 비정부기구 직원, 의원, 기후 과학자가 될 수 있었을까?

내 생각은 이렇다. 소녀와 여성이 세계 인구 중 절반을 넘게 차지한다. 그러니 기후 위기를 성공적으로 다루려면, 기후에 영향을 주는 결정을 내릴 때 그 방에 여성도 있어야 한다. 교육받은 여자아이는 이런 방에 들어가게 될 것이며, 그러면 의사 결정자가 될 만한 사람과 가능성이 있는 해결법은 물론 접근법도 늘어날 것이다.

지금은 접근 기회나 긍정적인 성과가 그리 빠르게 나타나지 않고 있다. 현실을 보면, 소녀들이 권한을 빼앗기는 일도 일부 발생한다. 나는 고등학교까지, 대학교까지도 공부하기를 바라는 소녀가 수천만 명, 아프리카 전역에 수없이 많이 있으리라 확신한다. 하지만 다른 많은 소녀가 자기 미래와 능력을 의심한다. 스스로 이렇게 되뇐다. **우리 어머니는 학교를 이만큼도 못 다녔는데, 내가 무슨 수로 더 많이 공부하겠어?** 또 이 목소리는 속삭일 것이다. **너는 시골에 사는 여자애고 공부해 봤자 아마 평생 아무 데도 못 갈 거야. 왜 계속 공부해?**

여러분이 결혼해서 아이를 낳고, 농장에서 어머니로 사는 삶에 정착하여 가족을 위해 음식과 연료를 찾아 돌아다니지 않는다면, 어떤 선택이 여러분을 기다릴까? 고향 마을에서 캄팔라로 이주해서, 부유한 가족이 사는 집 하녀로 일할지도 모른다.

어쩌면 우리가 피켓을 들고 파업을 벌일 때 곁을 지나가는 젊은 여자도 이런 삶을 살고 있을지 모른다. 여자는 호기심이 생기고 어리둥절하여 속으로 생각할지도 모른다. **저 사람들이 뭘 하는 거지?** 하지만 더 생각할 시간은 없다. 안주인이 부탁한 가재도구를 가장 빨리 구할 방법을 찾느라 서두르는 중일 것이다. 마타투를 타고 돌아가 저녁을 준비하거나 바닥을 닦거나 옷을 빨 것이다. 솔직히 말해 나는 이런 여자가 우리한테 크게 관심을 주는 모습을 못 봤다.

시골 마을에 사는 젊은 여자는 둘째 치고 이런 여자가 기후 운동가가 될 수 있을까? 어떻게 시간을 낼까? 실제로 이런 여자는 요즘 우리가 많이 들고 다니는 스마트폰이 아니라 구형 휴대전화밖에 없을 것이다. 그러면 인터넷에 접속하기가 어렵고 요금도 많이 든다. 따라서 여자는 넓은 세상에서 벌어지는 일에서 멀어진다. 스무 살이 될 무렵에는 다른 직업을 찾아야 할 것이다. 자기 남편이 젊은 여자에게 성적으로 관심을 보일까 걱정하는 안주인이 여자를 해고할 것이기 때문이다. 이런 일은 항상 일어난다. 그러면 여자는 새 수입원과 안정된 삶을 찾아 힘겹게 노력할 것이다.

최악의 운명은 아닐 수도 있지만, 우리가 소녀들에게 바라는 것이 정말로 이런 삶뿐일까? 내가 보기에 이는 '생존'하는 삶이다. 이들 젊은 여성은 다른 길이 열려 있어도 이런 미래를 선택했을까? 예컨대 중고등학교를 졸업하고, 어쩌면 대학 학위도 받은 다음 일자리를 구하고, 금전적으로 자립하고, 심지어 활동에 참여할 수 있었어도?

현실은 우울하기 그지없는데, 코로나바이러스 감염증이 유행하면서 지금까지 설명한 상황이 더욱 나빠졌다. 그것도 지구에서 기후 위기가 매일 비상사태를 초래하는 지역에서 말이다. 코로나바이러스 감염증이 유행하고 기후변화가 나쁜 결과를 낳자 아프리카, 라틴아메리카, 아시아 전역에서 가구 소득이 더 크게 압박을 받았다. 등록금은, 특히 여자아이를 학교에 보낼 돈은 가족 예산에서 줄여야 할 사치가 됐다. 힐다 나카부예가 겪었던 것처럼. 많은 남자아이와 더불어 여자아이 수백만 명이 봉쇄가 완전히 끝난 뒤에도 다시는 학교로 돌아가지 못할 것이다. 그리고 소녀들을 교육하는 일과 관련하여 최근 수십 년 동안 힘겹게 싸워 얻은 결실이 희석될 것이다. 우리는 얼마나 많은 아이와 청소년이 영향을 받았는지 결코 확실히 알 수 없을 것이다. 또 이 유행병 때문에 아이들이, 사회가, 기후가 어떤 비용을 치렀는지를 전부 계산할 수도 없을 것이다.

\ / \ / \ /

나는 교육에서 혜택을 보았기에 교육을 무척 중요하게 여긴다. 그런데 기후 위기를 다루고 더 공정한 세상을 이루고자 할 때도 여자아이를 교육하는 일이 무척 중요하다. 우리는 지구 공학적 혁신이 일어나기를 간절히 바란다. 예컨대 대기에서 이산화탄소와 여타 온실가스를 포집하는 기술 같은 것 말이다. 하지만 이런 혁신은 실현 가능하다고 어렴풋이 짐작되는 수준을 막 벗어난 정도다. 우리는 지금 당장 실현할 수 있고 감당할 수 있는 해법이 필요하다. 그러니 여자아이를 교육하고 이런 정책을 실천하는 이야기를 더 하는 것이 어떨까? 여기 우리가 그래야 하는 이유가 있다.

연구자들과 환경 옹호론자들이 모여 기후 위기에 대한 해법을 정량화하는 협의체 프로젝트드로다운Project Drawdown은 가족계획 안내와 함께 소녀 대상 교육을 가장 효율적인 온실가스 감축 방법 다섯 번째로 뽑았다(내륙 풍력발전 터빈, 대규모 태양열 에너지, 음식 쓰레기 줄이기, 식물이 풍부한 식단 다음으로 꼽고 있다).

프로젝트드로다운에서 추정하기로 저소득과 중위 소득 국가에서 교육에 힘을 기울이는 것뿐만 아니라 가족계획에도 투자한다면 온실가스를 엄청나게 줄일 수 있다. 이산화탄소로 표시한 감축량은 2020년부터 2050년까지 85.42기가톤에 이른다. 이는 현재 중국에서 배출하는 양의 10년 치와 맞먹는다. 수십 년 동안의 연구에서 드러나길, 고등학교를 졸업한 여자는 더 건강하며, 경제적 기회를 더 많이 누리고, 무엇보다 프로젝트드로다운에서 계산한 바에 따르면 평생 아이를 더 적게 낳는다. 딸을 포함한 자녀도 교육을 받게 할 가능성이 더 크다.

나는 2021년 1월 〈와이어드 유케이WIRED UK〉 사설란에 왜 이것이 사실인지를 설명했다.

출산을 적게 하면 더 건강하고 안전한 가정을 꾸릴 수 있으며, 먼 미래까지도 온실가스를 덜 배출할 수 있다. 그런데 출생률이 중요하긴 하지만, 단지 그 이유만으로 여자아이를 교육하는 일이 미래 기후에 중요하다고 말하는 것은 아니다. 여성은 기후 재난에 더 크게 영향을 받는다. 유엔에서 추정하기를 기후변화로 집을 잃은 사람 중 80퍼센트가 여성이다. 지금처럼 기후 위기가 자

주 발생하는 상황에서, 여성은 자기 삶을 지배하는 구조
적인 성 불평등 때문에 더 극심하게 고통받는다.

시골에 사는 여성은 육아를 거의 다 책임진다. 먹을 것을 거의
다 재배하고 작물을 수확한다. 먼 거리를 걸어서 시장에 가고,
물을 긷고, 요리와 난방에 쓸 장작을 모아 온다. 이런 압박 속
에 느는 것이라고는 허리 통증뿐이다. 이렇게 해도 기본적으로
꼭 필요한 깃을 잎을 수 없다면, 어떤 어머니는 가슴 아픈 결정
을 해야 한다. 예를 들면 아이를 도시로 보내 카오사라 사니가
로메 거리에서 만났던 어린아이처럼 구걸하게 한다. 또는 딸을
포기하여 시집을 보내는데, 상대는 보통 나이가 훨씬 많은 남
자다.

소녀를 건넨 대가로 가족들은 전통적인 '신붓값'을 받을 것
이다. 보통 신붓값은 선물이나 돈으로, 이따금 둘 다로 치른다.
하지만 가난한 소녀는 신붓값이 고작 옥수수 몇 자루다. 배고픈
아이가 있거나 홍수로 작물이 다 죽어 버린 가족한테는 이 정
도도 큰 도움이 될 수 있다. 하지만 여기에 한 소녀가 교육을 포
기할 만한 가치가 있다는 사실이 고통스럽다.

어떤 지역에는 조혼이 걱정스러울 만큼 흔하다. 사하라 이
남 아프리카 나라에서는 소녀 중 35퍼센트가 18세가 되기 전에
결혼한다. 지역 비정부기구인 우간다포허Uganda for Her에 따르
면 우간다는 이 비율이 40퍼센트가량이며, 10퍼센트는 15세가
될 무렵에 결혼한다. 이는 아프리카만 겪는 문제가 아니다. 유

니세프 보고서에 따르면 남미에서는 30퍼센트나 되는 소녀가 18세가 될 무렵에 결혼한다. 이들 젊은 여성과 소녀 중 다수는 고등학교를 마치지 못했을 것이며, 생식 건강과 성생활에 관한 교육을 거의 못 받거나 전혀 못 받았을 것이다. 이들 중 거의 대다수가 곧 어머니가 된다는, 전혀 준비하지 않은 위태로운 상황에 놓일 것이다.

우간다 사회는 젊은 여성한테만 혼전 임신을 금지하는 부담을 지우고, 이를 어기면 비난한다. 자퇴도 이런 여성이 치러야 하는 대가 중 하나일 것이다. 아이 아버지는 자유롭게 교육을 계속 받지만 말이다. 내가 다닌 여자 기숙학교는 신체검사와 함께 6개월에 한 번씩 임신 검사를 했다. 왜 우리는 이런 강화된 이중 잣대를 받아들여야 할까?

나는 우간다 시골 마을에 살면서 15세나 16세쯤 또는 그보다 더 어릴 때 결혼하고, 17세 무렵이면 이미 아이를 둘쯤 낳은 소녀들을 안다. 아마 진심으로 원하든 원치 않든 아이를 더 낳을 것이다. (우리가 이 문제를 이야기할 때마다, 중고등학교와 대학교에서 만난 내 친구들은 절대로 아이를 둘이나 셋 넘게 낳고 싶어 하지 않았다.) 이른 나이에 임신하고 생식 건강을 잘 챙기지 못한 소녀와 젊은 여성은 아이를 낳을 때 몸이 상할 위험이 더 많으며, 심지어 사망할 수도 있다. 우간다에서는 2000년 이후로 산모 사망률이 줄어들고 있지만, 여전히 무서우리만큼 높다. 아기가 10만 명 태어날 때마다 산모가 평균 375명씩 사망한다.

아프리카 전역과 전 세계에서 매년 18세 이하 소녀들이 천2백만 명씩 결혼하는데, 대부분은 자기 의지가 아니다. 세계은행 연구에 따르면 아프리카는 아동 결혼 때문에 인적자원 면에서 630억 달러를 비용으로 치르고 있다. 우간다 같은 나라에서 이는 여러 세대의 빈곤으로 이어진다. 또 지도자 역할을 맡는 여성도 적어지는데, 정부 직책을 맡을 때 종종 전제 조건이 되는 대학 학위를 받지 못했기 때문이다. 한편 이른 결혼은 이른 출산으로 이어지고, 합병증에 걸리거나 영구 장애를 입거나 심지어 출산하다 사망할 위험까지 커진다.

소녀들이 지닌 잠재력을 억압하지 못하도록 싸우는 한 젊은 여성이 있는데, 바로 잠비아 사람 나타샤 므완사다. 나타샤는 열두 살 때부터 아동 결혼과 10대 임신을 예방하고 청소년의 생식 건강과 정신 건강을 지원해야 한다고 주장했다. 나타샤는 소녀들이 목소리를 내야 한다고 열정적으로 주장했다.

"소녀들은 자기 목소리를 들어 주는 자리를 요구해야 합니다. 따라서 우리는 아프리카 각국 정부가 소녀들을 지원하고 용기를 북돋워 줄 뿐 아니라 아동 결혼을 끝내기로 단호히 결정하기를 촉구합니다."

우리 부모님이 나와 여동생들을 남동생들과 똑같이 교육하려고 노력하지 않았다면 내 삶이 어땠을지 종종 나 자신에게 묻는다. 그리고 친척들을 보며 깨닫는다. 우간다 시골 지역에 사는 한 사촌은 10대 중반에 학교를 자퇴했다. 이 아이는 나보다 어리지만, 아이가 세 명 있다. 나는 지금 사촌이 낳은 아이들과 앞으로 더 낳을지도 모르는 아이들이 내 사촌과 같은 미래를 향해 갈까 걱정된다. 그것이 이들이 아는 전부이기 때문이다.

먼 가족 친구 한 명도 학교를 자퇴하고 한 남자네 집에 살러 들어가 아이를 둘 낳았다. 이 친구도 나보다 어리다. 얼마 전에 이 친구가 우리 집에 온 적이 있다. 나는 그때 집에 없었지만, 동생 조앤이 나중에 이야기를 들려줬다. 우리 친구는 둘만 있을 수 있는 곳으로 조앤을 데려갔다. 부드럽지만 흥분된 목소리로 조앤에게 학교를 다 다니라고 강하게 말했다. 자기는 잘못된 길로 이끌렸고, 좋은 조언을 듣지도 못했다고 했다. 조앤이 친구 얼굴에 떠오른 고통에 어안이 벙벙해져 이야기를 듣는 동안, 친구는 우울한 결론을 덧붙였다. 자기 삶은 이제 지옥 같다고.

＼ ／ ＼ ／ ＼ ／

소녀와 여성에게 교육받을 방법과 능력을 주는 일은 중요하다. 그와 별개로 **무엇을** 가르치는지도 중요하다. 학교교육은 우리가 미래 기후를 대비할 수 있게 해 주지 않는다. 얼마나 중대한 일이 우리를 기다리고 있는지 감추고 있다. 우리를 보호해 주기는커녕 우선 우리가 왜 이런 식으로 교육받아야 하는지 질문할 기회도 주지 않는다. 학교는 그저 '공부하고 시험을 쳐서 통과하는' 것에만 신경 써서는 안 된다. **우리의** 미래에 관해 결정할 수 있는 도구와 정보를 주어야 한다.

그런데 왜 중고등학교나 그 이후로 위기를 마주하기를 미룰까? 아이들은 초등학교에서도 기후변화에 관해 배울 수 있다. 이미 말했듯, 엘리자베스 와투티는 케냐에서 그린제너레이션이니셔티브를 진행하면서 교과과정에 생긴 이 공백을 메꾼다. 와투티는 더 나아가 설명한다.

"우리는 환경을 교육할 뿐 아니라 적용 방법까지 알려 주어 아이들이 교실 안에서 배운 내용을 교실 밖에서 적용할 수 있게 해 줍니다."

와투티는 이것이 실제로 유용하다고 덧붙인다.

"이따금 사람들은 '수업 시간에 배운 것으로 뭘 했니?'라고 묻습니다. 그런데 지식을 활용해서 사회를 바꾸는 방법을 배우기란 녹록지 않죠. 우리는 실용적인 것을 훈련하고 차이를 만드는 방법을 가르치면서 그 공백을 메꿉니다."

물론 기후 교육은 어디에서든 모든 학생이 받아야 하며, 삼림과 숲의 가치는 그중 한 면을 차지할 뿐이다. 에블린 아첨과 나는 기후변화를 모든 학교 교육과정에 넣으면 중대한 영향을 미칠 수 있으리라는 데 의견이 일치했다. 나는 기후 위기가 우리 과학 교육을 떠받치는 주춧돌이 되기를 바란다. 지리학이나 환경학의 한 부분에서 그치지 않고 말이다. 에블린의 관점은 이렇다.

교육부가 교육과정에 기후변화 교육을 포함하는 일이 중요하고 꼭 필요하다는 점을 깨닫는다면, 그에 따라 행동할 수 있다. 어린 사람한테 기후 교육을 하는 것은 나이 든 사람을 교육하는 것과 다르다. 어린 사람은 기운 차고, 활기 넘치고, 마음이 열려 있고, 무엇이든 배울 준비가 되어 있기 때문이다. 우리가 기후변화에 관해서 충분히 가르친다면, 이 정보를 잘 받아들이고 이 일이 옳다는 것을 깨달으며 자랄 것이다. 학교에 다니기 시작하는 학생은 9년 뒤에 10대 청소년이 될 것이다. 이런 10대들은 활동하고 조언하는 데 큰 영향을 줄 수 있는데, 많은 것을 학교에서 배웠기 때문이다.

나는 중고등학교나 대학교 때 기후변화에 관해 배운 방식이 만족스럽지 않았다. 하지만 교실에서 한 경험은 비판적인 사고 능력과 그 밖에 여러 능력을 키우는 데 도움이 됐다. 덕분에 나는 스스로 조사를 시작하여 활동가가 되기로 마음먹을 수 있었다. 교육은 기후 재난이 닥쳤을 때 더 잘 회복할 수 있는 도구를 여성에게 제공하는 길이다. 또 여성에게 지역사회 안에서 경제적 권한을 얻을 기회를 주고, 아프리카 여러 지역에 점점 더 크게 영향을 미치는 극단적인 기후 사건에 대응하는 기술을 알려 준다. 하지만 불행히도 기후 위기를 가장 강하게 느끼는 남반구 저개발국들은 소녀들이 학교를 마칠 가능성이 가장 낮은 나라들이기도 하다.

아프리카를 비롯하여 그 밖에 소녀를 대상으로 하는 정식 교육이 필요한 나라(이런 나라는 많다)에 이를 지원하는 프로그램이 필요하다. 나는 이와 함께 성인 여성에게 기술을 가르칠

뿐 아니라 학교를 마치지 못하고 어린 나이에 아이를 낳았지만 여전히 목소리를 낼 수 있다는 믿음을 심어 주는 프로그램이 더 있기를 바란다. 이런 여성들도 자기 의견을 표현할 수 있다. 꿈을 꿀 수 있다. 여전히 기회가 있다.

\ / \ / \ /

우리는 여자아이를 교육하고 기후변화를 교과과정에 끼워 넣어야 한다. 또 성 평등과 여성의 권리가 기후 위기를 해결하는 데 결정적이라는 사실을 깨달아야 한다. 우리는 여성과 아이에게 폭력을 휘두르고 이들을 착취하는 일을 끝내야 한다. 더불어 여성 지도자가 더 많이 나오도록 지지하고, 현재 여성 지도자가 이룬 성취를 널리 알리고, 소녀와 여성에게 불평등한 지위를 부여하는 사회규범에 도전해야 한다. 내 생각에 성 평등은 소녀와 여성이 할 수 있는 일과 해야 하는 일을 통제하지 않고 이들을 존중하는 사회에서 시작된다.

내가 기후 파업을 시작했을 때 맞닥뜨렸듯이, 여성과 소녀는 위엄과 자존심을 지킨다는 명목으로 침묵하기를 권유받고 심지어 강요당한다. 나는 어떻게 그렇게 당당하게 목소리를 낼 뿐 아니라 말솜씨도 좋냐는 질문을 여러 번 받았다. 나는 이 질문이 이상했다. 여자는 명확하게, 완전한 문장이나 문단으로 의견을 표현하는 능력이 모자란다는 것 같았다. 이것은 **무엇을** 말하는가에서 **어떻게** 말하는가로 주제를 바꾸어서 여자가 하기에 '적절해' 보이도록 규제하는 방식이다. 우리가 하는 말과 행동을 통제하려는 충동이 어처구니없는 수준일 때도 있다. 예를 들어 일부 아프리카 공동체는 여성이 나무를 탈 수 있게 허락하지 않는다. 그런데 사방이 물에 잠기면 다른 어떤 해결책이 있을까?

우리의 말을 단속하는 또 다른 방법은 소셜미디어에서 우리한테 악성 메시지를 보내는 것이다. 소셜미디어에서 공개적으로 의견을 말하려면 모욕당하고, 조롱당하고, 심지어 위협당할 위험을 감수해야 한다. 많은 소녀와 여성이 이런 일을 당하며, 나도 경험한 적이 있다.

물론 어떤 일을 조직하고, 정보를 나누고, 전 세계 기후 활동가와 연대하기에 소셜미디어는 멋진 도구다. 나는 소셜미디어 덕분에 내 일을 확대하고 내 메시지를 밀어붙일 수 있었으며, 다른 활동가도 마찬가지다. 단체는 소셜미디어를 이용하여 캠페인과 시위를 준비하고, 수많은 사람한테 목소리를 들려주면서 정부와 기업가에게 최대한 압력을 넣을 수 있었다. 지면이나 텔레비전에서 활동하는 언론인과 만나기 어렵거나, 언론의 자유가 없는 나라에 살거나, 고립된 지역사회에 속한 사람한테는 소셜미디어가 연대하고 소통하는 중요한 창구이다.

하지만 소셜미디어는 괴롭힘, 놀림, 허위 정보를 끌어당기고 심지어 폭력을 불러일으키는 자석이기도 하다. 나는 악플러가 여성 혐오나 인종차별, 조롱을 해도 아무렇지 않다고 말하고 싶다. 하지만 거짓말은 안 하겠다. 나는 크게 상처받기도 한다.

정말로 무서운 댓글이 달리기도 한다. 여자가, 그중에서도 젊은 미혼 여자가 하기에 무엇이 적합한 활동 영역에 들어가거나 벗어나는지를 매우 편협하게 생각하는 남자들이 내가 자기를 조롱한다고 느끼고 유독 이런 댓글을 단다.

나뿐이 아니다. 국제앰네스티에서 내놓은 보고서만 봐도, 여성이, 특히 유색인종 여성이 남성과 비교할 때 소셜미디어에서 괴롭힘과 모욕을 더 많이 당했다. 앰네스티가 2018년 후반에 내놓은 연구는 미국과 영국의 여성 언론인과 정치인이 받는 트윗을 포괄적으로 살펴본 뒤 흑인 여성이 집중 공격을 받는 대상이 된다고 결론 내렸다. 이 연구에 따르면 흑인 여성은 '모욕적이거나 문제가 있는' 트윗에 언급될 가능성이 백인 남성보다 84퍼센트 더 높았다.

아마 가장 괴로운 점은 내가 받는 부정적인 댓글을 대부분 우리나라나 다른 아프리카 나라 사람이 보낸다는 것이다. 나는 2019년 1월에 파업을 시작하기에 앞서 걱정했던 것처럼, 온라인 댓글로 남자한테 관심을 받으려고 거리를 누비고 다닌다는 둥, 남편을 낚아채려고 필사적이라는 둥, 마약을 했다는 둥(내 기후 파업을 달리 설명할 방법이 있을까?) 비난을 받았다. 취직하거나 그냥 당장 결혼해서 요리와 청소나 열심히 하고 활동은 남자들한테 맡기라고 했다. 실제로 내가 파업을 시작했을 때, 한 친구가 고백하길 왓츠앱에서 파업에 관해 이야기했더니 이복자매가 이렇게 대답했다고 했다.

"너도 저렇게 하면 나는 너랑 인연을 끊을 거야."

딱 알맞은 사례가 2020년 후반에 일어났다. 내가 당시 막 미국 대통령 선거에 당선된 조 바이든 대통령과 카멀라 해리스 부통령한테 편지를 써서 기후 비상사태를 바로잡는 데 진지하게 관심이 있냐고 물었던 때였다(이 편지는 부록에 넣어 두었다). 나는 이렇게 적었다.

"우리가 원하는 것은 오직 살기 좋은 건강한 지구, 즉 공정하고 지속 가능한 현재와 미래뿐입니다. 이것이 너무 지나친 요구인가요? 하나뿐인 우리 집을 파괴하여 우리가 고통과 괴로움에 시달리는 동안 소수 사람만 이득을 보는 일을 멈추라는 것이 말입니다. 우리 행성을 보호하고 모두가 행복해지려면 할 수 있는 일을 전부 실천해야 합니다."

나는 이 편지를 보낼 생각은 전혀 없었지만, 이때 내가 한 생각을 기록으로 남겨 두고자 다이어리에 적었다. 하지만 이 편지를 소셜미디어에 올리자 거센 반발이 일어났다. 나를 더 지지해 주리라 예상했던 우간다 젊은이들이 더욱 심했다. 많은 이가 댓글을 달았다. 당신이 뭐라고 미국 대통령 당선인한테 편지를 쓰냐고, 당신은 왜 선을 넘느냐고, 수많은 사람이 조롱하는 편지를 써서 단지 나를 비웃을 목적으로 만든 특별한 해시태그를 달아 공유했는데, 몇몇 우간다 언론에서도 이 일을 기사로 다뤘다. 하지만 대부분 내가 쓴 내용보다는 악성 댓글에 적힌 말에 집중했다.

나는 왜 우리나라 사람들이, 내 또래 사람마저 그렇게 부정적인 반응을 보이는지 이해하려고 애썼다. 내 친구들은 내가 무

언가 다른 일을 하고 있기에 사람들이 위협적으로 느끼거나 질
투하는 것이라고 했다. 아니면 기후변화가 무엇인지 몰라서 공
격하는 것이라고 했다. 어떤 친구들은 가설을 세웠는데, 이 악
플러들은 내가 돈을 많이 벌 것으로 생각하며, 나를 외세의 앞
잡이로 여긴다는 것이었다. 아니면 내가 공개적으로 목소리를
내기 때문에 우간다에 살면 안 된다고 생각할지도 몰랐다.

이런 상황에서 나는 악성 댓글을 다는 사람을 차단하고 반
응하지 않으려 했는데, 내가 대답하면 나를 더 공격할 뿐이라
는 것을 알았기 때문이다. 내가 이해하지 못하는 점은 이 사람
들은 그저 우리를 공개적으로 이기려는 데 그치지 않고 우리의
내적 자아를 파괴하여 우리가 무너져 내리고 포기하기를 바란
다는 점이다. 나는 많은 응원 메시지에 집중하면서 몇몇 증오에
찬 메시지를 무시하려 애쓴다. 내 삶에 전혀 보탬이 안 되는 사
람이 내 정신 건강을 해치지 못하도록 말이다.

절대로 쉽지 않은 일이다. 하지만 2020년 3월에 유행병이
퍼지면서 내 활동을 대부분 온라인으로 옮겨 와야 했기에 더
어려워졌다. 우간다에 사는 초중고등학교 학생은 대부분 인터
넷을 이용할 수 없거나 그 비용을 감당할 수 없는데 학교마저
문을 닫아 학교 안에서 하던 파업을 계속할 수 없었다. 그래서
우리는 소셜미디어를 이용해 가능한 한 시끄러운 소리를 내서
사람들이 기후 위기에 계속 주의를 집중하도록 만들기로 했다.
기후 위기는 유행병보다 오래갈 테니. 하지만 현실에서 활동에
참여할 수 없으니 안 좋은 결과가 나타났다. 예컨대 활동가가

정부나 기업 사무실을 급습할 새도 없이 화석연료에 수십억 달러를 투자하는 거래가 체결되기도 했다.

소셜미디어는 그 모든 단점에도 불구하고 지도자들과 활동가 모두한테 기후 위기가 그렇듯 우리도 아직 여기 있다는 것을 다시 알려 주고, 새 활동가에게는 우리와 함께 거대한 변화를 요구하자고 격려하는 도구로서 꼭 필요하다고 판명 났다. 지도자들은 우리가 캠페인을 멈추고 침묵하면 매우 기뻐할 것이다.

그래도 나는 리트윗, 공유, 댓글이 얼마나 늘었는지 보려고 휴대전화를 확인하는 횟수를 제한하는 것이 건강에 더 좋다는 것을 배웠다. 소셜미디어에 온 시간을 쏟는다면 할 일이 많아진다. 그리고 무관심이나 모욕처럼 기대하지 않은 상황을 보면 기운이 빠지고 실망할 수도 있다. 어떤 중요한 정보를 놓치거나, 다른 사람이 쓴 메시지를 리트윗이나 공유하지 못할까 걱정하면 진이 빠진다. 그러면 식욕이 떨어지고 수면을 방해받을 수도 있다. 나는 극심한 편두통으로 병원에 간 적이 몇 번 있다. 휴대전화를 너무 오래 봐서 눈 뒤에 압박이 느껴지기도 했다. 이제 나는 하루를 시작할 때와 마무리할 때 소셜미디어를 보는 시간을 정하려고 노력한다. 소셜미디어가 당장 없어져 버리지는 않는다고 되뇐다.

\ / \ / \ /

우리는 정신 건강과 신체 건강을 지켜야 하지만, 여성과 소녀에게 온라인에서든 대면으로든 목소리를 내라고 격려하는 일도 꼭 필요하다. 우리는 기후 위기를 맞는 최전선에 있기 때문이다. 환경페미니스트 아데니케 올라도수는 남반구 저개발국에서 무슨 일이 일어나는지 이렇게 설명한다.

"여성은 환경과 더 가까이 있기에 기후변화에 더 심하게 영향을 받습니다. 위기가 생길 때마다 가장 먼저 희생당하죠. 홍수로 집을 잃든, 농장이 침수되거나 가뭄이 닥치는 바람에 작물을 적게 수확하든 말입니다. 이들은 기후 위기에 첫 번째로 희생당하는 사람이자 첫 번째로 반응하는 사람입니다. 하지만 자기 권리나 요구를 주장할 힘이 부족한데, 많은 이들이 임금을 받는 노동자가 아니라 비공식 경제 부분에 속해 있기 때문입니다."

이런 희생은 몇 가지 형태로 나타날 수 있다. 예를 들어 케냐 북부는 가뭄이 닥치고 메뚜기 떼가 침략하면서 빈곤, 식량 불안, 절망이 더 커진다. 그러면 신붓값 또는 지참금을 받을 수 있는 아동 결혼이 늘어나고, 여성 할례를 하는 사례도 늘어날 수 있다. 케냐에서는 여성 할례가 불법이지만 케냐의 일부 지역 공동체와 아프리카와 중동에 있는 여러 나라는 소녀가 여성 할례를 받아야 결혼할 수 있다고 여긴다.

여성이 기본적으로 필요한 것을 챙기는 데 시간을 더 많이 보낼수록, 남편을 돌볼 기회가 줄어든다. 그러면 어떤 남편은 신체적 폭력을 휘두르거나 여성을 버리는 식으로 반응한다. 남성들도 수확량이 형편없고, 가축이 죽고, 직업이 불안정한 데서

오는 압박감을 느낀다. 좌절감과 부끄러움과 배신감에 알코올에 의존하고 물리적 폭력까지 행사할 수도 있다.

유엔개발계획United Nations Development Programme 문서에 따르면 자연재해(지금 우리는 이것이 실제 기후 재난이라는 사실을 인지한다)가 발생했을 때, 여성들은 신체적 폭력과 성폭력의 표적이 된다. 일부 농장주나 지주는 여성에게 음식이나 임대료를 대가로 성매매를 제안한다. 이렇게 학대를 당한 많은 희생자는 거리에서 노숙하는데, 이는 지극히 위험할 수 있다. 아이들도 거리에 버려져 먹잇감이 되거나 착취당할 수 있다. 희망과 꿈이 꺾여 버린 사람들도 있다. 많은 이들이 쉽게 회복하지 못할 트라우마에 시달린다.

기후변화가 일어나면서 여성과 소녀를 향한 폭력이 발생하는 악순환은 남반구 저개발국에서 일어나는 심각한 문제이지만, 북반구 나라들에서도 드물지 않게 일어난다. 유엔기후변화협약에서 말하길, 기후변화는 가정폭력, 원주민 공동체 차별을 포함하여 '성에 기반한 폭력을 심각하게 악화시키는 것으로 보인다'고 했다. 이는 성 건강과 생식 건강 면에서도 마찬가지다. 이 협약에서 인용한 한 호주 연구의 기록에 따르면, 연속된 산불과 가뭄으로 농업 수익이 떨어질 때 농촌 지역에서 가정폭력이 발생하는 사례가 증가한다. 코로나바이러스 감염증이 유행하면서 일어난 혼란, 실직, 질병, 스트레스, 단란함을 강요하는 분위기 때문에 실생활에서 일어나는 성 기반 폭력이 증가했다. 유엔 여성기구는 이를 '그림자 유행병'이라고 한다.

우리 가족한테는 남편한테 반복해서 신체 학대를 당한 친척이 있다. 이 사건에 대해 알게 된 후, 내 두 동생인 조앤과 클레어는 성폭력에 대한 활동가가 되었다. 동생들이 알아낸 바에 따르면, 전 세계 여성 세 명 중 한 명이, 즉 7억 3천6백만 명이 배우자나 연인에게 신체 폭력이나 성폭력을 당한 적이 있거나, 그 밖에 사람한테 성폭력(성희롱 제외)을 당한 적이 있는 것으로 추정된다. 내 동생들은 원밀리언액티비스트스토리스1Million Activist Stories라는 홈페이지에 이렇게 썼다.

"여성을 향한 폭력 수준이 매우 높은 나라들에 사는 여성들은 몇 가지 공통점이 있다. 여성 교육률이 낮다는 점이다."

여동생들은 이제 가정폭력에 대한 인식을 높이고자 온라인과 오프라인에서 직접 파업을 벌인다. 또 자기네 블로그에 목표를 말했다. '세상 모든 여성에 대한 인식을 높여, 여성들을 격려할 뿐 아니라 여성들한테 자기 권리를 되찾기 위해 싸워야 하고 여성을 향한 폭력에 맞서야 한다'고. 조앤과 클레어는 소녀들을 위한 교육은 물론이고 가정과 학교에서 일어나는 성 기반 폭력을 추적하는 제도에 더 투자하기를 요구한다. 또 학대를 저지른 사람을 더 강한 법과 더 나은 집행 방식으로 처벌하기를 요구한다. 두 사람이 올린 첫 번째 블로그 글은 이 세상에 있는 모두가 인정했으면 하는 말로 끝난다.

"인권은 여성의 권리이며 여성의 권리는 인권이다."

\ / \ / \ /

기후 위기를 해결하기 위한 행동을 요구하는 젊은이들의 물결이 전 세계를 휩쓸고 있는 것은 결코 우연이 아니다. 이런 움직임을 대부분 젊은 여성이 이끄는 것도 우연이 아니다. 우리는 현장에서 무슨 일이 일어나는지 목격했고, 자원이나 권력에 접근하기도 어려우며, 따라서 우리가 가진 얼마 안 되는 것을 빼앗겼을 때 무슨 일이 일어났는지 더 예민하게 느낀다. 물이 불어나 쓸려 나갔든 수그러들 줄 모르는 태양 때문에 말라 죽었든 말이다.

과거 2018년에 기후변화와 기후 활동을 조사하기 시작했을 때, 미래를 위한 금요일 운동에서 맨 앞에 보이는 이들은 소녀와 젊은 여성이었다. 나는 여기서 정말로 큰 동기를 얻었고, 덕분에 활동가가 되기로 마음먹기가 더 쉬웠다. 나 자신에게 '저 사람들이 할 수 있으니 나도 할 수 있어'라고 말할 수 있었다. 젊은 기후 운동가가 대부분 남자였다면, 내가 동참하거나 소속감을 느끼기 어려웠을 것이다. 글쎄, **사회가 저 사람들한테 저 역할을 주었으니, 내가 할 역할은 아닐지 모른다고** 생각했을 것이다. 특히 앞서 설명했듯, 우간다에서는 활동가가 널리 인정받지 못하며, 여성 운동가는 더욱 그렇기 때문이다.

기후 운동에서는 나이를 막론한 모든 여성이 지역, 국가, 세계 수준에서 지도자 위치에 오르는 것이 중요하다. 아데니케는 말한다.

"여성은 해법을 제시하며 의사 결정자이다. 우리는 역할이 생기면 잠재력을 최대한 발휘할 수 있다. 우리는 기후 위기에서 살아남는 방법을 제시할 해결책을 아주 가까이에 두고 있으며, 여성에게 이를 수행할 기회를 주어야 한다."

여성이 이끄는 나라는 환경 협약을 비준할 가능성이 더 크다. 수많은 여성 지도자가 세계 각국을 향해 기후변화와 관련한 포부를 키우고 행동을 더 서두르라고 촉구한다. 그중에서도 내게 자극을 준 사람들이 있다. 코스타리카 사람인 크리스티아나 피게레스는 유엔기후변화협약 사무총장으로 2015년에 파리 기후 협약을 비준하는지 감독했다. 나이지리아 사람인 아미나 모하메드는 유엔 사무부총장으로 유엔 지속가능한개발그룹United Nations Sustainable Development Group에서 의장을 맡았다.

짜릿하게도 점점 더 많은 나라에서 여성도 위대한 지도자가 될 수 있다는 사실을 받아들이는 중이다. 뉴질랜드 총리로 재임하며 코로나바이러스 감염증 유행을 훌륭하게 관리했던 저신다 아던, 뉴욕시에 살며 미 의회에 진출한 최연소 여성인 알렉산드리아 오카시오-코르테즈 같은 상대적으로 젊은 여성 지도자가 생겨나는 일도 흥분된다. 소녀들은 부통령이 된 카멀라 해리스를 보며 자기도 지도자가 될 수 있다는 믿음을 갖게 된다. 이제 가능하다는 사실을 알기 때문이다.

세상은 과거보다 여성 지도자를 더 쉽게 받아들이는 듯 보이지만, 우리는 더 속도를 내야 한다. 많은 여성이 남성보다 더 나은 지도자가 될 수 있다는 사실을 증명했기 때문이다. 방금 언급한 이들을 비롯하여 다른 여성들이 고위 직급에 있지 않았다면, 기후 정책은 물론 거의 모든 정책이 더 나빠졌을지도 모른다. 나를 포함해서 많은 아프리카 여성과 소녀한테 고인이 된 케냐인 왕가리 마타이는 강력한 역할 모델이다. 마타이는 노벨 평화상을 받은 최초의 아프리카 여성이자 환경 운동가다. 그렇게 되기까지 많은 장벽을 부수었는데, 예를 들면 아프리카 중부와 동부에서 처음으로 박사 학위를 받은 여성이 됐다. 또 매우 강하게 목소리를 내어 기후와 생물 다양성 위기로 주의를 끈 사람 가운데 하나다. 갈등과 천연자원, 석유처럼 사람들이 원하는 것과 숲과 토양처럼 나빠지는 것 사이에 선을 연결한 사람이기도 하다.

우리나라에서 찾자면 나는 위니 비아니마를 존경하는데, 비아니마는 유엔에이즈계획United Nations Programme on HIV/AIDS, UN-AIDS을 이끌며 유엔 사무차장을 맡고 있고, 우간다 의회에서 오랫동안 활동했다. 소녀와 여성의 역량을 키워 주는 프로그램을 활발하게 펼치는 여자 사업가, 바비 키아굴라니도 존경한다. 바비의 남편은 우간다 가수이자 국가통합당National Unity Platform을 이끌며 2021년 대통령 선거에 나왔던 정치가 바비 와인이다. 여전히 사회에서는 남자가 유명하면 그 배우자를 아내라는 역할로만 판단하고, 남자와 남자가 이룬 성과에만 초점을 맞추려 하는 일이 흔하다. 하지만 바비는 본인 자체가 놀라운 사람이다.

내가 존경하는 또 다른 우간다 여성은 부간다Buganda(오늘날 우간다가 있는 지역에 있던 왕국)의 왕비 실비아 나긴다이다. 이 왕비는 나바게레카 개발 재단Nnabagereka Development Foundation을 세워서 여성과 젊은이와 아이한테 더 많은 권한을 주고자 노력했다. 또 당연히 우리 어머니도 존경한다. 우리 어머니는 무척 강인하면서도 친절할 뿐 아니라 우리 집안에서는 남자아이와 여자아이를 구별하지 않고 확실하게 모든 교육을 마칠 수 있게 해 주었기 때문이다. 나는 2021년 1월에 미국 시인 아만다 고먼이 미국 대통령 조 바이든과 부통령 카멀라 해리스의 취임식에서 자기 작품을 읽는 모습을 봤다. 그러면서 전 세계에 있는 여자아이 수백만 명이 언젠가 국가 행사에서 발언하는 모습을 그려 보는 상상을 했다. 나는 소녀와 여성 수백만 명이 자기가 원하는 것은 무엇이든 될 수 있다고, 그리고 자기도 세상을 바꿀 수 있다고 믿기를 바란다. 그렇지 않으면 선수 중 절반이 경기에서 나가 버린 팀처럼, 우리도 패배할 것이다. 지구도 마찬가지다.

8

정의를 위해 일어서기

아프리카 활동가들이 더 많이 기후정의를 대변해야 했다. 또 나는 또래를 이 움직임에 더 많이 끌어들이고 싶었다. 이런 필요성과 바람에 따라 유스포퓨처를 설립했다. 그리고 유스포퓨처는 라이즈업무브먼트가 되었는데, 2020년 1월 소셜미디어 플랫폼에서 시작했다. 라이즈업무브먼트는 에블린 아첨, 데이비스 루벤 세캄와, 에드윈 나마캉가, 아이작 센툼브웨, 늄비 모리스, 조슈아 오모눅, 첫 파업 때 참여했던 내 사촌 이사벨라, 내여동생인 클레어와 조앤이 우간다에 모여서 만들었다. 이 단체는 우간다와 아프리카 기후 활동가들을 아우르는 우산 그룹* 역할도 한다.

★ 기후 협상에서 의견을 같이하는 비공식 연합체.

라이즈업무브먼트는 소통과 협동이 필수적이다. 아데니케 올라도수는 이렇게 설명한다.

"우리는 아프리카 사람으로서 힘을 합쳐야 하는데, 우리가 앞으로 나서지 않으면 우리는 계속 '무대 뒤'에 있게 될 것이고, 그러면 성공하지 못할 것이기 때문입니다. 우리는 기후정의를 위한 기금이 이 방에 흘러들어 오기를 기다릴 수 없습니다. 젊은이들이 나서서 끼어들고 안전한 미래를 요구해야 합니다."

니는 다보스에서 찍은 사신에서 잘리는 경험을 하기 전에도 세계 기후 운동에서 아프리카 사람이 눈에 덜 띄거나 존재감이 약하다는 사실을 눈치챘다. 하지만 사진에서 잘리는 일을 겪으면서 아프리카에서 벌이는 활동은 물론이고 남반구 저개발국에 사는 젊은이를, 반드시는 아니지만 주로 여성들을 지원하고 집중 조명해야겠다는 마음이 확고해졌다. 우리 중 더 많은 이들이 모습을 드러내고 목소리를 내야 북반구에서든 남반구에서든 지도자들이 우리 이야기에 귀를 기울여 줄 것이 명확해 보였다. 내가 보기에 너무 많은 지도자가 자기가 내리는 결정에 영향을 받지 않는 환경에 있었다. 우리처럼 기후 위기가 문 앞에 닥쳐 피할 수 없는 사람들은 이들 지도자를 끊임없이 따라다녀야 한다. 그리하여 자기들이 내린 결정이 불러온 결과가 추상적이거나 하찮지 않으며, **어디에선가 누군가한테** 현실에서 실시간으로 해를 끼친다는 사실을 이해하도록 만들어야 한다.

또 사진에서 잘리고 나니, 국내외 언론도 평상시에 특종으로 삼기 위해 선택하는 한 줌밖에 되지 않는 기후 운동가에서 벗어나야 한다는 생각이 분명해졌다. 나를 비롯하여 다른 아프리카와 남반구 저개발국 활동가들은 언론들이 다른 젊은이 수천 명이 제시하는 관점과 이야기와 해법을 알아채고 포함해 주기를 원했다. 이들은 자기 자신과 나라가 처한 기후 현실을 언제든 어느 플랫폼에서든 설명할 수 있다. 이런 활동가들한테 기후 위기는 이론이 아니다. 자기 나라와 지역사회에서 날마다 겪는 일상 가운데 일부였다.

에블린이 보기에 눈에 띄는 일은 중요했다. 나에게 이렇게 말했다.

"저한테는 유럽과 미국 출신 백인 활동가들이 가장 많이 보여요. 아프리카 사람이 하는 이야기는 소수만 들리죠."

북반구 나라들은 틀을 넓혀야 한다. 에블린은 이렇게 본다.

국제 공동체는 우리와 손을 잡고 우리가 하는 일을 넓혀 주는 식으로 우리에게 도움을 줄 수 있다. 우리는 우리가 하는 노력을 공유하고 이야기하고, 응원받고 싶다. 그러면 이미 환경을 지키고자 싸우는 사람들한테 권한을 주고, 이야기할 창구를 주고, 기후변화에 관해 더 많이 깨닫고 배울 기회를 줄 수 있다. 왜냐하면 사람들은 국제 공동체가 하는 이야기를 매우 자주 듣기 때문이다. 이는 큰 힘을 발휘한다.

에블린은 세계 기후 운동이 진정으로 연대하면 다음과 같이 긍정적인 결과가 나오리라 예상한다.

국제 공동체는 우리에게 자기네 단체에 가입하여 더 많이 배울 기회를 줄 수도 있다. 이들 단체에 우리도 배우길 원하는 해법이 있다고 생각하기 때문이다. 하지만 이들도 우리를 알아야 하며… 우리 이야기와 우리가 제공할 해법을 들어 주어야 한다. 이런 태도는 모두가 할 말이 있다는 사실을 깨닫고 인정하며, 아프리카나 다른 대륙에서 온 사람을 내려다보지 않을 때 나올 수 있다. 국제 공동체는 우리가 제시하는 해법을 존중해야 하는데, 이 해법이 변화를 일으킬 수 있기 때문이다. 우리는 그 영향을 마주하고 있다. 무슨 일이 일어나는지 볼 수 있다. 그 일을 경험하고 있다.

나이가 적든 많든 아프리카인을 더 많이 보여 주고 더 큰 무대로 불러야 한다. 이는 그저 누구를 사진에 남겨 두어야 하는지에 대해 언론을 교육하라는 이야기가 아니다. 우리 중 단 몇 명을 회의에 불러 토론자로서 말하도록 허락하라는 이야기도 아니다. 이미 소셜미디어 플랫폼에서 유명하거나 독자를 많이 거느린 사람만 보도하라는 말도 아니다. 이런 행태는 근본적으로 허울뿐인 다양성이다. 카오사라 사니는 말한다.

"많은 사람이 무대 뒤에서 열심히 활동합니다. 사람들은 '콩고에서 온 기후 활동가는 저 사람뿐이네'라고 생각할지도 모르죠. 하지만 우리나라에는 사람들이 있습니다. 소셜미디어는 사용하지 않을지도 모릅니다. 하지만 분명 저는 이 사람들한테서 힘을 얻습니다."

이제 나는 나에게 영감을 주고 나를 긍정적으로 만들어 주는 역할 모델이 있다는 것이 얼마나 중요한지 안다. 나는 그레타 툰베리와 다른 활동가를 존경했으며, 여전히 존경한다. 그리고 내가 다른 사람에게 그런 역할을 충분히 해 줄 수 있기를 바란다. 나는 언론이 대중의 움직임보다는 특정한 사람을 골라서 독자나 시청자의 이목을 집중시키고자 한다는 사실을 안다. 나도 그런 경향에서 혜택을 얻었다. 또 내가 알기로 언론은 누가 '클릭'이나 '좋아요'를 더 많이 받는지를 추적한다. 알고리즘과 편집자는 인기가 많은 사람을 더 크게 다루는데, 광고를 더 많이 팔기 위해서다. 행사나 회의를 준비하는 주최자 역시 특정 활동가를 내세워서 홍보한다. 그런 활동가가 참석하면 언론이 오리라고 생각하기 때문이다. 나는 이런 현실에서도 혜택을 얻었다.

우리는 모두 또래한테 환영받고 인정받고 싶다. 나는 기후 정의 운동을 할 때 누군가가 **봐 준다는** 느낌이 얼마나 중요한지 증언할 수 있다. 하지만 그 어떤 운동도, 특히 지구의 생존이 걸린 운동을 한 줌뿐인 '록스타'나 '영웅'에게 의지할 수는 없다. 그렇게 해서도 안 된다. 우리는 저마다 사회경제적 배경이 다르고, 지구 곳곳에 살며, 각양각색으로 기술을 갖춘 **모든** 나이와 인종의 사람들이 참여해 주기를 바란다. 활동가는 한 명만이 아니며 활동가가 되는 '옳은' 방식도 없으니, 기후 운동을 한 연령 대나 한 가지 시위 형태나 세계 한 지역에 국한하면, 집단적인 에너지와 기술과 목소리로 잠재력과 능력을 발휘할 범위가 줄어든다. 그리고 우리가 직면한 시급한 어려움을 과소평가하게 된다.

다보스에서 찍은 사진에서 잘려 나간 지 1년이 넘었지만, 나는 여전히 주류에 편입하는 데 어려움을 겪는다. 2021년 3월, 베를린 에너지 전환 내화Berlin Energy Transition Dialogue에서 사모아 출신 브리애나 프루언과 나를 화상회의에 초청하여 연설을 부탁했다. 브리애나와 나는 5분씩 발언할 수 있다고 약속받았다. 회의를 몇 주 앞두고, 주최 측에서 우리가 배정받은 시간을 4분으로 줄이더니 그다음에 3분 30초로 줄였다. 또 우리가 연설할 원고를 보겠다고 우겼고, 회담에 참석하는 지도자를 '공개 비난'하지 말라고 계속 지시했다.

우리를 내세워서 포용과 다양성이라는 미덕을 갖췄다고 주장하려는 기관이 우리가 무엇을 말하고, 어떻게 말하고, 얼마나 오래 말하는지 결정하면서 우리가 누군가를 불쾌하게 할까 봐 시간도 최소한으로 줄이다니, 참 놀라운 일이다. 누가 기분이 상하는 이야기를 들어야 할까? 기후 비상사태로 고통받고 굶주리고 사망한 죄밖에 없는 사람들 수백만 명을 대신해서 연설하려는데 검열당하는 기후 활동가뿐만 아니라 기후 위기까지 무시했던 지도자들이 아닐까? 이들 지도자가 속한 나라에서 조처하지 않아 비상사태가 더 심각해졌는데 말이다.

나는 연설하면서 임기응변을 발휘했다. 내 210초를 이용해
서 주최 측을 비판했다.

지금까지 우리를 실망하게 한 사람은 지도자들입니다.
젊은이들이 아니라. 과학자와 과학을 무시한 사람은 지
도자들입니다. 기후 위기를 위기처럼 다루는 데 몇 번이
고 실패한 사람은 지도자들입니다. 저는 '공개 비난'을
하는 것이 아닙니다. 진실을 이야기하는 것입니다. 여러
분은 진실을 듣는 것을 왜 그렇게 두려워하십니까?

＼ ／ ＼ ／ ＼ ／

2020년 5월에 나는 미니애폴리스에서 백인 경찰관이 조지 플
로이드의 목에 8분 46초 동안 무릎을 대고 있는 동영상을 봤는
데, 그동안 플로이드 씨는 질식으로 사망했다. 우간다 텔레비전
은 물론이고 온라인과 인쇄 매체에서는 이 사건을 광범위하게
다루었다. 다른 수억만 명과 마찬가지로, 나도 그 장면을 보고
뭐라 표현하기 어려울 만큼 충격을 받았다. 그 영상을 보고 나
는 화도 났고 무섭기도 했다. 사실 몹시 괴로웠다. 휴대전화에
그 동영상이 뜰 때마다 화들짝 놀라 스크롤을 내리면서 영상을
다시 보지 않으려 했다.
　나는 조지 플로이드를 비롯해 많은 흑인 남녀가 살해당한
사건을 보면서 이 세상에 흑인을 적대시하는 인종차별이 흔하

게 일어나고 있다는 사실을 제대로 알게 되었다. 미국에서만 일어나는 일이 아니었다. 유럽과 캐나다, 남미와 동아시아에서도 흑인은 차별 대상이었다. 사진에서 잘렸던 경험을 의식하면서 주의 깊게 살펴보니 모든 곳에서 흑인에 대한 차별을 발견할 수 있었다. 의료 서비스 이용에서, 교육에서, 교과서에서, 직장에서, 구할 수 있는 일자리 종류에서, 사법제도에서, 주택 공급에서, 언론에서, 또 기후 위기와 이를 다루려는 운동에서도 말이다.

나는 2020년 이전에 '흑인의 생명도 소중하다'라는 구호를 들어 본 적이 있고 이 운동과 관련한 트위터 글도 본 적이 있다. 하지만 조지 플로이드가 사망한 뒤에야 이 운동을 더 잘 이해할 수 있었다. 나는 미국에서, 그다음에는 전 세계에서, 책임감 있는 태도를 요구하고 인종 정의를 위해 행진하는 젊은 활동가 대표들을 알게 됐다. 또 기후 운동을 벌이는 활동가들이 이 외침에 힘을 보태는 모습을 봤다.

나는 연대하여 행동하고자, '흑인의 생명도 소중하다', '나는 숨을 쉴 수 없다', '침묵은 동의다'라고 쓴 피켓을 들고 사진을 찍어 소셜미디어에 올렸다. 2020년 5월 말에 인스타그램에 올린 게시물 중 하나에 이런 글을 썼다.

"우리는 모두 지금 여기 흑인에게 무슨 일이 일어나는지를 압니다. 저는 침묵은 동의라고 말하는데, 제가 무슨 이야기를 하는지 우리 모두 이해한다고 믿습니다. 여러분이 흑인을 죽이는 사건에 관해 계속 침묵을 지킨다면 문제가 있습니다."

나는 소셜미디어 팔로워들에게 조지 플로이드의 죽음과 시위에 관해서 이야기하는 데 그치지 말고 흑인의 생명과 '흑인의 생명도 소중하다'라는 주장을 지지해 주기를 부탁했다. 나는 '흑인의 생명도 소중하다'라고 주장하는 행진에 관한 정보를 공유하고 이 운동에 관한 게시물을 많이 리트윗했다.

나는 '흑인의 생명도 소중하다'를 외치는 시위가 우리 대륙을 포함해서 전 세계로 빠르게 퍼지는 모습을 지켜봤다. 특히 케냐, 세네갈, 나이지리아, 라이베리아, 우간다에서 수천 명이 거리로 나갔다. 이들은 조지 플로이드, 브리오나 테일러*를 비롯해 수많은 흑인의 죽음을 보면서 잔인하게 재확인한 인종차별을 끝내기를 요구했다. 또 미국 흑인과 행동을 같이하는 모습을 보여 줬다. 그해 6월, 캄팔라에서는 '백인 구세주는 없다No White Saviors'라는 단체에서 '흑인의 생명도 소중하다'를 외치는 시위를 벌였다. 하지만 사람들이 모인 지 얼마 안 돼 외국인도 많이 참여했던 이 시위대는 체포되었다. 다섯 명은 미국인이었다. 경찰은 이들에게 불법 집회를 열고 우간다의 코로나바이러스 감염증 억제 정책을 위반한 혐의를 적용했다. 2020년, 여러 아프리카 나라에서 경찰이 코로나바이러스 관련 규제를 가혹하게, 심지어 치명적으로 시행했다.

아프리카 사람들도 흑인 시민을 향한 국가 폭력이 미국에

---

* 조지 플로이드 사망 사건 2개월 전 백인 경찰이 쏜 총에 맞아 숨진 흑인 여성.

서만 일어나는 문제가 아니라는 사실을 드러내기 위해 행진을 진행했다. 이런 폭력은 아프리카에서도 흔히 일어나며 가해자와 피해자는 거의 늘 흑인이었다. 선거는 대체로 화약고가 된다. 그러면 경찰과 방위군이 난폭하게 강경 진압하는 결과가 일어날 수 있다. 우간다에서 2021년에 치른 선거도 예외가 아니었다.

아프리카에 있는 여러 나라 수도에서도 '흑인의 생명도 소중하다'를 외치는 시위를 벌이며 경찰이 보여 주는 잔혹함에 주의를 집중시키고자 노력했다. 2020년 6월에는 케냐에서 사람들이 행진하면서, 미국에서 벌이는 운동과 연대했을 뿐 아니라 코로나바이러스 때문에 도입한 통행금지 시간에 경찰이 사람을 구타하고 살해한다고 항의했다. 수도 나이로비에서 숨진 사람 중에는 자기 집 발코니에 서 있던 열세 살짜리 아이도 있었다. 경찰 측에서는 한 경찰관이 총기를 들고 새벽부터 해 질 녘까지 통행금지를 단속하다가 그 아이가 의도치 않게 유탄에 희생됐다고 말했다.

또 케냐와 남아프리카공화국을 비롯해 여러 아프리카 국가에서 흑인의 생명을 위해 행진하는 활동가들은 경찰과 방위군이 식민 시대 사고방식과 관습에서 독립하기를 요구했다. 그리하여 사람들을 무력으로 억누르는 것이 아니라 인권을 보호하는 것을 우선순위로 삼도록 말이다. 2020년 10월 나이지리아에서는 수만 명이 몇 주 동안 거리로 나와 정부가 만든 강도 진압 특수반Special Anti-Robbery Squad, SARS이 잔혹하며 재판을 거치지 않고 사람을 죽인다고 항의했다. 당국은 폭력을 동원하여 이 집회를 해산시켰고, 시위에 참여한 수많은 사람이 총에 맞았다. 이런 정부 대응에 전 세계가 충격에 휩싸여 주목했다. 미국에서 '흑인의 생명도 소중하다'라고 외치며 운동을 이끄는 대표들이 결속을 다지는 성명을 냈다.

'흑인의 생명도 소중하다'라고 주장하는 운동을 공동으로 시작한 오팔 토메티는 말했다.

"우리는 어디에서 일어나는 일이든 경찰이 잔혹하게 행동하는 문제에 관심을 기울입니다. 사람들은 반대 의견을 공개적으로 말한 결과 실종되고 사망했습니다."

오팔을 비롯하여 60명이 넘는 다른 활동가, 예술가, 작가, 배우… 상당수는 흑인인 이들이 나이지리아 대통령 무하마두 부하리에게 보내는 공개 항의서에 서명했다. 그러면서 수감된 시위 참여자를 석방하고 나이지리아 사람이 '헌법에 명시된 시위할 권리를 행사할 수 있게' 허가하기를 촉구했다. 그레타도 그 항의서에 서명했다. 덕분에 청소년 기후 운동을 벌이는 우리는 이미 알고 있던 사실을 다른 사람들이 이해하는 데 도움이 되었을 것이다. 기후 위기를 해결하려면 인종 정의를 실현해야 한다는 사실을.

우리 집에서는 조지 플로이드 살인 사건은 물론이고 흑인에게 적대적인 인종차별과 백인 우월주의가 남아 있는 현실에 관해 이야기를 많이 나눴다. 전 세계 사람 수십억 명과 마찬가지로 우리 가족도 이런 일이 일어났다는 사실에 매우 걱정스럽고 화가 났다. 이 일은 우리가 이미 아는 사실을 암울하게 확인시켜 주었다. 백인은 자기가 흑인한테 무슨 짓을 해도 처벌을 모면할 수 있다고 믿는다는 사실을. 우리가 동영상에서 본 백인 경찰은 조지 플로이드의 생명을 원하는 대로 끝낼 권리가 자기한테 있다고 생각하는 듯했다. 전 세계가 지켜보는 중인데도 말이다.

우리 가족은 이런 이야기를 나누면서 다보스에서 일어났던 일끼지 떠올렸다. 나는 조지 플로이드 살인 사건이 일어난 뒤에 부모님이 했던 말이 기억이 난다. 내가 사진에서 잘리는 일을 겪은 다음까지도 부모님은 백인들이 흑인을 대하는 태도를 긍정적으로 바꿀 여지가 있다고 생각했다. 하지만 지금은 잘 모르겠다고 했다. 미국에서 대낮에 흑인 남자가 경찰관한테 살해당했다. 당연히 이 사건으로 우리는 백인 우월주의 때문에 사진에서 잘리는 것보다 훨씬 끔찍한 일을 당할 수도 있다는 현실을 뼈저리게 느꼈다.

내가 우리나라와 전 세계에서 일어난 인종차별의 역사를 몰랐다는 말이 아니다. 우리는 모두 학교에서 노예무역과 식민국이 아프리카 나라를 약탈했던 과거에 대해서 배운다. 우리는 영국이 우간다를 지배했던 시기와 우리나라를 비롯해 이 대륙 전역에 있는 나라를 독립(우간다는 1962년에 독립했다)으로 이끈 해방운동에 관해서도 공부한다. 하지만 식민 시대가 남긴 유산은 이상한 방식으로 드러난다. 우간다를 비롯해 다른 곳도 마찬가지일 거라 확신하는데, 백인 우월주의 같은 것이 작동한다. 우리는 아프리카 사람으로서 백인이 우리보다 위고 우리가 아래라는 생각이 들 수밖에 없는 말을 들으며 살았기 때문이다.

중고등학교에 다닐 때 지금은 탄자니아가 된 지역에서 독일의 식민지 지배에 대항하여 일으킨 마지-마지Maji-Maji 반란에 관해 배운 기억이 났다. 이 '반란'(당연히 '식민지주의에 맞선 투쟁'이라고 해야 한다)은 1905년부터 1907년까지 이어졌으며, 아프리카에서 일어난 가장 큰 봉기 중 하나였다. 우리가 배우기로 반란군 지도자였던 킨제케틸레는 자신을 따르는 투사들한테 '전쟁 약'이 독일의 총알을 물로 바꿀 것이라고 말했다. 하지만 사실은 그렇지 않았다. 그 '전쟁 약'은 사실 물('마지'는 스와힐리어로 물이다)에 수수와 피마자유를 섞은 것이었다. 이렇게 전투를 치른 데다가 농작물이 파괴되면서 기아가 뒤따르는 바람에 18만에서 30만 명에 이르는 사람이 사망했다. 그런데 적어도 내가 느끼기에 선생님이 이 이야기를 들려주는 방식에서는 독일인이 무기(총과 총알)를 반란군(물)보다 더 우월하게 휘둘렀다는 뜻이 명확하게 드러났다. 그때 우리가 마지-마지 반란을 공부하면서 얻은 교훈은 백인이 우리보다 훨씬 앞선다는 것이었다.

오늘날 우간다는 흑인이 주류인 독립국가지만, 내가 평생 느낀 바로 사람들은 하얀 데서 매력을 느끼고 이를 이용하여 특권을 누린다. 내가 어릴 때, 아이들은 거리에서 백인을 보면 다 함께 들뜨곤 했다. 마치 천사나 어떤 초자연적인 선한 존재를 본 것처럼 말이다. 지금도 흑인 친구나 낯선 흑인이 백인과 함께 걷는 모습을 보면, 불가능한 일이 일어난 것처럼 느낀다. 사람들은 믿지 못하며 물어볼 것이다.

"어떻게 저 사람이랑 친구가 됐어요?"

우리는 이런 특권이 캄팔라에 있는 식당이나 가게에서도 통하는 모습을 봤다. 백인은 우간다 흑인보다 먼저 음식을 받거나 더 정중해 보이는 태도로 대접받을 것이다.

나는 2020년에 사진에서 잘린 경험이나 '흑인의 생명도 소중하다'를 외친 시위뿐 아니라 다른 이유로도 구조적인 인종차별을 깨달았다. 코로나바이러스 감염증이 유행하면서 전 세계에서 흑인이 겪는 심각한 불평등이 드러났다. 아프리카계 후손과 백인이 아닌 사람들은 바이러스에 노출될 가능성이 더 컸다 (보통 하는 일을 '그만둘 수 없거나', 주거 환경이 열악하거나, 의료 서비스를 이용할 수 없어서였다). 불공평하게도 이들은 코로나바이러스에 감염될 확률이 더 높고 이 때문에 위중해지거나 사망할 가능성도 더 컸다.

아프리카 대륙은 대부분 북미, 유럽, 남미처럼 감염자나 사망자 수가 괴로울 만큼 많지는 않았다. 연구자들은 아프리카에서 사망자가 상대적으로 적게 발생한 이유 중 하나로 대다수 아프리카 사람이 해외여행을 갈 형편이 안 돼서 질병이 널리 퍼지지 않았을 가능성을 들었다. 또 다른 설명에서는 아프리카 사람은 말라리아, 결핵, 기생충, 호흡기 질환 같은 많은 감염병에 노출되어 면역 체계가 바이러스에 더 잘 저항한다고 했다.

내가 이 책을 쓰고 있는 지금도 아프리카에서는 새로운 코로나바이러스 종류가 등장하고 감염 사례가 가파르게 늘어나는 중이다. 하지만 북반구 선진국과 남반구 저개발국 사이에는 백신을 이용할 수 있는지에도 큰 차이가 있다. 이는 추가로 발생한 불평등이다. 빈곤, 정치권력의 한계, 북반구 선진국에 사는 대다수 사람을 남반구 저개발국에 사는 사람들보다 더 존중하는 본질적인 경향에 따른 결과이다. 물론 아프리카와 다른 대륙 사이에 존재하는 불균형을 가장 극명하게 느끼는 때는 기후 변화에 따른 대가를 치를 때와 이 문제를 제기하고자 우리가 노력할 때다. 아프리카 기후 활동가는 경찰이 잔혹성을 드러내고 우리 정부가 인권을 탄압하는 행위에 맞서 싸운다. 우리는 우리의 일부 지도자가 기후 위기와 기후 운동에 무관심하다고 느끼며 이에 맞서 싸운다. 우간다에서는 지도층이 종종 자기 자신과 국제사회, 외국 투자자들이 요구하는 것을 자국민과 지역의 복지보다 우선으로 여긴다.

\ / \ / \ /

2013년 2월, 엘라 아두-키시-데브라가 런던에서 천식 발작으로 세상을 떠났다. 지난 3년 동안 병원에 27번이나 입원해야 했던 그 발작을 경험한 뒤였다. 엘라는 아홉 살이었다. 나는 엘라의 죽음으로 인종 정의와 기후 위기를 잇는 가장 덜 알려진 연결 고리를 분명하게 깨달았다. 공중 보건 이야기다.

　나는 엘라에 관한 이야기를 2020년 12월에 알았다. 이때 세계 언론에서 보도한 내용에 따르면 영국 법원이 영국 역사상 처음으로 공기 오염을 누군가의 사망 원인으로 기록할 수 있게 허가했다. 검시관은 엘라가 살았던 런던 남동부 루이셤Lewisham이 유럽연합이나 세계보건기구가 정한 지침보다 이산화질소 수준이 높다고 언급했다. 이산화질소는 디젤 자동차 엔진에서 나오는 부산물로 지표면의 오존을 늘린다.

우리는 화석연료가 환경에 끼치는 눈에 보이는 피해는 수십 년 전부터 알았다. 지솟기만 하는 대기 중 이산화탄소 농도 궤적에도 점점 더 익숙해지는 중이다. 2021년 4월에는 420피피엠까지 올랐는데, 이는 어떤 과거 기록에서도 찾아볼 수 없는 수준이다. 하지만 기후 위기는 대부분 눈에 보이지 않는다. 우리는 지구온난화 현상이나 대기 중에 배출되는 온실가스를 볼 수 없다. 어떤 사람은 우리가 볼 수 있었다면, 예컨대 온실가스가 자주색이었다면, 이를 무시하기가 훨씬 더 어려웠을 것이므로 우리도 기후 활동을 더 꾸준하게 벌였을 것이라고 말한다.

사람들이 기후 위기가 건강에 어떤 영향을 미치는지 더 잘 알았다면, 이 행성과 자신을 시급히 보호해야 한다고 더 빨리 깨달았을 것이다. 눈에 **안 보이는** 미세 먼지가 우리 건강에 미치는 영향은 기름 유출이나 적조 현상처럼 눈에 보이는 오염만큼 심각할 수도 있다. 미세 먼지는 너무 작아 심장과 폐를 비롯한 여러 장기에 영향을 미칠 수 있다. 따라서 뇌졸중과 심근경색은 물론이고 천식처럼 폐와 관련한 질환에 걸릴 위험을 높인다. 내가 아주 어렸을 때 어머니는 심각한 폐렴을 앓았다. 나는 그때 느꼈던 불안감과 어머니가 숨을 쉬려고 애쓰며 짓던 고통스러운 표정을 기억한다. 엘라와 엘라의 어머니인 로저먼드 키시 데브라가 어떤 기분이었을지는 겨우 짐작만 할 따름이다.

공기 오염은 사람의 목숨뿐 아니라 북반구와 남반구의 경제에도 대가를 요구한다. 런던은 유럽에서 공기 오염이 심한 곳 중 하나이며 공중 보건 비용이 103억 2천만 파운드로 유럽에서 가장 높다. 유럽 전체도 상황이 더 낫지는 않다. 이 대륙 432개 도시에서 공기 오염 때문에 발생하는 공중 보건 비용은 1인당 1,276유로 또는 연간 1,660억 유로에 이른다. 2016년에 나온 계산에 따르면 공기 오염의 결과로 이집트 GDP는 해마다 3.58퍼센트, 또는 170억 달러 낮아진다. 중국에서도 연구자들이 결론 내리길 공기 오염을 줄이면 의료비 지출을 매년 600억 위안 절약할 수 있다. 에너지청정공기연구센터 Centre for Research on Energy and Clean Air 에서 추정하길 공기 오염이 일으키는 공중 보건 비용은 최소 **하루에** 80억 달러 또는 세계 GDP의 3.3퍼센트다. 실제로 근로시간 손실, 의료, 줄어든 수명에 따른 경제적 비용을 다 합치면 2018년에만 2조 9천억 달러에 달했다.

물론 경제 성장이 느려진다는 논리로 엘라를 비롯하여 미세 먼지를 너무 많이 들이마신 사람들이 맞이한 끔찍한 결과를 가릴 수는 없다. 그린피스 동남아시아 보고서에 따르면, 세계에서 가장 오염된 도시로 널리 손꼽히는 델리에서 2020년에 공기 오염으로 사망한 사람은 5만 명이 넘는다. 농작물 그루터기를 태울 때 나는 연기가 거의 날마다 인도 여러 도시를 뒤덮는다. 열두 살 인도 활동가 아라브 세스가 내게 말해 준 현실은 이랬다.

"정부는 농부들한테 그루터기를 썩히거나 처리할 시설을 마련해 주지 않았어요."

삼림 파괴 역시 공기 오염을 더 심각하게 만든다고 덧붙였다.

"개발 때문에 숲을 없애는데, 그래서 인도 사람들이 사는 환경이 정말로 안 좋아지고 있어요. 저는 정부가 개발과 파괴가 종이 한 장 차이라는 것을 이해하면 좋겠어요."

2019년에는 아마존 열대우림이 불타면서 2,200명이나 되는 그 지역 사람이 호흡기 질환으로 입원했다. 한 보도에 따르면 2020년에 일어난 캘리포니아 산불은 자동차에서 나오는 배기가스보다 더 위험한 공기 오염 물질을 발생시켰다. 그 결과 병원 입원이 10퍼센트 증가했다. 공기의 질 면에서는 우간다도 자랑할 것이 없다. 2019년에 세계보건기구는 캄팔라를 지구상에서 가장 오염된 도시 15위에 올리면서 자동차 배기가스를 주요 원인으로 꼽았다. 이 분석에 따르면 캄팔라는 파키스탄의 카라치, 인도의 나그푸르, 중국의 선양Shenyang보다 더 오염됐다(50위 안에 든 다른 아프리카 도시는 8위에 뽑힌 카메룬의 바멘다Bamenda가 유일했다).

당연히 이 문제는 내 문제이기도 한데, 나는 거의 평생을 이 도시에서 살았기 때문이다. 다행히 우리 집은 나무에 둘러싸여 있지만, 대문을 나와 거리로 가면, 입안이 껄끄럽고 목과 폐에서 탁한 공기가 느껴지며 디젤 냄새가 난다. 특히 산업 중심지인 부골로비 주변에서 파업을 벌일 때면 차들이 떠난 자리에 맴도는 배기가스가 보인다. 나는 코를 막고 숨을 완전히 멈추고 싶을 지경인데 오염 물질을 들이마시고 싶지 않기 때문이다. 대다수 사람이 타고 다니는 구형 자동차는 여전히 휘발유를 쓰고 있기에 더더욱.

화석연료와 공중 보건에 관한 몹시 충격적인 연구가 하버드대학교와 영국 대학교 세 곳이 2021년 2월에 낸 보고서에 들어 있다. 연구 팀이 발견한 내용에 따르면 2018년에 8백만 명이 넘는 사람이 화석연료 때문에 사망했는데, 이는 앞선 연구에서 추정했던 것보다 훨씬 높은 수치였다. 연구자들마저도 이 결과에 충격을 받았으며 '믿기 어렵다'라고 말했다. 연구에 참여했던 유니버시티칼리지런던University College, London의 지리학자 엘로이즈 마레는 말했다.

"우리는 이런 오염이 미치는 영향을 점점 더 많이 발견합니다. 구석구석에 퍼져 있죠."

공중 보건과 경제활동에서 어마어마한 비용을 치르고 엘라 같은 어린이가 생명을 잃는 비극을 겪는데도, 우리는 왜 화석연료 중독에서 벗어나 깨끗하고 재생 가능한 에너지원을 사용하지 않을까?

한 가지 이유는 많은 희생자와 마찬가지로 엘라 아두-키시-데브라가 흑인이어서일 것이다. 엘라와 가족은 부유하지도 않고 든든한 연줄도 없으며 런던에서 경제적으로 낙후된 지역에 살았다. 저소득층이 많은 도시 지역이 많이들 그렇듯 엘라가 살던 지역도 차량이 가득한 도로가 수없이 교차했다. 중요한 의문이 있다. 엘라가 부자고 백인이었다면, 심각하게 오염된 공기를 마시다 죽어야 했을까? 엘라가 세상을 떠난 뒤 검시관이 보고서를 발표하기까지 7년이나 걸렸을까?

영국 기후 활동가 일라이자 매켄지-잭슨은 내게 영국 사람들이 엘라의 죽음에서 교훈을 얻지 못한 것 같다고 말했다.

"엘라는 어리고, 어자고, 흑인이었죠. 주요 뉴스거리로 충분하지 않았습니다. 중산층 백인 남자가 공기 오염으로 사망했다면, 모두 그 사실을 알았을 거예요."

내가 엘라에 관해서 글을 쓰고, 검시관이 이 사건을 조사하여 역사적인 판단을 내릴 수밖에 없었던 이유는 엘라의 어머니 로저먼드가 침묵하거나 그만두지 않았기 때문이다. 로저먼드는 부단히 노력하며 딸의 죽음에 어떤 이유가, **사인**이 있다는 점을 확실히 밝히려고 애썼다. 이 죽음을 불러온 **무언가** 또는 **누군가**를 밝히려고 말이다. 로저먼드는 청정 공기 운동가가 됐고, 엘라의 이름으로 재단을 세워서 런던 남부에 사는 젊은 천식 환자의 삶을 개선하려고 노력하고 있다.

엘라를 비롯하여 엘라와 비슷한 수백만 명이 맞이한 죽음은 그저 우연히 찾아온 운명이 아니다. 엘라가 잘못된 시기에 잘못된 장소에 산 것이 우연이 아니었던 것처럼 말이다. 남반구와 북반구, 부유한 사람과 덜 부유한 사람, 유색인종과 백인 사이에는 눈에 보이든 보이지 않든 냉혹한 불평등이 존재한다.

북반구 나라들에서도 흑인과 다른 유색인종은 하수처리장, 쓰레기 매립지, 화학 공장 근처에 살 확률이 높다. 또 버스 터미널이나 독성 물질을 내뿜는 쓰레기 매립지는 이들이 사는 지역에 들어설 것이다. 유색인종이 사는 거주지는 도살장이나 공장식 축산 농장 근처에 있을 것이다. 이런 시설이 인근 수로를 오염시키고 허공에 악취를 내뿜으면 주민들은 병에 걸리거나 호흡기 질환을 얻을 수도 있다. 아니면 저지대에 살 수도 있는데, 그러면 홍수, 폭풍해일, 수인성 질병 때문에 더 크게 피해를 본다. 이런 지역은 거리가 덜 정비되거나 가로등 빛이 적을 것이고, 아파트가 더 밀집돼 있거나 화재에 취약할지도 모른다.

유색인종이 사는 지역은 나무가 더 적고, 열섬 현상이 더 잘일어날 수도 있는데, 아스팔트와 시멘트가 햇빛을 흡수하고 가둬서 주변을 데우기 때문이다. 여기 사람들은 에어컨을 살 형편이 안 될지도 모르고 거리에 오래 나가 있는 일을 해야 할 수도 있다. 2005년, 허리케인 카트리나가 제방을 무너뜨리고 지대가 매우 낮은 뉴올리언스에 홍수를 일으키는 모습을 전 세계가 경악에 휩싸인 채 목격했다. 이때 미국 정부는 흑인이 사는 지역을 배제하고 잊어버린 채 알아서 자립하도록 내버려 두려 했을 가능성이 있다. 미국 미시간주 플린트Flint에 사는 흑인 가족들은 수돗물에서 납이 검출된 뒤로 계속 정의를 실현하고자 싸우고 있다.

벌판에서 일하는 사람들은 더위 때문에 죽을 수도 있는데, 이들은 상당수가 이민자거나 겨우겨우 먹고사는 농부다. 미국 질병 관리센터에서 여러 해 동안 연구한 결과 농장 일꾼은 더위 관련 질환으로 사망할 가능성이 일반적인 노동자보다 20배 높은 것으로 나타났다. 이 중 많은 사람은 불법 체류자이거나 스페인어밖에 할 줄 모르는 남미 사람이다. 따라서 영어로 쓴 더위 안전 정보를 이해하지 못하거나, 쫓겨날까 봐 아파도 무서워서 말하지 못할 수도 있다.

사람들은 환경 보호주의나 기후변화에 관해 생각하면서 피부색을 보지 않거나 경제적으로 중립적인 관점을 가정할 때가 너무 많다. 로스앤젤레스에 사는 흑인 작가이자 교차성 환경 보호주의* 운동가 리아 토머스가 내게 해 준 말이다. 흑인 공동체는 더 높은 대기와 수질 오염 때문에 되풀이해서 고통받는다고.

"때때로 사람들은 환경 보호주의에 관해 생각할 때 인종이나 재산 같은 측면을 보지 않으려고 애써요. 이런 요소가 환경 때문에 불평등을 겪는 사람한테 어떤 영향을 미치는지도 말이죠."

리아는 이것이 실수라고 했다.

"현재 환경 불평등에 가장 심하게 부닥친 사람들은 유색인종 공동체 사람이고 이 문제는 우리가 다루지 않으면 나아지지 않을 거예요."

리아는 변화를 불러올 잠재력이 있는 아이디어를 미국 정부

★ 환경 보호주의에 접근하는 한 방법으로 비주류 공동체가 내는 목소리를 주류 환경 운동에 더하고자 한다.

에 많이 제안한다. 기후 비상사태를 선포할 뿐 아니라 청소년 환경 운동가 협의회와 교차성 환경 보호주의 협의회를 설립해서 풀뿌리 기후 활동가와 직접 협동하기를 제안한다. 리아는 이렇게 덧붙였다.

"저는 환경 정의를 법으로 제정하는 모습을 실시간으로 보고 싶어요. 유색인종 공동체가 환경문제로 고통받는 현실을 구체적으로 다루고, 환경 때문에 생기는 인종차별을 시민권 침해로 규정하는 법을 말이죠."

잠비아 기후 활동가 베로니카 물렝가도 환경 정의를 중심에 두고 활동한다. 베로니카는 내게 말했다.

"처음에는 저도 환경 정의가 뭔지 몰랐어요. 그러다 기후변화를 조사하면서 남반구 저개발국에 사는 우리가 얼마나 불평등하게 영향을 받는지 이해했죠. 정말로 충격을 받았어요. 우리는 기후 위기가 발생하는 원인을 가장 적게 제공하는데 가장 크게 영향을 받잖아요."

베로니카는 계속되는 전력 부족에 시달리며 살고 있다. 잠비아는 강우량이 줄어들면서 강물이 낮아졌고, 댐에도 수력발전소를 가동할 물이 부족하다. 잠비아는 공식적인 에너지 용량 95퍼센트를 수력발전소에서 끌어오는데 말이다. 베로니카는 말한다.

"매일 적으면 8시간, 많으면 14간 넘게 정전이 돼요."

베로니카가 덧붙이길 여력이 있는 사람은 발전기를 사지만, 이런 발전기는 화석연료를 써서 돌리므로 이산화탄소가 나온다고 했다. 태양 전지판을 넉넉히 사서 집 전체에 전기가 들어오게 하려면 비용이 많이 든다. 베로니카는 자기 가족 이야기를 했다.

"우리 가족은 언젠가 태양 전지판을 사려고 절약하고 있어요. 국제 공동체가 재정 면에서나 적응 방법 면에서나 여기에 사는 우리를 많이 도와주면 좋겠어요"

＼ ／ ＼ ／ ＼ ／

'우리는 석탄을 먹지도 석유를 마시지도 못한다'라는 메시지를 나는 기후 파업이나 연설에서 많이 말했다. 먼저 이 메시지는 우리가 왜곡된 우선순위를 따르면서 전 세계 사람한테 기본적으로 필요한 것을 보장해 주지 못한다는 사실을 명백하게 지적한다. 그런데 이 구호는 엘라 같은 사람 수십억 명이 매일 하는 일을 문자 그대로 설명하기도 한다. 미세 먼지, 오염된 물, 미세 플라스틱 형태로 된 화석연료를 들이마시고 삼킨다. 특히 가난하거나 흑인이거나 둘 다에 해당한다면.

이런 현실을 보면서 나는 가장 기본적인 의문이 들었다. 기후 위기가 내포하는 끔찍한 불평등, 인종차별, 명백한 불공정을 생각해 보자. 이런 불평등을 뒷받침하고 화석연료를 계속 태울 때 일어나는 지독한 결과를 받아들이는 제도의 본질은 무엇일까? 어떻게 이런 제도가 유지될 수 있을까?

착취를 일삼으며 아무런 규제도 받지 않는 자본주의가 바로 이 제도다. 자본주의는 부유한 나라들과 그 나라에 사는 부유한 사람들이 필요로 하고 중요하게 생각하는 것을 더 먼저 챙긴다. 이들이 부유한 이유는 가난한 나라에서 나는 천연자원과 여기에 사는 사람들을 이용하여 부를 늘렸기 때문이다. 이 제도는 많은 사람을 위해 지구를 보존하기보다는 소수가 거둘 이익을 위해 파괴할 것이다. 인류와 더 나아가 온 세상이 누릴 행복보다는 탐욕과 착취에 기반을 둔다. 또 이 제도에서는 소수가 누리는 지속 불가능한 생활 방식을 다수가 부담한다. 금전적 면에서, 신체적이고 정신적인 건강 면에서, 미래까지도 희생하면서 말이다. 이 제도에서는 특권을 누리는 소수가 다수의 가능성을 제한함으로써 자유를 누린다.

이 제도는 만족할 줄을 모른다. 늘 더 원한다. 돈을 더 많이 원하고, 자연과 다른 사람한테서 더 많이 가져오길 원한다. 이 제도는 인간의 생명과 지구가 얼마나 가치 있는지를 고려하지 않으며, 누구나 규칙을 따르면 기둥 꼭대기에 오를 수 있다는 착각을 퍼트리면서 작동한다. 하지만 이는 사실이 아니다. 제도가 그 기둥 자체를 파괴하고 있기 때문이다.

이 제도는 대가를 치르지 않는 끝없는 경제 성장이라는 환상에 주로 의지하여 이어진다. 그러면서 극단적인 불평등과 무너지는 생태계를 모른 체한다. 하지만 우리가 아프리카에서 매일 알아차리듯, 나머지 세상도 깨닫게 될 것이다. 기후 위기는 이미 여기에 있으며, 과학자들이 예측한 것보다 훨씬 빠르고 심각하게 다가왔다는 사실을. 기록적인 한파로 텍사스주 전력망이 무너졌고, 히말라야산맥에서 계속 빙하가 녹으면서 댐이 휩쓸려 가 버렸고, 태풍 키어라Ciara는 유럽 전역에 대혼란을 일으켰고, 남수마트라South Sumatra에서는 폭우가 재난을 일으켰고, 짐바브웨 북부에서는 홍수가 일어나 집이 200채 무너졌고, 아프가니스탄에서는 눈사태가 일어났는데, 뒤에 언급한 네 사건은 전부 2020년 2월에 일어났다. 이런 사건들은 2050년이나 2060년까지 온실가스 배출을 '총합 0'으로 만들고 화석연료를 넘어선 미래가 도래하기를 꿈꿀 시간이 없다고 말한다. 과학자들은 이미 말했다. 우리한테는 10년도 안 남았으며 세계가 섭씨 2도 이상 뜨거워지지 않도록 보장하기에는 2030년도 너무 늦을지 모른다고.

나는 지금 우리 상황을 체스 게임이라고 생각한다. 우리 중 누구는 폰으로, 누구는 나이트로, 누구는 룩으로 태어났을 것이다. 누구는 퀸으로 태어나 움직일 수 있는 범위가 더 넓을 것이다. 하지만 우리 중 누구도 스스로 움직일 수는 없다. 우리는 모두 체스판 위에 올라온 체스 말이며, 누구도 게임을 하겠다고 선택하지 않았다. 우리는 우리의 행복에는 관심이 없는 사람들이 움직이는 체스 말이다. 이 사람들은 상대방을 이기려 할 뿐이다. 우리는 희생당할 수도 있다. 다른 말을 잡을 수도 있다. 하지만 체스판에서 탈출할 수는 없다. 우리가 움직이는 방식도 바꿀 수 없다.

지금 세상은 깨닫는 중이다. 체스 선수들은 자기네가 체스 말을 움직인다고 믿었지만, 이것이 허상이었다는 사실을. 자연이 게임을 지배한다. 최고의 체스 선수조차 사실은 체크메이트가 선언된 체스판 위의 킹에 지나지 않는다. 이들도 갇혀서 다음 수로 이동할 수 없게 될 것이다.

환상을 좇던 시간은 끝이다. 게임은 끝이다.

9

예보: 비상사태

무게르와 아주머니는 예전에 우리 가족이 살았던 루지라에 시장에서 고니아라는 요리용 바나나를 팔았다. 어머니는 예전부터 거기서 장을 봐서 아주머니와 친했다. 무게르와 아주머니는 바나나를 팔아 네 손녀를 키운다. 2020년 3월 코로나바이러스가 우간다에도 퍼졌다. 정부가 전염병이 퍼지지 않게 하려고 경제를 봉쇄하자, 식품 가격이 치솟았다. 무세베니 대통령은 가게 주인들에게 식품 가격을 올리면 벌금을 매길 것이라고 말했지만, 노점상들은 공급업자와 유통업자를 비난했고, 곧바로 식량 부족 사태가 이어졌다. 집에서 혼자 뉴스를 보는데, 무게르와 아주머니 같은 여자분들이 나와 인터뷰하며 도와 달라고 외쳤다. 이분들은 일할 수 없어서, 또는 남편이 일자리를 잃어버려서, 우리 가족처럼 하루에 세 끼를 먹기는커녕 아이들이나 손주들에게 두 끼도 못 먹였다.

　이런 이야기를 들으면서 아이를 포함하여 수만 명에 달하는 사람들이 배가 아플 만큼 굶주림에 시달린다는 사실을 알게 되니 괴로웠다. 유행병은 끝날 기미가 안 보이는데 말이다. 나는 무슨 일이라도 해야겠다고 결심했다. 소셜미디어에 접속해서 국제 모금 캠페인을 시작했다. 무게르와 아주머니와 손녀들을 포함해서 50가구가 먹을 만큼 옥수숫가루를 살 돈이 모였다.

　나는 이들 가족에게 돈을 줄 수 있어 마음이 놓이면서도 옥수숫가루 몇 자루는 극히 일부에 지나지 않는다는 사실을 깨달았다. 유행병이 돌고 나서 몇 달 동안 굶주림과 싸워야 했던 많은 가난한 우간다 사람한테 필요한 양을 생각하면 말이다. 또 빈곤과 식량 불안 문제를 해결할 수도 없을 것이다. 이는 우간다뿐 아니라 많은 나라에서 오랫동안 겪는 불평등이다.

　무게르와 아주머니와 처지가 비슷한 사람 수억 명은 질병이나 갑작스러운 홍수, 산사태, 그 밖에 재난이 발생하면 언제든 삶이 절망에 빠질 수 있다. 내가 2020년 9월에 유엔에서 온 초대를 받아들여 지속가능발전목표를 위한 청년 대표 17명 중 하나가 된 이유 중에는 이런 위태로운 상황도 있다. 파키스탄, 미국, 중국, 세네갈, 컬럼비아를 비롯하여 다양한 나라에서 온 젊은 활동가, 기업가, 예술가, 교육가로 이루어진 청년 대표들은 각 나라에 사는 청년들한테 지속가능발전목표를 널리 알리고, 이 목표를 실현하는 노력에 끌어들이는 역할을 맡았다.

지속가능발전목표 17

1 **빈곤 퇴치** 모든 곳에서 모든 형태의 빈곤 퇴치.

2 **기아 종식** 기아 종식, 식량 안보와 개선된 영양
  상태 달성, 지속 가능한 농업 강화.

3 **건강과 복지** 모든 연령층을 대상으로 건강한 삶을
  보장하고 복지를 증진.

4 **질 좋은 교육** 모두를 위해 포용적이고 공평하며 질
  좋은 교육 보장과 평생 학습 기회 증진.

5 **성 평등** 성 평등 달성과 모든 여성과 여아의 권익
  신장.

6 **깨끗한 물과 위생 시설** 모두가 물과 위생 시설을
  이용하고 지속 가능하게 관리할 수 있도록 보장.

7 **감당할 수 있고 깨끗한 에너지** 모두가 적정한 가격에
  신뢰할 수 있고 지속 가능하며 현대적인 에너지를
  이용할 수 있게 보장.

8 **좋은 일자리와 경제 성장** 모두를 위해 일관되고
  포용력 있는 지속 가능한 경제 성장, 생산적인
  완전한 고용, 좋은 일자리 증진.

9 **산업과 혁신, 사회 기반 시설** 회복력 있는 사회 기반
  시설 구축, 포용적이고 지속 가능한 산업화 촉진,
  혁신 조성.

10 **불평등 완화** 국내 및 국가 간 불평등 감소.

11 **지속 가능한 도시와 공동체** 도시와 주거지를 모든
사람을 고려하여 안전하고 회복력 있고 지속
가능하게 조성.

12 **책임감 있는 소비와 생산** 지속 가능한 소비와 생산
양식 보장.

13 **기후 행동** 기후변화와 그 영향에 맞서는 긴급 행동.

14 **해양생태계** 지속 가능한 발전을 위해 대양, 바다,
해양자원을 보존하고 지속 가능하게 이용.

15 **육상생태계** 육상생태계를 보호하고 복원하고 지속
가능하게 이용하도록 촉진, 숲을 지속 가능하게
관리, 사막화 방지, 토지 황폐화 중단과 복구,
생물종 다양성 손실 중단.

16 **평화와 정의, 강력한 제도** 지속 가능한 발전을 위해
평화롭고 포용적인 사회 증진, 모두에게 정의를
보장, 모든 수준에서 효과적이며 책임감 있고
포용적인 제도 구축.

17 **지속가능발전목표를 위한 파트너십** 지속 가능한
개발을 위해 이행 수단을 강화하고 글로벌 동반자
관계 재활성화.

지속가능발전목표라는 개념은 건조하고 기술적으로 들릴 수도 있지만, 이들 목표가 제시하는 로드 맵을 이용하면 무게르와 아주머니 같은 사람들의 삶과 우리가 모두 의지하는 지구 생태계를 개선할 수 있다. 또 이들 목표는 남반구와 북반구에 있는 전 세계 정부에 기회와 도전 과제를 제공한다. 낡고 불공평한 정책과 그에 따른 우선순위를 버리고, 공정, 정의, 회복력을 강화할 뿐 아니라 기후와 화합할 수 있는 정책과 그것을 중심으로 한 우선순위를 따르도록 말이다.

지속가능발전목표 17은 유엔 회원국 193개가 다 함께 승인했으며, 모든 국가가 2030년까지 전부 이루기로 계획했다. 이는 세부 목표 169개를 포함한 계획이다. 이들 목표는 서로 맞물리게 되어 있다. 전체를 종합하면, 지금 우리가 사는 곳과는 매우 다른 세상을 그려 볼 수 있다. 빈곤이나 기아가 없고, 공정하고, 좋은 의료 서비스와 질 좋은 교육을 모두가 받을 수 있고, 지상과 해양 환경을 지속 가능하게 이용하고 보존하며, 기후변화와 그 영향에 맞서 싸우고자 뜻깊게 행동할 수 있다.

지속가능발전목표 17에 속한 세부 목표를 모두 이루기란 무척 어렵다. 이 전에 세웠으나 완전히 이루지 못했던 새천년개발목표Millennium Development Goals, MDGs보다는 정치적으로 밀어붙이는 추진력이 더 강한 듯하지만 말이다. 고소득 국가든 저소득 국가든 모두 뉴욕 유엔 본부에서 해마다 7월에 열리는 연례 회의, 즉 고위급정치포럼High Level Political Forum에 참석하여 시행 과정을 보고해야 한다. 인류와 지구에 **중요한 문제**를 다루고자 **스스로 정한** 전 지구적 목표에 도달하지 못해 난처해지길 바라는 나라는 없으리라 믿으며 그러길 바란다. 이번에야말로 말이다.

나는 다른 모든 목표가 13번 목표, 즉 기후 행동을 토대로 한다고 본다. 모든 지속가능발전목표는 어떤 식으로든 기후 위기에서 영향을 받는다. 13번 목표에 속한 세부 목표를 이루려면, 모든 사람을 포함하고, 모든 사람에게 가닿고, 모든 사람에게 공정한 기후 행동에 나서야 하기 때문이다. 인권을 존중하고, 일상생활에서 기후 위기를 겪는 지역사회 사람들의 목소리와 현실을 널리 알려야 한다.

내 생각은 그렇다.

2020년은 가장 더운 해였다. 2019년에는 기후변화 때문에 자연재해가 더 자주 강하게 닥쳐와 9천1백만 명이 피해를 봤다. 세계은행이 조사한 내용에 따르면, 2030년까지 기후 위기로 1억 3천2백만 명이 극단적인 빈곤에 내몰릴 것이다. 그러니 우리는 2030년에 지속가능발전목표를 달성한 것을 축하할 수 있어야 한다. 지속가능발전목표 10번은 국내 및 국가 간 불평등을 줄이는 것이다. 하지만 수십억 명이 나날이 드리워지는 그늘에서 경험하는 격차는 기후변화 때문에 더욱 벌어졌다. 게다가 코로나바이러스 감염증은 최전선에 있는 공동체에 사는 많은 사람을 명확히 드러내고 더욱 빈곤하게 만들었다.

지속가능발전목표 1번처럼 빈곤을 뿌리 뽑으려면 기후 위기가 불러오는 결과에 대처해야 한다. 기후 위기는 덫을 놓고 가난이 다음 세대로, 그다음 세대로 대물림될 가능성을 높인다. 전 세계에서 수백만 가족이 무게르와 아주머니처럼 작물을 키워 시장에 내다 팔면서 생계를 꾸린다. 이런 사람들은 자연재해가 닥치면, 재난이 지나간 자리에 남아 있는 재산을 팔아서 음식을 사거나 임시 거처를 구할 수밖에 없다. 단 몇 시간 만에 모든 것을 잃는 가족이 어떻게 빈곤을 탈출할 수 있을까?

2번 목표인 기아 종식은 어떻게 이뤄야 할까? 이미 수억 명이 영양가 있는 음식을 충분히 먹지 못하는데, 또 극단적인 날씨와 몰려드는 메뚜기 떼 때문에 식용작물이 파괴되고 농부는 파종하여 수확할 때를 계획하기가 어려워졌는데 말이다. 엘리자베스 와투티는 설명한다.

"지금 농부들은 이 상황을 혼란스러워합니다. 케냐는 1월이 건기라 비가 한 방울도 안 온다고 알려졌지만, 1월 내내 비가 왔어요. 농사를 망쳐 버릴 때도 있고, 그렇지 않더라도 농사가 잘되지는 않지요."

이런 영향은 전국에서 느낄 수 있다.

"특히 옥수수 같은 작물이 풍작이 안 되면, 식량 위기가 찾아옵니다."

3번 목표인 건강과 복지를 이루려면 계속 화석연료를 태우면 안 된다. 우리 지역사회에서 공기 오염이 심각해지고, 결국에는 사람들의 건강을 해치기 때문이다. 엘라 아두-키시-데브라 같은 사람들 말이다.

4번 목표인 질 좋은 교육도 기후 위기 때문에 위태로워질 수 있다. 농장이나 농작물이나 집을 잃어버린 가족은 학비를 감당할 수 없다. 아이들은 홍수 피해를 본 학교에서 공부할 수 없으며, 학교가 오랫동안 문을 닫아도 공부할 수 없다. 내가 2021년 2월에 인터뷰를 요청했을 때 엘리자베스가 설명하길, 케냐 일부 지역에서는 홍수로 차오른 물이 아직 빠지지 않았다고 했다.

"어떤 학교는 물이 너무 높이까지 차서 아직도 다시 문을 못 열었어요."

또 다른 학교는 학생들이 배를 타고 등교해야 했다. 몇 년 뒤, 전 세계 아이들이 학교에 가는 데 보트가 몇 대나 필요하게 될까?

이런 혼란이 생기면 소녀들이 주로 타격을 받는다. 학교에 못 다니게 되거나 자퇴하라는 압박에 시달리고, 종종 어린 나이에 결혼하고, 꿈과 독립적인 삶을 강탈당한다. 유니세프는 2030년까지 최대 **천만 명**에 이르는 소녀가 아동 신부가 될 것으로 추정했다. 이는 코로나바이러스 감염증 하나만 고려했을 때 직접 발생하는 결과다. 그러면 성 평등을 이루고 전 세계 여성과 여아의 권익을 신장한다는 5번 목표를 어떻게 이룰 수 있을까? 너무 많은 여자아이가 학교를 마치지 못하거나 아이일 때 결혼하는 바람에 스스로 결정을 내리고 독립적으로 살아갈 기회를 빼앗기는데 말이다.

모두에게 깨끗한 물과 위생 시설을 보장한다는 6번 목표는 어떨까? 세계 인구 중 최소한 3분의 1은, 약 25억 명은 깨끗한 식수를 쉽게 얻을 수 없다. 수백만 명은 제대로 된 화장실도 없다. 유엔에 따르면 물이 충분하지 않아 살던 곳을 떠나야 하는 사람은 2030년까지 7억 명에 이를 것이다. 때로는 물이 너무 많을 때도 있다. 기후변화로 수위가 오르면, 화장실이 침수되면서 마시고 씻고 요리하는 물이 오염된다. 그러면 아기와 어린아이는 말라리아와 설사병에 걸릴 수 있으며, 이는 치명적일 수 있다. 매년 약 40만 명이 말라리아로 사망한다. 그중 3분의 2가 5세 미만 어린아이다.

나두 그중 한 명이 될 뻔했다. 나는 태어난 첫해에 말라리아성 이질에 걸렸다. 부모님이 나를 데려간 병원에서, 의사들은 나한테 수액을 주사할 만한 정맥을 찾느라 고생했다. 의사 여섯 명이 시도했지만 실패했다. 부모님은 갈수록 절망했다. 아버지는 내가 죽을까 봐 두려워했다. 마침내 한 의사가 내 코를 통해서 물을 몇 방울 넣어 주었는데, 도움이 됐다. 나는 회복했고, 감사하게도 다시는 그렇게 아프지 않았다.

13번 목표는 해양 생물과 육상 생물에 관한 목표인 14번과 15번을 이루는 데도 도움을 줄 수 있다. 이 세 가지 목표는 서로 강하게 묶여 있다. 인도 기후 활동가 아라브 세스는 "숲은 기후 행동에서 우리한테 몹시 중요한 동맹이지만… 개발 때문에 사라져 간다"고 말했다. 아라브는 덧붙였다.

"이는 수중 생물과 식물은 물론이고 근처에 사는 야생동물한테도 위험하다. 우리가 계속 눈을 가리고 있다면, 눈을 돌린 대가를 더 크게 치러야 할 것이다."

15번 목표에 속한 두 가지 세부 목표로 생물종 다양성과 삼림이 더 사라지지 않게 막는 것이 있다. 이들 세부 목표는 2020 년까지 이뤄야 한다. 대다수 다른 세부 목표처럼 10년 뒤가 아니라. 이 두 가지 목표의 진척 상황은 명백하게 부족하기 그지 없다. 3만 종 이상이 여전히 멸종 위험에 처했으며, 숲도 계속해서 '무서운 속도'로 사라지는 중인데, 유엔 지속가능발전목표 감시국에 따르면 주로 농업이 확대되기 때문이다. 아마존 지역에서 온 브라질 기후 활동가 카이메 실베스트레는 내게 말했다.

"수백만 명이 아마존강과 숲에 의지해서 살아가요. 원주민 뿐 아니라 전통적인 공동체도요. 그 어느 때보다 숲이 자주 불타는데 끔찍하죠. 특히 동물과 원주민 공동체의 삶을 생각하면 말이에요. 축산업도 숲을 파괴해요."

카이메는 세계가 연대하여 기후 운동을 벌일 방법을 찾고 있다. 위험에 처한 땅을 보호하는 일도 포함해서 말이다. 카이메는 말한다.

"아마존이 놓인 상황은 전체 기후와 세계 기상 패턴에 영향을 미치죠. 따라서 아마존을 파괴하면 브라질 사람뿐 아니라 전 세계 인구가 전부 좋지 않은 결과를 맞이할 겁니다."

13번 목표가 다른 목표를 이루는 데 꼭 필요한 만큼, 13번 목표를 이룰 수 있는 핵심은 정의다. 기후정의를 실현하려면 모든 나라가 함께 행동해야 하는데, 우선 제각기 기후 위기를 일으킨 책임을 인정한 다음 저마다 자원을 이용해서 비상사태를 다뤄야 한다. 전 아일랜드 대통령이자 유엔인권고등판무관UN High Commissioner for Human Rights인 메리 로빈슨은 기후정의가 지속가능발전목표에서 중심에 올 수 있도록 목소리를 보탰다.

"기후정의를 실현하려면 온실가스와 녹고 있는 만년설에 대해 담화를 나누는 데서 벗어나 기후 영향에 가장 취약한 사람과 공동체를 중심에 둔 인권 운동을 벌여야 합니다."

지구는 열병에 걸렸지만, 사람들은 누구인지, 어디에 사는지에 따라 체온이 다르다. 우리는 모두 병에 걸렸지만, 덜 고통받는 사람이 더 고통받는 사람을 도와야 한다. 카오사라 사니는 말했다.

"우리는 이 지구를 파괴하는 사람들입니다. 출신이 어디든, 아프리카든, 부유한 나라이든, 서구 나라이든 우리는 모두 공범입니다. …사는 세상은 다르더라도 말이죠. 우리는 어지른 것을 함께 치워야 합니다."

유엔 사무총장 안토니오 구테헤스는 말했다.

"기후변화는 지금 우리 모두에게 일어나고 있습니다. 그리고 언제나 그렇듯 가난하고 취약한 사람들이 가장 먼저 고통받고 가장 심각하게 타격을 받습니다."

기후정의를 실현하는 과정에서 생존권, 살 만한 거주지, 지금 세대 너머까지 생존할 방법을 늘려야 한다. 이는 생태계와 거주지가 파괴되지 않고 보존된 행성을 뜻한다. 천연자원을 돌보며 살아가는 원주민을 포함한 사람들의 권리와 생계를 존중하는 행성을 뜻한다. 더는 석탄을 때는 발전소를 짓지 않고, 화석연료는 땅속에 놔두고, 청정에너지를 보편적으로 이용할 수 있는 행성을 뜻한다. 이제 우리의 생명을 유지하는 시스템을 보호할 때다.

"진정으로 행동하고 싶다면 작게 한 걸음 내딛는 것만으로는 충분하지 않아요. 우리한테 필요한 변화를 끌어내려면 대담한 정책과 야심 찬 목표가 필요하죠."

튀르키예에서 온 10대 기후 활동가 데니즈 체비쿠스가 내게 말했다. 우리는 예전으로 돌아갈 수 없다. 지도자들은 어른으로서 거기에 맞게 행동해야 한다.

그렇지 않으면 불평등을 남겨 둔 채로 지속가능발전목표를 이루지 못할 위험이 크다. 그러면 수십억 명에 달하는 사람들이 깨끗한 공기를 갈망하며 헐떡이고, 음식, 물, 보금자리, 위생 시설처럼 기본적으로 꼭 필요한 것들을 찾아다녀야 하고, 거주할 만한 환경에서 질 좋은 일자리를 찾을 수 없을 것이다. 따라서 지속가능발전목표를 이루고자 노력하는 고위급은 물론이고 유엔 체계 전체에서 기후정의를 높게 다루어야 한다.

\ / \ / \ /

이 책에서는 **기후변화**와 **기후 위기**라는 용어를 사용하여 **지구 온난화**나 **지구 기온 상승**에 따른 결과를 설명했다. 지난 30년 동안 나빠진 상황을 반영하고, 완전히 새롭게 행동할 필요성을 강조하고, 13번 목표에 정의라는 개념을 끼워 넣고자 하는 우리 기후 활동가들은 **기후 비상사태**라는 용어를 더 선호한다. **비상사태**라는 말은 우리가 처한 어려움을 정확하게 설명한다. 또 정부가 시급하게 정책을 세우거나 행동에 나서야 한다고 정확하게 지적한다.

엘리자베스 와투티는 이렇게 설명한다.

"어떤 나라는 아직도 인정하지 않는 듯해요. 이런 나라는 위기가 없다는 듯이 굴죠. 하지만 우리는 위기를 날마다 느껴요. 과학이나 데이터가 없어도 문제가 생겼다는 사실을 알죠. 하지만 온갖 통계를 전부 확인한 사람도 진짜 문제를 계속 피하려는 것 같아요."

나도 동의한다. 각국 정부가 기후 비상사태를 선포했다면, 선포하는 데서 **그치지 않고** 자국과 지구 전체에 필요한 과감한 결정을 단호히 내렸다면 사람들은 문제가 얼마나 심각한지를 훨씬 더 쉽게 이해했을 것이다. 그리고 자기 정부가 이 문제를 심각하게 다룬다고 이해하는 데도 도움이 됐을 것이다. 청정에너지로 더 쉽게 집에 난방을 넣고, 불을 켜고, 이동하고, 생활할 뿐 아니라 기후 친화적인 음식을 구할 수 있는 제도를 정부가 장려하기 시작한다면, 국민도 이를 실천할 가능성이 더 크다.

"저는 우리 정부가 기후 비상사태를 선포하면 좋겠어요. 우리는 정부가 코로나바이러스 감염증에 대한 메시지를 매우 잘 전달하는 모습을 봤거든요. 메시지를 전달받은 사람들이 반응하는 모습도 봤고요."

리아 나무게르와는 이렇게 말했다. 그리고 우리 정부가 우간다 사람한테 기후 위기가 바로 앞에 닥쳐온 것을 알려 줘야 한다고. 이 위기가 미래 세대뿐 아니라 부자든 가난하든, 교육을 받은 사람이든 못 받은 사람이든 모두한테 영향을 미칠 것이라고 말이다.

그러면 정부와 산업계가 기후 비상사태에 대응하기를, 특히 아프리카에서 이렇게 하기를 어떻게 제안할 수 있을까? 우선, 그레타 툰베리가 분명하게 밝혔듯, 정부와 산업계는 과학자들이 하는 말에 귀 기울이고, 나날이 더 강력하고 시급해지는 데이터를 따라야 한다. 이 과학을 진심으로 이해한다면, 모든 권력자가 아프리카에 닥친 근본적인 불의를 인정할 것이다. 기후 위기 때문에 **지금** 가장 심각하게 영향을 받고, 앞으로 수십 년을 불평등하게 영향을 받을 사람들은 온실가스를 많이 배출하는 나라들에 비하면 최소한으로 배출하는 나라와 지역에 산다는 사실을. 그러니 금융 구조, 개발 정책, 경제구조를 바꿔 과거부터 현재까지 재생 불가능한 자원을 착취하는 불의에 맞서야 한다. 또 생존에 필요한 진짜 해법을 책임지고 마련해야 한다.

둘째, 우리는 개발을 새롭게 정의해야 한다. 남반구 저개발국에 있는 많은 기관과 산업은 북반구 정부들이 두 세기 동안 시행했던 일을 '개발'이라고 생각한다. 화석연료에 기반하여 산업화하는 대가로 우리가 숨 쉬는 공기와 마시는 물과 먹는 음식과 자연계를 희생시키는 것을 말이다. 유럽, 중국, 러시아, 북미, 그 밖에 어디에 기반을 두든, 기관과 사업체는 환경 면에서 민감한 지역을 자원 추출 산업에 개방하라고 계속해서 부추긴다. 이 산업이 사회나 환경이나 미래에 주는 피해는 새로 창출되는 부로 상쇄할 수 있다고 가정하여 우리가 치를 대가를 무시하면서 말이다.

화석연료 사업을 비롯한 여타 자원 추출 산업은 보통 일자리와 개발을 되풀이해서 약속한다. 아프리카와 다른 나라에서 수십 년 동안 경험한 바에 따르면 그 반대인데 말이다. 콩고 열대우림에서 확인했듯 해외 기업은 그 나라 정부와 작당하고서, 재생 불가능한 자원이나 희귀 자원이 풍부한 지역을 착취했다. 석유, 열대지방에서 나는 단단한 목재, 귀금속, 유용광물 등을. 이렇게 생산된 제품과 부는 다른 곳으로 빨려 들어가 기업과 투자자, 주주, 정부의 단기 수익을 창출하고, 종종 부패한 지역 공무원의 주머니를 채운다.

한편 평범한 사람들은 아이들 세대까지 일할 수 있는 직장이나 약속한 사회 기반 시설이 생기기는커녕 생계와 공동체와 천연 거주지가 금세 무너져 버리는 것을 발견한다. 상황이 아주 좋다면 돈이라도 받을 텐데 그마저도 투자자들이 벌어들일 금액에 비하면 아무것도 아니다. 상황이 최악이라면 투기꾼이 저지르는 범죄, 급등과 급락을 반복하는 경제 혼란, '자원의 저주*' 같은 현상에 희생될 수 있다. 그리하여 공동체가 해체되고 지나치게 해당 산업이나 외부 원조에 의지해 살아가게 될 것이다.

지속가능발전목표 8번은 좋은 일자리와 경제 성장을 요구하며, 9번에서는 산업과 혁신, 사회 기반 시설에 대한 목표를

★ 천연자원이 풍부한 국가가 경제 성장이 둔한 현상.

정한다. 어떻게 이룰 수 있을까? 여러 나라가 우선순위를 정할 때 대부분 자원 채취와 낮은 임금을 앞에 둔다. 그리하여 지역사회와 나라에 혜택을 주고 환경을 훼손하지 않으며 지속 가능하고 질 좋은 친환경 일자리와 산업과 사회 기반 시설은 뒤로 밀려난다.

아프리카를 비롯한 남반구 저개발국 정부는 북반구 나라들이 화석연료에 기반하여 발전했던 패턴을 흉내 낸다. 그런데 비극적이게도 유럽 국가들이 보유한 부는 지난 3세기 동안 남반구 국가들을 희생시키며 쌓은 부분이 크다. 아프리카는 수백 년 동안 재산을 강탈당했다. 목재, 광물, 동물, 사람까지도. 우리는 풍경, 언어, 문화, 종교, 역사가 무척 다양했지만, 이제 단조롭고 균일한 모습으로 비친다. 사하라 이남 아프리카 모습으로, 특히 빈곤, 기아, 질병, 갈등, 잘못된 통치에 희생당한 모습으로. 이제 더는 약탈자들이 천연자원을 착취하지 못하게 요구하면, 지구의 운명이 걸렸으니 지속 가능한 기술에 투자하라고 하면 일부 아프리카 지도자들이 반발하는데 그것이 전혀 놀랍지 않다.

어쩌면 아프리카 여러 나라 정부는 이런 이유로 화석연료에 더 열을 올리는지도 모른다. 〈네이처투데이Nature Today〉에 실린 보고서를 경제지 〈포브스Forbes〉에서 다룬 기사를 보면, "아프리카는 2030년까지 에너지 발전설비 용량을 236기가와트에서 472기가와트까지 높일 수 있다. 이 중 수력발전을 제외하면 재생 가능한 에너지원에서 얻는 양은 9.6퍼센트에 그칠 것이다. 화석연료는 전체 용량 중 62퍼센트를 차지할 것"으로 드러났다.

우리 대륙에는 200개가 넘는 발전소가 생겨날 계획이며, 이들 대부분은 석탄을 사용한다. 실제로 〈가디언〉에서 "가나, 시에라리온, 모잠비크에는 이미 발전 선박(물에 떠 있는 거대 발전소로 일부는 중유를 태우며 극심한 오염을 초래한다)이 정박해 있다."고 보도했다. 러시아 정부는 휘발유, 디젤, 등유를 운반하는 송유관을 2,500킬로미터가량 건설하려 한다. 콩고공화국에 있는 푸앵트누아르Pointe Noire 항구에서 콩고 열대우림을 통과하여 말루뚜Maloukou까지, 이는 더 심각한 삼림 파괴와 오염으로 이어질 것이다.

\ / \ / \ /

원밀리언액티비스트스토리스라는 웹사이트와 팟캐스트를 나와 함께 만든 데이비스 루벤 세캄와는 아프리카에서 천연자원이 끝없이 넘쳐 나서 화석연료에 크게 의존하게 됐다고 말한다. 예를 들어 보츠와나는 석탄 매장량이 2천억 톤이며, 모잠비크는 2015년부터 2020년까지 생산한 석탄이 1억 톤을 넘어갈 것으로 추정한다. 기온 상승을 섭씨 1.5도로 제한한다는 목표가 점점 더 멀어지는 가운데, 섭씨 2도라도 유지할 가능성이 있으려면, 석탄을 땅속에 놔두어야 한다.

그러려면 세 가지 연결된 조치가 필요하다.

우선 세계은행, IMF, 유럽연합 같은 다국적 기관이 자원 추출과 화석연료에서 신재생 에너지와 기후변화 완화 쪽으로 기금을 돌려야 한다.

아데니케 올라도수는 말한다.

"우리나라 같은 곳들이 파리 기후 협약에서 정한 국가결정기여를 이루려면, 국제 공동체에서 재정 지원을 받아야 할 거예요. 우리가 기후변화에 적응하는 방법에는 한계가 있으니까요. 우리는 기후변화가 미치는 영향에서 숨거나 따로 떨어져 나올 수 없어요."

아데니케는 반드시 자금을 조달해야 한다고 말한다.

"우리가 점차 환경친화적으로 살기에 필요한 조건을 갖추려면 말이죠. 또 기후 위기에서 불균형하게 영향을 받는 상황에서 균형을 찾고요."

아데니케는 절차가 "신속하고 체계적이어서 자금이 들어와도 혼란이 생기지 않는" 적절한 산업에 이런 자금이 돌아가야 한다고 주장한다. 무엇보다도 "금융 구조가 투명하여 기후정의를 달성할 수 있는 기후 관리 체계가 중요하다"고 말했다.

기후 기금은 **현재** 마련되고 있다. 세계은행에 따르면 2017년과 2018년에 신재생 에너지에 투자한 금액이 연간 5천억 달러를 넘어섰다. 하지만 기후변화에 관한 정부 간 협의체에서 추정하길, 섭씨 1.5도라는 목표를 이루려면 에너지(주로 에너지 효율성과 신재생 에너지)에 **매년** 2조 3천8백억 달러를 투자해야 하는데, 이와 비교하면 턱없이 부족하다. 국제재생에너지기구International Renewable Energy Agency에서 결론 내리길 파리 협약을 지키는 궤도에 오르려면, 2050년까지 신재생 에너지 용량을 늘리는 데 약 22조 5천억 달러를 투자해야 한다. 현재 해마다 투자하는 금액을 최소한 100퍼센트 늘려 약 6천6백억 달러로 높여야 한다는 뜻이다. 45개국 250개 단체에서 지지한 보고서에 따르면, 파리 협약이 체결된 2015년부터 2019년까지 세계적인 은행 35곳이 화석연료에 2조 7천억 달러 이상 투자했다. 하지만 국제에너지기구International Energy Agency는 세계가 기후 위기를 점점 알아차리고 정부가 더 강력한 기후 정책을 채택하면서, 2035년까지 3천억 달러에 상당하는 화석연료 자산이 '떨어질(한때는 가치가 있었으나 더는 그렇지 않음)' 수도 있다고 추정한다.

기후 기금을 다룰 때는 '에너지 빈곤'이 인간이 행복해질 가능성을 크게 제한한다는 점을 인정해야 한다. 내가 도왔던 학교들이 그 증거다. 국제재생에너지기구에서 진행하는 지속가능한 에너지시장Sustainable Energy Marketplace, 평화 신재생에너지인증Peace Renewable Energy Credits, 모두를 위한 지속 가능한 에너지Sustainable Energy for All, 친환경적이고 공정한 회복 행동 요구Green and Equitable Recovery Call to Action 같은 프로젝트들이 있어 다행이다. 라이베리아 전 대통령 엘런 존슨 설리프가 공동 의장을 맡은 정부 간 조직, 국가 취약성 위원회Council on State Fragility는 주장한다. 이들을 비롯한 여러 단체가 기후 위기에 가장 취약한 나라에서 에너지 접근성을 높이는 데 주목하고 신재생 에너지에 집중해야 한다고.

지속가능발전목표 7번은 모두가 감당할 수 있고, 의지할 수 있으며, 계속 쓸 수 있는 에너지를 요구한다. 이 목표는 어느 때보다 실현될 가능성이 크다. 신재생 에너지를 생산하고 관리하는 비용이 이제 화석연료와 비슷하거나 더 낮을 때도 있다. 투자도 대규모로 진행 중이다. 데이비스 루벤 세캄와가 언급하듯, 이집트에 있는 벤반 태양광 단지Benban Solar Park는 수백만 가구에 전력을 공급할 잠재력이 있다. 마찬가지로 케냐에 있는 가리사 태양광 단지Garissa Solar Park와 알제리, 모로코(세계에서 가장 큰 태양광발전소가 있다), 남아프리카공화국에서 진행하는 프로젝트도 전망이 밝다. 아직까지는 각 나라의 에너지 생산에서 차지하는 비중이 낮지만 말이다.

　　어쨌든 화석연료에 기반해서 에너지를 생산하는 일은 자살행위나 다름없으며, 우리나라를 포함한 각국 정부는 이 방식에 의존하는 것을 멈추어야 한다. 또 우리 미래와 우리가 살아남으려면 무엇이 필요한가에 관해 국민에게 솔직하게 털어놓아야 한다. 에블린 아첨은 친절하게 말한다.

　　"정부는 법을 엄격하게 만들어서 정의와 책임을 요구할 뿐 아니라 기후변화를 늦추는 방법으로 에너지를 절약하는 기술을 사용하게 할 수 있어요. 베쉬 그린스쿨스프로젝트에서 태양전지판을 설치해 주니 희망과 변화가 보이는 것 같아요."

　　희망이 보이는 것 같다는 말은 사실이다. 하지만 마법 같은 해결 방법 하나가 기후 비상사태를 막지는 못한다. 우리는 여러 가지 해결 방법이 필요하다. 태양 전지판과 요리용 화덕부터 지역 주민이 재난에서 회복하는 능력을 갖추고 시민들이 공동체에 참여하는 일까지, 여자아이와 여성을 대상으로 하는 교육에 투자를 늘리는 일부터 나무를 심고, 숲을 되살리자는 캠페인을 벌이고, 유역을 보호하는 일까지, 육류 소비를 줄이도록 풍부한 대안을 제시하고 기후 위기의 영향을 견딜 수 있는 공평한 농업 방식까지. 우리는 화석연료를 그만 뽑아내야 한다. 그리고 투자 형태와 연구 개발 예산을 바꿔서 110억 인구*한테 필요한 에너지를 공급할 혁신적인 방법을 찾아 재정을 지원해야 한다.

두 번째 행동으로 우리는 '개발'이 무엇을 의미하는지 다시 배워야 한다. 우리는 완전히 무너지지 않으려면, 분기별 성장 보고, GDP 지표, 끝없는 물질 소유, 쓰고 버리는 문화에서 벗어나야 한다. 그리고 생명을 돕는 체계, 마실 수 있는 물, 숨 쉴 수 있는 공기, 활력 넘치는 생물 다양성을 추구해야 한다. 숲에서 나무를 베거나 도로를 건설하지 않고, 송유관으로 석유와 가스를 운반하기를 멈추고, 습지를 보호하고, 강가와 해변에서 모래를 긁어 오지 말아야 한다. 이는 토종 나무와 오래된 숲을 보호해야 한다는 뜻이다. 목재용 나무, 기름 야자나무, 콩을 키울 농장으로 땅을 개간하는 것을 멈춰야 한다. 토지를 수탈하고 오염시키지 말아야 한다. 기후변화에 관한 정부 간 협의체의 아프리

---

* 유엔에서는 2100년까지 지구 인구가 110억 명으로 늘어날 것으로 추정했다.

카 보고서는 그 밖에 몇 가지 유용한 제안을 했다. "겉흙을 보호하면서 땅을 갈고, 등고선을 그리며 계단식으로 경작하고, 식물 뿌리에 덮개를 씌우는 등" 환경을 보존하는 농업뿐 아니라 "농부가 자연 속 나무를 되살리는 일"을 지원하기를 제안한다.

기후변화에 관한 정부 간 협의체는 이런 접근법이 경제 전략 혹은 환경 전략이자 사회계약이기도 하며, "동료 간 학습, 모든 성별을 고려하는 확장, 신용과 시장"을 포함한다고 했다. 또 "적응력/회복력이 약한 생계 수단을 지원"하여 다음을 제공하는 전략에 찬성한다.

사회 보호, 사회복지, 안전망 개선. 수자원 및 토지 관리 방법 향상과 토지 및 필수 자산에 대한 이용권 보장. 물 저장, 집수, 수확 후 관리 방식 향상. 시민사회 강화와 계획 수립 참여 확대. 빈곤층이 이주해 와 영향을 미치는 도시와 도시 근교 지역에 관한 인식 제고.

이 모든 전략을 실행하려면 하향식으로 접근할 것이 아니라 남반구 저개발국 사람들이 살아가는 평범한 모습을 다양한 측면에서 수평적으로 통합해야 한다. 기후변화에 관한 정부 간 협의체가 덧붙이길 이런 접근법은 개발 노력의 중심에 "기후 회복력, 생태계 안정, 공평함, 정의"를 두고 있다.

이 전략은 성공적인 거버넌스에 달려 있다. 나는 모두를 위해 평화와 정의를 이룩할 뿐 아니라 효과적이고 책임감 있고 포용적인 제도를 만들고자 하는 지속가능발전목표 16번을 생각하면 걱정이 앞선다. 기후 비상사태가 닥치면 자원이 더 희소해진다. 그러면 갈등을 줄이고 더 정의로운 사회를 만들려는 노력이 수포가 될 수 있다. 케냐 환경 운동가이자 노벨 평화상을 받은 왕가리 마타이는 세계의 관심을 이 연결 고리에 집중시키려고 했다. 2006년 유엔 인권이사회UN Human Rights Council 출범식에서 연설할 때, 갈등을 피하려면 "자원을 더 지속 가능하고 책임감 있고 믿을 수 있게, 의도적이고 계획적으로 관리해야 한다"고 말했다. 그리고 덧붙였다.

"우리는 이런 자원을 국가 수준에서 그리고 세계 수준에서 공정하게 나누어야 합니다. 그러려면 훌륭한 거버넌스를 실현하는 수밖에 없습니다."

좋은 거버넌스를 만드느냐는 아프리카의 미래에 꼭 필요한 세 번째 재료에 달렸다. 리더십이다. 리더십을 발휘하려면 아무리 불편하더라도 기후 비상사태에 관한 진실을 마주해야 한다. 그리고 재앙이 발생하기 전에 해야 할 일을 솔직하게 이야기해야 한다. 엘리자베스 와투티는 정부가 기후 재앙을 더 잘 대비하는 모습을 보고자 한다.

"저는 우리가 손실을 어느 정도 피하거나 예방할 수 있을 것 같아요. 이재민이 생기기 전에 미리 막을 수 있죠. 우리는 너무 늦게 행동하거나 재난이 닥쳐서야 행동하는 문화가 있어요."

리더십을 발휘한다는 것은 사람들한테 운명론을 거부할 힘을 심어 준다는 뜻이다. 카오사라 사니는 말한다.

"기후변화는 사람이 만든 문제입니다. 많은 아프리카 사람들이 생각한 것처럼 하느님이 한 일이 아닙니다. '어쩌면 하느님이 우리한테 화가 나셨는지도 모른다'니요, 아닙니다."

2020년에 골드만환경상Goldman Environmental Prize을 받은 가나의 치베제 에제키엘은 4년 동안 캠페인을 벌인 끝에 중국이 지원하는 700메가와트짜리 석탄 발전소 설립 계획을 무효로 만들었다. 가나에서 최초로 짓는 석탄 발전소가 될 뻔했다. 가나 정부는 이 프로젝트를 중단한 뒤 신재생 에너지 계획에 공을 들였다. 치베제가 공개적으로 목소리를 내지 않았다면 정부가 방향을 바꾸었을까?

사람들은 권한이 생기면 책임도 받아들일 것이다. 우리는 우리 도시를 더 지속 가능하고 포용적으로 만들고(지속가능발전목표 11번) 모든 생산과 소비가 지속 가능하도록 보장하는(지속가능발전목표 12번) 큰 도전에 직면해 있다. 우리 중 많은 사람이 기후 위기를 가속화하는 방식으로 사는 데 익숙하고 정부 정책과 기업 관행도 우리를 부추겼다. 독일 기후 활동가이자 콩고 숲 구하기 캠페인에 참여했던 로만 스트라트쾨테르는 자기와 이야기하는 사람은 대부분 기후 위기를 인정한다고 말했다. 하지만 로만이 "좋아요. 이제 우리는 기후 위기에 맞서 싸워야 해요"라고 말하면서 "매주 50유로에" 스페인으로 날아가거나 "날마다 1.5유로에 고기를 먹지"는 말아야 한다는 뜻이라고 하면, 많은 사람이 망설인다고 했다. 로만이 덧붙이길, 이론적으로 모든 사람은 기후 활동가지만, 모두가 기후 활동가답게 행동하려 하지는 않는다고 했다. 적어도 아직은.

리더십을 발휘한다는 것은 편법보다는 중장기적인 이점을 촉진하는 것을 의미한다. 태양 전지판을 설치하거나, 친환경적인 요리용 화덕을 사거나, 습지를 보호하는 데는 처음에는 비용이 많이 드는 것처럼 보여도 멀리 내다보면 에너지를 아끼거나 숯을 덜 사용해서 공기가 덜 오염되거나 홍수가 덜 발생하거나 폭풍해일이 멈추니 비용이 덜 들어간다는 점을 설명해야 할 수도 있다. 또는 리더십을 발휘하여 더 효율적이고 친환경적인 대중교통 해법(예를 들면 탄자니아 다르에스살람Dar es Salaam의 간선급행버스체계가 있다)을 마련할 수도 있다. 그러면 사람들이 디젤 엔진으로 운행하는 마타투나 개인 차량을 이용할 필요성을 덜 느낄 것이다. 지금은 사람들한테 운전을 줄여야 한다고 말하면 "걸어서 출근하라는 말이에요?"라는 질문이 돌아올 뿐이다.

북반구 나라들도 중요한 역할을 해야 한다. 앞장서서 충분한 재정 자원을 마련할 역사적, 윤리적 책임이 있다. 정부들은, 특히 우리나라 정부는 국제단체와 더 부유한 나라가 친환경 에너지로 자본을 이동시킬 뿐 아니라 기술을 이전하는 데 적극적으로 참여할 것이라는 확답을 받아야 한다(지속가능발전목표 17번). 마지막 지속가능발전목표는 부유한 나라가 덜 부유한 나라를 대상으로 개발 원조를 늘리고 기술을 더 공유하는 것이다. 그러면 모든 지속가능발전목표를 이루고자 더 친환경적이고 더 공평한 접근법을 빠르게 적용할 수 있을 것이다.

나는 우리가 17번 지속가능발전목표를 이룰 수 있다고 생각한다. 하지만 조심해야 한다. 예를 들어 영국은 2030년까지 디젤 엔진 차량 생산을 금지한다고 발표했다. 나는 이 결정에 박수를 보낸다. 하지만 그 모든 '오래된' 디젤 차량을 우간다 같은 나라로 수출할까 걱정이다. 이는 사실상 영국에서 배출할 탄소와 건강에 미칠 부정적인 영향을 외부에 떠넘기는 것이다. 이런 방법을 이용하면, 영국은 비용을 치르고서 온실가스를 배출하지 않는 상태로 더 빠르게 이행할 것이다. 하지만 우리나라가 이행하는 속도는 느려질 것이며 이행 과정이 더 어렵고 더 비싸고 더 지독해질 것이다. 마찬가지로 영국 같은 나라가 국내 온실가스 감축은 야심 차게 진행하면서, 그 밖의 나라에서 화석연료를 기반으로 한 산업에 계속 투자하는 행태는 앞뒤가 안 맞는다.

산업이 발달한 나라에서 나온 쓰레기를 재활용하거나 오염을 대신 떠맡는 식으로는 아프리카에 미래가 없다. 우리는 무책임한 북반구 나라들이 오래된 기술을 버리는 폐기장이 되고 싶지 않다. 책임감 있는 관리 방식이란 우리 중 누군가가 기후 위기를 적절하게 다뤄야 할 때, 모두를 포함해야 한다는 사실을 인정하는 것이다.

\ / \ / \ /

훌륭한 거버넌스, 기술 이전, 기후 기금, 효과적인 리더십에 뒤

따르는 핵심 질문은 이렇다. **어떻게 정부와 지도자를 압박하여 이들이 우리가 원하는 대로 기후 비상사태를 다루는 행동에 나서게 할 수 있을까?** 나는 장담할 수 있다. 우리 활동가들한테 어떤 스위치가 있어서 우리 지도자들이 적절하게 행동하도록 만들 수 있었다면, 이미 그 스위치를 눌렀을 것이다. 하지만 우리는 그런 스위치가 없다. 우리가 맡은 임무는 계속 목소리를 내고 인식을 높이고 지도자에게 옳은 일을 하기를 요구하는 것이다.

물론 시민들이 스스로 환경을 돌보거나 오염을 일으키는 원인에 맞서기를 바라지 않는 독재 정권에서는 공개적으로 목소리를 내는 일을 정부에 대한 위협이라고 여긴다. 하지만 우리는 침묵할 여유가 없다. 우리는 (아직) 의사 결정 회의에 참석할 수 없다. (아직) 규칙을 만들 수도 없고, 화석연료에 계속 자금을 조달할지 변화를 택할지 결정할 투표권도 (아직) 없다. 그렇다고 실망하거나 우리가 아무것도 이룰 수 없다고 낙담해서는 안 된다. 우리는 그 회의실에 직접 들어갈 수는 없지만, 적절한 사람이 들어가게 만들 수 있다. 우리는 그 안에 들어갈 대표나 지도자를 선거에서 뽑을 수 있기 때문이다.

미래를 위한 금요일 운동을 비롯해서 여러 기후 행동에 참여하는 많은 사람이 아직 투표하기에는 어리다. 하지만 이 사람들은 동영상에서, 온라인에서, 사설에서, 거리에서, 학교에서 크게 목소리를 내고 있다. 가족, 또래 친구, 선생님을 포함해서 다른 어른을 설득하고 있다. 새로운 방식으로 에너지를 생산할 때가 왔듯, 새 에너지를 갖춘 새로운 세대로 힘이 이동하고 있다. 아프리카 인구는 60퍼센트가 25세 미만이며 인도는 절반이 그렇다. 지구 인구는 열 명 중 네 명이 25세 미만이다. 우리나라는 인구 중 4분의 3 이상이 30세 미만이다.

이 세대, 우리 세대에 우리나라와 우리 세상의 미래가 달려 있다. 중요한 점은 우리가 힘을 얻느냐가 아니라 언제 얻느냐이다. 낡은 행동 방식, 낡은 에너지와 갈등, 진보와 개발에 관한 낡은 사고방식으로 결정을 내려온 고령자 중심의 지배 체제는 사라지는 중이다. 이 지배 체제는 지구를 마비시켰다. 이제 우리가 다 함께 지구를 위해 일어설 때가 왔다. 우리는 현실에 안주할 수 없다. 그 대신 모두 함께 체계를 만들고, 공유하고, 목소리를 키우고, 올바른 지도자가 힘을 얻을 수 있게 투표해야 한다. 망설이며 과학을 외면하던 시대가 지났다는 사실을 이해하는 지도자한테 말이다.

우리 집이 불타고 있다. 더는 낭비할 시간이 없다.

10

무엇을 할 수 있을까?

그런데 내가 무엇을 할 수 있을까? 여러분은 이런 의문이 들지도 모른다. 여러분은 자신이 힘이 없다거나 아무도 자기 목소리에 신경 쓰지 않는다고 생각할지도 모른다. 아니면 여러분은 무엇을 어떻게 하면 기후 위기를 해결하도록 도울 수 있을지 확신이 안 설 수도 있다. 여러분이 어떤 기분인지 안다. 나도 한때 마찬가지였기 때문이다.

이 책에서 나는 언론, 교육, 성, 인종, 남반구와 북반구 사이에 존재하는 권력관계가 어떻게 바뀌어야 하는지 썼다. 나는 다른 기후 활동가와 합류해서, 우리를 재난 직전으로 떨어트린 경제와 정치 체제의 방향을 완전히 돌리기를 요구했다. 하지만 체제가 변해야 하고 새 제도가 필요하다고 해서 개인이 변화를 불러올 수 없다는 뜻은 아니다. 사실, 나는 여러분 안에서 변화가 시작되며 개인이 하는 노력이 꼭 필요하다고 믿는다. 그레타가 말했듯 "오늘날 벌어지는 기후 논쟁을 생각할 때, 여러분이 자기 말대로 실천하고 모범적으로 살지 않으면 많은 사람이 여러분 이야기를 듣지 않을 것"이다.

따라서 이 장은 여러분을 위해 준비했으며, 나와 이 책에 나온 많은 활동가가 건네는 조언을 담았다. 바로 올바르고 정의로운 일을 지지하는 열 가지 방법이다.

첫 번째, 열정과 사랑을 찾아라

활동가가 되면 지치고 이따금 낙담할 수도 있다. 이런 이유로 반드시 열정과 사랑을 쏟을 대상을 찾아야 한다. 나는 어떻게 기후 위기가 우리나라 사람들의 삶을 뒤흔들고 수많은 고통이 자라나게 하는지 알게 된 것이 동기였다. 나는 문제를 발견했고 해결할 방법을 찾고 싶었다.

여러분 안에 있는 빛은, 여러분이 바꾸고 싶은 변화는 무엇일까? 여러분은 가까운 가족, 친구, 주변 사람을 사랑할 수 있다. 이 사람들이 걱정된다면, 이 사람들을 위해 싸울 것이다. 어쩌면 특히 여러분이 공격받을 때조차도. 여러분은 동물을 좋아할 수도 있다. 이 행성에 존재하는 아름다운 다양한 생물을. 코끼리를 구하거나 곤충 소리를 듣거나 지구에서 생명이 계속 살아가도록 돕고 싶을 수도 있다. 여러분은 숲을 사랑할 수도 있다. 개울이나 호수나 바다를 사랑할 수도 있다. 우리가 공유할 미래가 달린 습지와 습기가 많은 초원이 걱정될 수도 있다. 여러분이 사는 나라와 하느님이 만든 창조물을 사랑할 수도 있다. 소외되고 재산을 잃어버린 사람들을 일으키는 일에 열정을 느낄 수도 있다. 기후 위기에 불평등하게 영향을 받는 사람들을 위해 정의를 실현하고 싶을 수도 있다. 여러분이 열정과 사랑을 찾을 곳은 무척 많다.

어디에 사랑과 열정을 쏟든, 그 대상을 찾아서 의지하자. 착각하지 않기를 바라며 말해 두자면, 기후 활동은 어렵다. 사랑과 열정이 있으면 아플러나 비관론자가 내뱉는 부정저인 반응에 맞서기에 도움이 된다. 이런 사람들은 돕기보다는 비난하고, 해법을 제시하기보다는 조롱하며 시간을 보낸다. 여전히 어려울지도 모르지만, 사랑과 열정이 있다면 상처 주고 모욕하는 댓글을 이겨 내고 활동을 이어 갈 수 있다.

두 번째, 배워라

모든 세대의 활동가는 이전에 활동했던 세대의 어깨에 서 있다. 기후 위기는 비교적 최근에 나타난 현상이지만, 우리 이전 세대들도 이 행성과 동물, 정의와 인권을 지키고자 싸웠다. 이런 사람들은 우리에게 영감과 지식과 전략과 경험을 나눠 주는 귀중한 원천이다. 기후 위기와 싸우고 싶다면 윗세대와 협동해야 한다. 우리는 윗세대에서 배울 점이 많으며 윗세대도 우리한테 배울 점이 많다. 그러니 캘리포니아주 로스앤젤레스에 기반을 둔 교차성 환경 보호주의 운동가 리아 토머스가 제안하듯 "환경의 역사를 여러모로 살펴보고" 세상을 더 나은 곳으로 만들고자 싸웠던 선조들에게 존경을 표하자.

기후학자가 될 필요까지는 없다. 모든 사람이 던지는 질문에 하나하나 다 대답할 수 있어야 한다고 부담을 느낄 필요도 없다. 활동가로서 우리가 맡은 임무는 시민과 정치인이 과학자가 하는 이야기에 귀 기울이고 사실을 따르도록 촉구하는 것이다. 하지만 그러려면 우리도 반드시 배워야 한다. 튀르키예 활동가 데니즈 체비쿠스와 영국 기후 캠페인 운동가 일라이자 매켄지-잭슨은 "기후 문제와 관련해서 최신 정보를 계속 파악하기"를 추천한다. 에블린 아첨은 말한다.

"읽고 알아내는 일도 활동에 포함돼요. 그래야 사람들한테 이야기할 때 사실에 근거할 수 있으니까요. 저는 개인적으로 구글을 친구로 삼았어요."

힐다 나카부예도 동의한다.

"기후변화에 관해 읽고, 조사하고, 이해해야 해요. 끊임없이 읽어야 하죠. 호기심을 키우고, 한배에 탄 다른 사람과 이야기를 나누고, 여러분한테 필요할 수도 있는 조언을 부탁해야 해요. 이런 관계를 놓치지 마세요!"

세 번째, 동료를 찾아라

세상은 전에 없이 서로 연결돼 있다. 여러분을 따돌리고 헐뜯으려 하는 사람은 무시하고 생각이 비슷한 시민들과 함께하자. 나는 처음에 기후 위기에 열정적으로 맞서는 사람들이 어디에 있는지 알고 싶었을 때, 소셜미디어에 접속해서 그레타 툰베리,

알렉산드리아 빌라세뇨르, 릴리 플랫 같은 사람을 찾았다. 나는 이들한테서 배웠고 이들이 기울이는 노력과 헌신에서 힘과 용기를 얻었다. 지금도 마찬가지다.

에블린 아첨도 존경할 수 있는 사람을 찾기를 추천한다.

"영감을 주고, 교훈을 주고, 일어서서 성장할 수 있게 도와주는 누군가 말이에요. 이야기를 들어 주고 활동을 도와줄 사람을 한 명 찾아야 해요. 그 사람이 꼭 동료 활동가일 필요는 없어요. 부모님이나 형제나 그 밖에 누구든 될 수 있죠."

다른 사람과 교류하면 크게 외로워하지 않고, 새로운 아이디어와 정보를 얻고, 영감을 얻을 수 있다. 기후정의를 옹호하는 멋진 소녀와 소년, 남성과 여성이 무척 많이 있다. 이들은 내 영혼을 살찌우고 내 결심을 단단하게 해 준다. 여러분은 협력자와 멘토, 들어 주는 사람과 목소리를 크게 내는 사람이 될 수 있다.

또 여러분이 사는 동네에서, 지역에서, 나라에서 동료를 찾아야 한다. 피켓을 만들어 주거나 들어 줄 자원봉사자, 메시지를 퍼트려 줄 조력자 같은 사람들을. 여러분의 정신과 신체 건강을 걱정해 주는 친구도 필요하다. 쉬어야 하거나 한 걸음 물러서서 생각할 때를 알려 주고, 여러분이 암울한 시기를 보낼 때 귀 기울여 주고, 여러분을 진심으로 대해 주고, 좋은 조언을 건네줄 친구 말이다.

네 번째, 공유하고 교류해라

나는 내가 내성적이라고 생각한다. 때때로 친구를 사귀고 대화를 시작하는 게 어렵다. 나한테 관심이 집중되는 것도 좋아하지 않는다. 나는 가족이나 친구와 좋은 관계를 유지하면서 사생활을 드러내지 않으려고 노력한다. 나는 솔직하고 단도직입적이기도 하다. 그러니 여러분도 마음에 새겨 두길 바란다. 자신을 드러내지 않으면서도 다른 사람과 꿈꾸는 미래를 공유할 수 있다. 가족과 돈독하게 지내면서 친구와 친척이 바뀌도록 격려할 수 있다. 조용한 사람이어도 공개적으로 목소리를 낼 수 있다.

나는 피켓을 들고 밖에 설 용기를 내기까지 오랜 시간이 걸렸다. 그리고 여전히 대중 앞에 설 때 긴장한다. 하지만 용기를 내면, 다른 사람한테 영감을 줄 뿐 아니라 나를 더 믿게 되고 자신감이 생긴다. 공포가 전염되듯 용기도 마찬가지다. 2019년 1월에 첫 파업을 함께 벌였던 우리 여섯 명 중, 사촌 이사벨라는 나와 함께 라이즈업무브먼트에 동참했고, 버락은 여자아이의 권리에 관한 동영상을 찍었고, 트레버와 폴 크리스티안은 가족 중에 활동가가 있다는 사실을 자랑스러워하며 자신감을 얻었다. 조앤과 클레어는 첫 번째 파업 때는 참여하지 않았지만, 지금은 스스로 활동가가 되어 여성의 권리와 기후 위기를 대변한다. 여러분은 가깝든 멀든 다른 사람한테 직간접적으로 긍정적인 영향을 줄 수 있다. 여러분이 누구한테 영향을 미칠지는 모르는 법이다.

그러니 꿈과 감정뿐 아니라 여러분이 알게 된 사실을 공유하자. 청중이나 무대가 큰지 작은지는 중요하지 않다. 중요한 것은 여러분이 알리려는 메시지와 이를 전달할 수 있는 모든 방법을 찾는 일이다. 사람들이 어디서 어떻게 활동으로 가는 여정을 시작할지는 알 수 없다. 정확히 무엇이 누군가한테 불꽃을 일으킬지 알아내기란 불가능하다. 좌절하거나 외로운 순간도 있겠지만, 우리 기후 활동가는 굉장한 노력을 기울이고 있으며, 갈수록 함께하는 사람이 더 늘고 있다.

여러분은 부모님, 친척, 친구, 동료와 함께 시작할 수 있다. 아니면 소셜미디어를 이용해서 정보와 열정을 전 세계에 알릴 수 있는데, 몇몇 내 친구도 그렇게 했다. 우리 친구와 가족은 여러분이 전하는 메시지를 들으려 하지 않을지도 모른다. 하지만 친구와 가족이 그 메시지 속 현실에 살고 있다면 들려주어야 한다. 여러분은 가족과 친구들이 떠나 버리거나 여러분을 걱정하게 만드는 대신 여러분한테 동참하고 싶어지게 소통할 수 있다.

열정과 헌신을 전달하는 방법을 제한하지 말자. 나는 파업을 이끌고, 강연하고, 학교를 방문하고, 대학교와 길거리에서 쓰레기를 치우고, 행진하고, 농성을 벌이고, 비정부기구와 함께 일하고, 지역에서 진행하는 계획(학교에 태양 전지판과 요리용 화덕을 설치하는 내 프로젝트)을 위해 기금을 마련하고, 편지를 쓰고, 국회의원에게 청원하고, 회담에 참석하고, 단체를 만들어 가입했다. 여러분은 다른 사람한테 요리를 해 주거나 함께 요리하거나 같이 나무를 심을 수도 있다. 이 모든 활동을 하면서, 여러분은 메시지를 퍼트리고, 공동체와 연합체를 만들고, 새로운 사람을 만나고 계속 의욕을 얻을 것이다.

활동가가 되는 방법이 한 가지가 아니듯, 활동가가 되기에 적절한 때도 없다. 에블린 아첨은 "여러분이 오늘 시작할 수도 있고 내일 시작할 수도 있다"라고 조언한다. 시작하기만 하면 된다! 로만 스트라트쾨테르가 말하듯 "모든 작은 행동이 중요" 하다. 트윗을 공유하거나 응원하는 글을 올리는 것뿐이라도 말이다. 일라이자 매켄지-잭슨은 주장한다.

"그렇지만 여러분이 목소리를 내는 것이 중요합니다. 모든 사람은 목소리를 낼 수 있죠. 다만 자기 안에서 그 목소리를 찾아서 사용할 수 있느냐 하는 문제일 뿐입니다."

다섯 번째, 목소리를 높이자

많은 사회에서는 여자아이와 여성이 남자아이와 남성을 따르고, 조용히 지내면서 의견을 강하게 말하지 않고, 공적인 문제에 대해 자기 생각을 공개적으로 말하지 않기를 기대한다. 따라서 여자가 목소리를 높이면, 단호하고 총명하고 명확하게 높이면, 온라인에서든 현실에서든 많은 남성한테 위협이 될 수 있다.

여러분이 소녀거나 여성이라면, 이런 사회 분위기 때문에 멈추지 말자. 우리는 목소리를 낼 권리가 있고, 제안할 것도 많은데, 무엇보다도 기후 위기를 가장 앞에서 겪기 때문이다. 용기를 내서 감정과 아이디어를 공유하자. 비웃음당할까 무섭더라도, 걱정되더라도, 시간 낭비라는 소리를 듣더라도 말이다. 여러분이나 다른 누군가가 부당한 일을 당했다면, 목소리를 높이자. 그러면 부당한 일이 묻히지 않게 할 수 있다. 그러면 여러분은 그 부당한 일이 왜 잘못됐는지 설명하고, 그 일에 관해 폭넓게 이야기하기 시작하여 어쩌면 그 부당함을 바로잡을 수 있을 것이다.

여섯 번째, 그리고 귀를 기울이자

한쪽에서 목소리를 낸다면 다른 쪽에서는 귀를 기울여야 한다. 소년과 남성은 여성과 소녀가 하는 이야기를 들어야 한다. 우리는 우리가 낸 아이디어를 존중받아야 하며 우리가 겪은 경험을 인정받아야 한다. 우리 같은 활동가들이 가장 취약한 사람과 공동체를 위해 목소리를 내는 일은 중요하다. 하지만 **당사자**한테 자기가 마주한 어려움을 설명하고, 해법을 제시하고, 도움을 요청할 기회를 주는 것이 훨씬 더 중요하다.

북반구 나라에서도 귀를 기울여야 한다. 산업화한 세계는 진부한 이야기만 늘어놓아서는 안 된다. 또 자기네 회담에 우리를 초청하여 자기 위안을 얻거나 겉으로만 그럴싸하게 다양성을 갖추어서는 안 된다. 북반구 나라들은 **우리가** 처한 현실을 주의 깊게 듣고 **우리가** 내놓는 해법을 지지하여 행동에 나서야 한다.

여러분이 북반구 나라에 산다면 우간다에서 일어난 홍수, 콩고 열대우림 파괴, 줄어드는 차드호 같은 아프리카에서 일어나는 일을 잘 파악하기를 바란다. 이 책과 남반구 저개발국 전역에서 나오는 목소리를 듣고, 이들이 무엇을 이야기하는지 진지하게 주의를 기울이길 바란다. 또 여러분이 목소리를 내어 우리를 도와주기를 바란다. 여러분 나라의 지도자, 정부, 산업이 계속 화석연료에 투자하고 이를 촉진하면서 우리의 생계와 환경과 미래를 파괴한다면, 여러분이 대신 나서서 목소리를 높여 주기를 바란다.

우리는 우리 목소리를 들어 줄 뿐 아니라 널리 퍼뜨려 주기를 바란다. 우리 중 많은 사람이 경찰과 사회가 휘두르는 폭력에 위협받으며 살아가기 때문이다. 우리는 국제 공동체가 우리를 무시하거나 우리 정부가 침묵을 강요할 때, 여러분이 우리 목소리가 되어 주기를 바란다.

이런 문제는 진행 중이다. 2021년 2월 인도 미래를 위한 금요일 활동가 디샤 라비가 '인도를 명예훼손' 한 혐의로 체포됐다. 인도 경찰은 디샤가 정보를 담은 '연장 세트'를 만든 혐의를 제기했다. 인도 정부가 가족농을 회생하여 대규모 농장에 혜택을 주는 듯한 방향으로 법을 개정하기로 하자 항의하는 농민들이 생겨났는데, 연장 세트에는 이들 농민을 돕는 방법이 자세히 담겨 있었다. 디샤는 그레타가 자기 팔로워한테 연장 세트에 관해 트윗한 다음에 체포됐다.

2020년 12월, 러시아 FFF 활동가 아르샤크 마키치안은 기후 위기에 대해 '무허가 시위'를 벌인 혐의로 수감됐다. 내 친구 사샤 슈가이는 러시아 당국과 경찰한테 위협을 받았고 선생님들이 파업과 관련해서 겁을 주었다고 언론에 말했다. 아르샤크는 감옥에서 시간을 보내며 경찰과 다른 수감자들한테 기후 온난화에 관해 가르쳤다. 내 우간다 기후 동료들은 2020년 10월에 부고마숲 일부에서 나무를 베는 데 반대하여 시위를 벌였다가 체포당했고, 놈비 모리스와 리아 나무게르와는 트위터 계정을 정지당했다. 일본 기후 활동가 사토 마코토는 일본 은행이 화석연료에 투자한다며 목소리를 높였다가 트위터를 제한당했다.

이런 사례에서 나타나듯, 정부는 정부의 행동 실패를 비판하는 메시지 전달자들을 침묵시키는 식으로 기후 위기에 대응할 수 있다. 정부 당국이 전하는 메시지는 이렇다. "당신이 인류가 생존하고 살 만한 미래를 요구한다면, 그 입을 다물게 만들겠다." 그러니 우리는 이런 메시지를 전달해야 한다. "우리는 입을 다물지 않을 것이다. 그 대신 계속 희망을 담아 행동을 촉구하는 메시지를 전파할 것이다. 그 과정에서 진실을 냉소적으로 무시하는 당신들의 추악함을 폭로할 것이다. 우리는 목소리를 높일 것이다!"

하지만 우리는 아무리 법을 준수해도 소외되거나 정치적으로 무력하거나 토론에 초대받지 못할지도 모른다. 우리 이야기가 널리 퍼져 나가면, 우리는 더 성공할 수 있다. 여러분이 자유를 보장받는 나라에 산다면, 그 자유를 이용해서 그렇지 못한 사람을 도와주기를 바란다.

또 우리는 서로 이야기를 들어 주어야 한다. 완벽한 사람은 없다. 모든 것을 다 아는 사람도 없다. 우리는 모두 더 배울 것이 있고 서로한테 배울 수 있다. 나는 귀를 기울이는 일이 목소리를 높이는 일만큼이나 중요하다는 사실을 깨달았다. 또 다양한 목소리를 들을수록 더 효과적으로 말할 수 있다는 점을 배웠다.

일곱 번째, 창의력을 발휘하고 자신을 돌보자

여러분이 참여하여 창의적으로 메시지를 전달할 수 있는 활동은 많다. 내가 케이맨제도에서 만난 활동가들은 예술 작품을 만들고 사진을 찍어서 기후 인식을 높였다. 일라이자 매켄지-잭슨도 예술을 이용해서 활동을 벌인다. 일라이자는 말한다.

"할 수 있는 건 많아요. 노래, 춤, 연기, 드라마 대본 쓰기, 과학 실험 같은 거요."

여러분도 온라인에 그림을 올리고, 창문 밖에 피켓을 걸고, 소셜미디어에서 실시간 이벤트를 열고, 온라인과 오프라인으로 세미나를 준비하고, 그림을 그리고, 연설하고, 여러 재능을 보여 줄 수 있다. 기후정의를 옹호하는 방법은 한 가지가 아니며 '정답'도 없다. 우리는 모든 기술, 상상력, 행동력을 가장 좋은 표현 방식으로 발휘해야 한다.

리아 토머스는 간단명료하게 말한다.

"여러분이 잘하는 일을 찾아서 운동을 벌일 때 사용하세요."

구경꾼으로 남으면 안 된다. 우리는 모두 할 수 있는 일을 해야 한다. 자기가 그리 창의적인 사람이 아닌 것 같다고 걱정하지 말자. 창의력은 형태가 다양하다! 여기 한 사례가 있다. 코로나바이러스 감염증 제한 조치로 활동을 대부분 온라인에서 해야 했던 2020년 지구의 날을 준비할 때, 한 가지 계획을 세웠다. 우리는 각자 "기후변화는…"이라는 글로 시작하는 피켓을 들기로 했다. 그리고 활동가들은 여기에 "위험하다" 또는 "여기에 있다" 같은 다른 말을 덧붙일 예정이었다. 우리는 각 피켓을 사진과 동영상으로 찍어서 미디어 콜라주를 만들었다. 우리는 이 작품이 활동가 한 명이 완성한 메시지를 보여 주는 사진이나 동영상보다 더 흥미로워 보인다고 생각했다. 여러분은 이 작품을 온라인에서 보고 우리가 발휘한 창의력이 효과적이었는지 판단할 수 있다.

창의력을 발휘하는 것과 함께 쉬는 것도 중요하다. 일라이자 매켄지-잭슨은 조언한다.

"정신 건강이나 신체 건강을 소홀히 하면 안 돼요. 자기를 위한 취미나 활동을 그만두지 마세요. 자신을 지탱할 수 없다면 어떻게 지구를 지속 가능하게 만들고자 싸울 수 있겠어요?"

데니즈 체비쿠스가 제안하길, 문제 상황에서 자신을 한발 꺼내면 좌절이나 부정적인 반응에 더 쉽게 대처할 수 있다. 이런 상황은 여러분이 겪은 실패나 여러분 자신과는 아무런 상관이 없기 때문이다. 엘리자베스 와투티는 "나중에 반응하기보다는 미리 대책을 세우기"를 추천한다. 또 "이따금 우리는 우리를 둘러싼 복잡한 문제에 짓눌려 분노하거나 불안해하거나 슬퍼한다"라고 말한다. 그러면서 이런 활동을 행동으로 바꾸면 "해법을 발견하고 실천할 수 있다"라고 덧붙였다.

여덟 번째, 세상에서 보고 싶은 변화를 일으키자

"우리가 자신을 바꿀 수 있다면, 세상의 흐름 또한 바뀔 것이다."

마하트마 간디가 남긴 이 메시지는 간디가 이 글을 썼을 때만큼이나 오늘날도 여전히 의미가 있다. 물론 우리는 개인적으로 할 수 있는 일을 넘어서 체제까지 바꿔야 한다. 체제를 바꿔서 도시와 시골에 있는 모든 지역사회를 개선하고, 평소에 사업으로 인정했던 것에 이의를 제기해야 한다.

그러니 카이메 실베스트레 말대로, "장기적으로 변화를 끌어내려면, 반드시 공식적인 정치과정에 참여하여 우리 사회를 이끌어 갈 정책을 개발해야 한다. 우리 젊은이는 종종 정치과정에서 등한시되지만, 우리는 수가 많으며 기후 안건을 최우선으로 하는 후보자를 지지하고 투표해야" 한다.

그러니 종류를 막론한 선거에서 믿음이 가고, 기후 비상사태가 최우선 과제라는 데 동의하는 후보자한테 투표하거나 당선 운동을 펼치자. 직접 출마하자. 서명 운동을 벌이자. 국제사회나 국회까지 영향을 미칠 수 없더라도, 더 수용적인 관리 조직이 많이 있을 것이다. 같은 학교에 다니는 또래부터 교육위원회까지, 구의원이나 시의원부터 시장이나 도지사까지 말이다. 여러분이 사는 곳에서 활동가가 되기가 훨씬 쉬울 수도 있다. 리아 토머스가 조언하듯 "여러분이 속한 지역 공동체에 닥친 환경문제를 찾고" 여러분이 보기에 타당한 방식으로 참여하자.

일상에서 실천하면서 변화를 부를 수 있는 일도 많다. 사제나 이슬람 지도자 이맘, 랍비한테 기후 위기에 관해 이야기하자. 신자들한테 설교해 달라고 부탁하자. 로터리클럽 같은 시민사회단체나 공익을 증진하는 데 도움이 될 만한 사업에 참여하자. 마을 모임에 참석하자. 이런 참여가 현지에서 효과를 발휘한다면, 전국 단체와 지역단체, 국제단체까지 영향력을 발휘하여 여러분의 노력을 이어 갈 수 있을 것이다.

이제 돈 이야기를 해 보자. 지갑이 발휘하는 힘을 이용하자. 옳은 일을 하는 회사와 개인한테서 물건을 사자. 그렇지 않은 제품은 사지 말자. 여러분 자신, 가족, 여러분이 속한 단체가 화석연료, 대규모 농업, 여타 천연자원을 추출하는 산업에 투자하지 못하도록 막자. 지방자치단체, 연금 제도, 개별 투자자, 기업, 종교 단체, 대학, 정부는 후원자나 고객이나 시민의 돈을 주식과 여타 투자 상품에 넣는다. 캠페인에 동참하거나 캠페인을 시작해서 이런 투자를 지구를 파괴하는 산업에서 그렇지 않은 산업으로 옮기도록 만들자.

동시에 우리는 긍정적인 투자를 응원해야 한다. 평범한 사람과 생태계를 가장 먼저 생각하는 투자를 말이다. 더 많은 투자자와 기업이 사회, 환경, 재무라는 세 가지 최종 결산 결과를 이루고자 노력해야 한다. 할 수 있는 사람은 화석연료나 여타 기후를 망치는 산업을 지원하는 은행에서 그렇지 않은 은행으로 돈을 옮기자. 투자 상품 목록을 바꿔 친환경 신재생 에너지에 투자할 수도 있다.

할 수 있다면 사는 곳이나 일하는 곳에 태양 전지판을 설치하자. 학교, 청사, 병원 같은 공공건물에도 태양 전지판을 설치하도록 지자체에 요청하자. 여러분은 풍력발전을 포함해서 더 다양한 신재생 에너지를 사용하도록 장려할 수 있다. 마을이나 도시에서 대중교통을 더 많이 운행하고, 더 안전한 자전거 도로를 많이 만들고, 더 친환경적인 공용 공간을 마련하도록 요청하

자. 비닐봉지를 금지하고 플라스틱병에 세금을 부과하도록 캠페인을 벌이자. 일회용 봉투를 사용하지 않으면 할인해 주기를 요구하자. 지방정부와 기업과 협력하여 대청소하는 날을 열고, 거리에서, 나무에서, 공원에서, 수로에서 쓰레기를 치워 여러분이 사는 환경을 아름답게 가꾸자.

이런 활동은 자연뿐 아니라 우리한테도 도움이 되며 우리가 자연과 더 좋은 관계를 맺게 해 준다. 컬럼비아 산타마리아에 사는 기후 활동가 크리스티안 마르텔로는 말한다.

"저는 다음 세대 아이들이 공원을 거닐고 동물과 자연과 어우러져 사는 모습을 보고 싶어요. 언젠가는 동물이 우리를 적이 아닌 친구로 보기를 바라죠."

여러분이 사무실에서 일한다면, 무심코 프린트하지 말고, 재생 종이를 사고, 양면으로 인쇄하자. 플라스틱을 덜 사용하고 음식물 쓰레기를 줄일 방법을 생각하자. 모든 사람이 더 건강하고 영양가 있고 다양한 음식을 먹을 수 있도록 함께 노력하고 이런 노력을 옹호하자. 지역 농장이나 가족농, 식품 협동조합을 도와 '식품 탄소 발자국foodprint*'을 줄이고 공동체 안에서 돈이 순환하게 만들자. 시민 농장이나 마당, 옥상이나 창턱에서 농작물을 기르자. 이 농작물을 학교에 다니는 아이들이나 어려운 이웃과 나누자. 고기가 덜 들어가거나 채소가 풍부한 식단을 가족한테 제안하거나 직접 챙겨 먹자. 프로젝트드로다운에서 결론

★ 식품 수요가 환경에 주는 부담.

내리길 이는 지구온난화를 다루는 가장 강력한 다섯 가지 방법 가운데 하나다. 축하 행사나 기념식 때 더 친환경적이고 지속 가능한 음식을 대접할 방법을 생각하자.

옷에 관해 이야기하자면, 옷장에 옷이 얼마큼 있는지, 정말로 신상품이 나오는 족족 사야 하는지 생각해 보자. 세계 패션 산업은 매년 배출되는 탄소 중 10퍼센트를 차지한다. 많은 사람이 새 옷을 입어야 세련되고 '일류'처럼 보인다고 믿는다. 하지만 사실은 중고 옷을 입어도 근사해 보일 수 있다. 나는 종종 중고 옷을 산다. 나는 중고 블라우스나 원피스를 인터뷰 때나 심지어 생일 파티 때도 흔들어 보일 수 있다. 내 친구들은 내가 입은 옷을 칭찬해 줄 것이고, 내가 중고 옷이라고 말하면 거의 매번 이런 말이 돌아온다.

"나도 거기에 데려가 줘! 그 옷들 보고 싶어."

솔직히 말하면, 보통 내 친구들은 이런 옷이 지속 가능하다는 사실에는 관심이 없다. 보기에 좋고 값도 싸니 이런 옷을 사면 돈을 아낄 수 있어 좋을 뿐이다. 나는 이런 옷이 쓰레기 매립지에 들어가지 않게 새활용*할 수 있을 뿐 아니라, 내가 할 수 있다면 너희도 할 수 있다고 친구들한테 보여 줄 수 있다. 그러면 친구들은 즐거워하며 만족한다.

내가 제안했던 모든 아이디어는 지속 가능한 생활 방식을 옹호하면서 사는 방법이다. 여러분은 이 아이디어들을 일상에

---

* 버려지는 제품에 가치를 더해 새롭게 재탄생시키는 것.

포함할 수 있다. 아라브 세스가 제안한 세 가지, 인식하고 확대하고 행동하는 일을 생각하자. 여러분이 이 세 가지를 실천하고 지역 전체가 평소에도 이런 식으로 지구와 소통하게 만든다면, 더 큰 변화를 불러올 수 있을 것인데, 사회적 저항이 줄어들기 때문이다.

아홉 번째, 세계적이고 교차적으로 생각하자

아라브 세스가 말하듯 "기후 활동가는 국경 너머를 봐야" 한다. 기후변화는 국경을 존중하지 않으며, 따라서 우리는 다른 활동가와 연대해야 한다. 세계적으로 생각한다는 말은 이 행성 여기저기서 활동가들이 이루고자 하는 목적을 지지한다는 뜻이다. 옛 식민지주의나 제국주의에서 혜택을 보았고 앞으로도 계속 그럴 사람으로서 자신이 누리는 특권을 인정한다는 뜻이기도 하다. 또 크리스티안 마르텔로가 제안하듯, 문화를 독립시켜 "선조들이 했던 활동을 이어 감으로써 지구와 교감하고 지구가 회복하도록 돕는다"는 뜻이다.

내가 이 책에서 보여 주고 싶었던 것처럼, 기후 문제는 다른 모든 사회정의 문제에 영향을 미친다. 카이메 실베스트레는 이렇게 지적했다. "기후정의를 실현하려는 싸움은 정의 그 자체를 실현하려는 싸움이며, 사회정의와 인종 정의를 실현하려는 싸움을 포함해야 한다. 우리 제도에는 수많은 불평등이 존재한다. 다른 사람을 뒤에 남겨 두고 간다면 의미가 없다. 우리는 다 함께 행동해야 하며, 모두를 위한 정의와 회복력을 진짜 목표로 삼는 해법을 찾아야 한다."

열 번째, 믿자

변화는 **이미** 일어나고 있다. 내 아이들과 손주들은 완전히 다른 행성에서 자랄 것이다. 이 아이들이 놓인 현실과 고를 수 있는 선택은 우리와 매우 다를 것이다. 우리가 지금 행동하지 않으면 선택지가 훨씬 적고 나빠질 수도 있다. 질문은 우리가 행동하느냐 마느냐가 아니라 어떻게 행동하느냐이다. 우리는 우리의 생명과 앞으로 태어날 생명을 위해 싸운다. 꺾이지 말자. 여러분 자신과 여러분이 그리는 미래를 믿자.

엘리자베스 와투티는 이렇게 말했다.

"옳은 일에 목소리를 내거나 응원을 보내는 것을 절대 두려워하지 마세요. 혼자 서 있더라도요."

악플러와 부정적인 반응은 무시하자. 힐다 나카부예는 말한다.

"절대 포기하지 마세요. 상황이 아무리 나빠 보여도."

그레타 툰베리는 "변화를 만들기에 너무 보잘것없는 사람은 없다"고 했다. 엘리자베스는 이를 다른 식으로 말한다.

"누구도 자기가 하는 행동이나 하려는 일이 너무 보잘것없다고 생각해서는 안 되는데…. 우리는 지구가 고갈되는 모습을 서로 손을 붙잡고 지켜볼 수는 없어요. 앞으로 나서서, 안전한 미래에 살 만한 세상을 확보하고자 무엇이든 해야 해요. 우리모두와 다음에 올 세대를 위해서요."

우리는 개인이지만, 엘리자베스가 말했듯이 "뭉치면 강해지는데, 모든 개별 행동을 하나로 합치면 거대한 영향력이 생기기" 때문이다. 또 우리는 젊은이로서 "이 문제의 중심에 있다. 이 결과를 더 오래 감수하고 살아야 하기 때문이다. 우리는 해법을 제공해야 한다고 자각할 수밖에 없다. 우리는 아이디어와 기술과 행동력과 시간이 있다."

그러니 프로젝트를 시작하거나 단체를 만들고, 파업을 벌이고, 아이디어를 공유하고, 여러분의 힘을 믿기 바란다. 나도 여러분을 믿으니 말이다. 나는 기후 활동을 시작했을 때, 내 활동이 캄팔라나 우리나라 국경 너머까지 뻗어 가리라고는 결코 상상하지 못했다. 유엔 기후 정상회담에 참여하거나 사람들이 내가 하는 일을 보고 영감을 받아 자기 나라에서 파업을 벌이리라고도 전혀 생각하지 못했다. 그 짧은 시간에 나에게 일어난 일은 여러분에게도 동기가 될 것이다. 그러니 여러분이 몇 살이든, 어디에 살든, 앞으로 나서서 다른 사람에게 손을 내밀고 할 수 있는 모든 일을 하자. 어디에서 어떻게 시작하든 상관없다. 무언가를 시작하고 실행한다는 사실이 중요하다. 믿음은 여러분 안에 있다. 여러분의 목소리를 낼 권리에, 그 목소리에 담긴 힘에, 이 길이 성공으로 이어지리라는 강한 신념에 있다.

기후 위기는 이런 사실을 확고히 한다. **우리는 세상을 구해야 한다. 우리는 세상과 우리 자신을 바꾸어야 한다. 아직 너무 늦지 않았다.**

감사의 말

이 책이 나올 수 있게 해 주고 나를 이 여정으로 이끌어 준 여러 대륙의 많은 사람에게 감사를 전하고 싶다. 우선 독일 함부르크에 있는 로볼트Rowohlt 출판사에서 일하는 요하나 랑막은 내 활동을 책으로 만들어 보라고 제안해 주었다. 그다음으로 환경 행동 단체 브라이터 그린Brighter Green에서 일하는 미아 맥도널드와 랜턴출판미디어Lantern Publishing & Media에서 일하는 마틴 로웨가 있다. 뉴욕에 있는 두 사람은 지식과 헌신과 기술을 발휘하여, 내가 이 책에서 내 이야기를 하고, 내 경험을 분명하게 밝히고, 기후정의에 관해 내가 바라는 미래를 탐구할 수 있도록 도와줬다. 두 사람 덕분에 힘차고 빠르고 전문적으로 이 과정을 진행할 수 있었다.

내 헌신적인 에이전트인 영국 펠리시티 브라이언 협회Felicity Bryan Associates의 캐리 플리트와 미국 조이 파그나멘타 에이전시The Zoe Pagnamenta Agency의 조이 파그나멘타에게도 나를 지지해 주고 출판 과정을 날카롭게 판단해 준 것에 감사하고 싶다. 또 사려 깊고 창의적인 편집자들, 팬맥밀란Pan Macmillan의 캐롤 톤킨슨과 HMH의 라키아 클라크뿐 아니라 영국 팬맥밀란의 호클리 스페어, 조디 물리쉬, 제스 더피를 비롯한 모두와 미국 HMH의 태린 로이더와 엘리자베스 앤더슨을 비롯한 모두에게 감사한다.

나는 전 세계에서 활동하는 많은 기후 활동가 중 한 명일 뿐이며, 이렇게 많은 헌신적인 남녀와 함께할 수 있어 영광이라 말하고 싶다. 나는 이 책을 쓰고자 여러 활동가를 인터뷰했는데, 이들이 들려준 지혜와 통찰과 다양한 활동 방법 덕분에 이 책이 풍요로워졌다. 데니즈 체비쿠스, 크리스티안 마르텔로, 일라이자 매켄지-잭슨, 베로니카 물렝가, 아데니케 티틸로페 올라도수, 카오사라 사니, 아라브 세스, 카이메 실베스트레, 로만 스트라트쾨테르, 리아 토머스, 엘리자베스 와투티에게 감사하다.

또 이 책에 나온 기후 활동가는 물론이고 내가 온라인에서나 직접 만나는 행운을 누렸던 많은 이들에게서 용기와 아이디어와 응원을 얻었다. 이사벨 악셀손, 시예 바스티다, 사샤 블리도르프, 코너 차일즈, 브리애나 프루언, 힌두 우마루 이브라힘, 에바 존스, 리시프리야 칸구잠, 엘리자베스 굴루굴루 마차체, 제이미 마골린, 스테프 맥더못, 은도니 음쿠누, 아야카 멜리타파, 매케나 뮈가이, 루이사 노이바우어, 사샤 슈가이, 루키나 틸레, 아멜리아 '리아' 튀푸아, 알렉산드리아 빌라세뇨르, 올리비아 짐머, 레미 자히가에게 이루 말할 수 없이 감사하다.

나에게 진정한 영감을 준, 특히 감사하고 싶은 놀라운 네 여성이 있다. 바로 크리스티아나 피게레스, 제인 폰다, 왕가리 마타이, 그레타 툰베리다.

여러분이 이 책에서 읽은 많은 부분은 우간다 기후 활동가 동류들 없이는 나오지 못했을 것이다. 레베카 아비티모, 에블린 아첨, 늄비 모리스, 힐다 플라비아 나카부예, 에드윈 나마캉가, 리아 나무게르와, 새드라크 니레, 아예발레 파프러스, 데이비스 루벤 세캄와, 엘튼 존 세칸디를 비롯해 나와 팔짱을 낀 다른 모든 미래를 위한 금요일과 라이즈업무브먼트 활동가들에게, 용기를 보내 주고, 연대해 주고, 헌신해 준 것에 감사한다.

내 메시지가 우간다 너머까지 전해질 수 있었던 이유는 많은 다른 나라 친구들이 놀랍도록 노력해 준 덕분이다. 그리하여 현명하게 상담해 준 캘럼 그리브와 코너 터너, 베쉬 그린스쿨스이니셔티브를 시작할 수 있게 믿어 주고 자신감을 심어 준 팀 로이테만, 유엔에서 지속가능발전목표를 지지하는 동료들 그리고 북극 베이스캠프, EET, 미래를 위한 금요일, 그린피스, 데스몬드&리아 투투 유산 재단Desmond & Leah Tutu Legacy Foundation, 국제 로터리클럽, 왕가리 마타이 재단, 세계자원연구소World Resources Institute를 비롯하여 내게 창구를 제공해 준 많은 비정부기구에 감사하다.

또 나는 어린 시절 선생님 두 분한테 빚을 졌다. 내가 초등학교에 다닐 때 프레드 선생님은 내가 어려워했던 수학을 특히 많이 도와주었다. 선생님은 늘 인내해 주었고 학생 하나하나한테서 능력을 최대한 끌어내는 법을 알고 있었다. 유치원에 다닐 때는 메리 선생님이 내가 어릴 때부터 배울 수 있게 용기를 주었고, 내가 계속 수업에 들어와도 된다고 부모님께 말해 주었다. 나는 아직 수업을 들을 수 있는 나이가 안 됐는데도 말이다! 나는 이 선생님들이 보여 준 친절, 인내, 나를 향한 믿음을 절대로 잊지 않을 것이다. 나는 2019년 대학 졸업식 때 가족, 친구와 더불어 이 선생님들이 와 주어서 무척 기뻤다. 대중 연설을 비롯해 내가 할 수 있으리라 생각지 못했던 것들을 익힐 수 있게 도와준 중고등학교 선생님과 대학교수님한테도 감사하다. 선생님들은 나와 다른 학생들에게 우리가 진행하는 조별 과제에 관해 선생님 앞에서는 물론이고 반 전체 앞에서 발표하게 시켰다. 선생님들이 내가 발표 자리에서 도망가게 두지 않았다는 사실이 내 기후 활동에 큰 도움이 됐다.

나는 기후변화에 관한 사실을 우리 모두에게 알려 준 과학자들한테도 감사를 전하고 싶다.

늘 곁에 있어 주고 나를 응원해 주고 절대로 나를 떠나지 않는 부모님, 동생들, 친구들에게 더없이 큰 감사를 보낸다.

마지막으로 나는 하느님을 향한 믿음으로 버틸 수 있었으며, 이는 내게 하느님의 말씀에 관해 많은 것을 가르쳐 준 아포슬 그레이스 루베가 목사님 덕분이기도 하다. 활동이 몹시 힘들

어질 때면 기도하고 예배에 참석하는 것(코로나바이러스가 유
행할 때는 온라인으로 보는 것)이 사랑과 은총과 지원을 얻는
매우 중요한 원천이었다. 나는 신앙이 안내해 준 덕분에 인내할
수 있었고 모두를 사랑해야 한다는 사실을 다시 깨달을 수 있
었다. 이는 지금 당장 기후 비상사태를 겪으며 살아가는 우간다
와 전 세계 사람 수백만 명을 위해서 계속 목소리를 높이는 데
큰 도움이 된다.

부록 1 조 바이든과 카멀라 해리스에게 보내는 편지

카멀라 해리스 님과 조 바이든 님께.

이 편지를 읽을지는 정말로 모르겠지만, 읽게 되시기를 바랍니다. 제 이름은 바네사 나카테이고, 스물세 살입니다. 두 분께 축하드립니다. 저는 우간다에 사는 기후 활동가로 현재와 미래가 몹시 걱정됩니다. 두 분께서는 기후 위기와 싸우기 위해 해야 할 일을 전부 하실 예정인가요? 질문을 드리는 이유는 정말로 알고 싶기 때문입니다. 기후변화는 많은 우리나라 사람의 생계에, 특히 아이와 소녀와 여성에게 영향을 미치고 있습니다. 두 분은 저희 편이신가요? 알고 싶습니다. 우리가 원하는 것은 오직 살기 좋은 건강한 지구, 다시 말해 공정하고 지속 가능한 현재와 미래뿐입니다. 이것이 너무 지나친 요구인가요? 하나뿐인 우리 집을 파괴하여 우리가 고통과 괴로움에 시달리는 동안 소수 사람만 이득을 보는 일을 멈추라는 것이 말입니다. 우리 행성을 보호하고 모두가 행복해지려면 해야 하는 일을 전부 실천해야 합니다.

우간다에서
바네사 나카테 드림

추신, 부디 답장해 주시기 바랍니다.

부록 2　참고 자료

이 책에서 보여 주듯, 내 목소리는 많은 젊은 기후 활동가가 세계 곳곳에서 거대하고, 체계적이고, 급격한 변화를 요구하는 소리 중 하나일 뿐이다. 다음은 내가 이 책에서 이야기했던 단체와 활동가의 소셜미디어 계정 아이디와 웹사이트 목록이다. 나는 이들을 포함하여 여러 사람한테서 많이 배웠다. 여러분도 소셜미디어에서 이들을 팔로우하고, 이들의 웹사이트에 방문하고, 캠페인을 응원하고, 목소리를 퍼트려 주기를 바란다. 물론 이 목록에 나온 이들 외에도 평등과 정의와 진정한 지속 가능성을 지지하는 단체와 사람은 수없이 많다.

나는 기후 활동가가 등장하거나 직접 쓴 다른 책도 적어 두었다. 또 나를 비롯하여 다른 활동가가 사용했던 문구도 포함해 두었으니 여러분도 그대로 사용하거나 고쳐서 쓸 수 있을 것이다. 더불어 지금 소셜미디어에서 사용하는 해시태그를 골라서 적어 두었다. 여러분은 이런 해시태그를 이용해서 변화를 요구하는 세계적인 움직임에 다가갈 수 있고, 나와 전 세계 곳곳에 있는 수백만 명과 같이 기후 활동가가 될 수 있다.

Ⓣ 트위터 ⒾⒼ 인스타그램 Ⓕ 페이스북 Ⓦ 웹사이트

내 프로젝트

그린스쿨스이니셔티브 Green Schools Initiative

Ⓦ www.gofundme.com/f/green-schools-with-vash

원밀리언액티비스트스토리스 1Million Activist Stories

ⒾⒼ amillionactiviststories, Ⓦ 1millionactiviststories.org

라이즈업무브먼트 Rise Up Movement

ⒾⒼ riseupmovement1

바네사 나카테 Vanessa Nakate

Ⓣ vanessa_vash ⒾⒼ vanessanakate1

단체

350.org

Ⓣ 350 ⒾⒼ 350.org Ⓦ 350.org

350 아프리카 350 Africa

Ⓣ 350Africa ⒾⒼ 350africa Ⓦ 350africa.org

액트온사헬 Act on Sahel

Ⓣ ActonSahel ⒾⒼ #actonsahel Ⓕ ActOnSahel

악틱엔젤스 Arctic Angels

Ⓣ GCArcticAngels ⒾⒼ gcarcticangels

Ⓦ www.globalchoices.org/arctic-angels

북극 베이스캠프 Arctic Basecamp

Ⓣ ArcticBasecamp ⒾⒼ arcticbasecamp

Ⓦ arcticbasecamp.org

아바즈 Avaaz

Ⓣ Avaaz ⒤Ⓖ avaaz_org Ⓕ Avaaz Ⓦ avaaz.org/page/en

흑인의 생명도 소중하다 Black Lives Matter

⒤Ⓖ blklivesmatter Ⓦ blacklivesmatter.com

콩고인바이로보이스 CongoEnviroVoice

Ⓣ CongoEnviroVax Ⓦ congoenvirovoice.wixsite.com/congobasin

어스업라이징 Earth Uprising

Ⓣ Earth_Uprising ⒤Ⓖ earth_uprising Ⓦ earthuprising.org

EET: 일레븐-일레븐-트웰브 EET: Eleven-Eleven-Twelve

Ⓣ eet_foundation ⒤Ⓖ eet_foundation

미래를 위한 금요일 Fridays for Future

Ⓣ Fridays4future ⒤Ⓖ fridaysforfuture

Ⓦ fridaysforfuture.org

그린제너레이션이니셔티브 Green Generation Initiative

Ⓣ GGI_Kenya ⒤Ⓖ ggi_kenya Ⓕ GGI.Kenya

Ⓦ greengenerationinitiative.org

국제 그린피스 Greenpeace International

Ⓣ Greenpeace ⒤Ⓖ greenpeace

Ⓕ greenpeace.international Ⓦ greenpeace.org

레벨업우먼 LevelUpWomen

Ⓣ LevelUpWomen_ #AfricaOptimism

우간다포허 Uganda for Her

⒤Ⓖ uganda4her Ⓕ Uganda4Her Ⓦ uganda4her.org

유니세프UNICEF

Ⓣ UNICEF Ⓘ Ⓖ unicef Ⓦ unicef.org

유엔기후변화협약UNFCCC

Ⓣ UNFCCC Ⓘ Ⓖ unclimatechange Ⓦ unfccc.int

유엔여성기구UN Women

Ⓣ UN_Women Ⓘ Ⓖ unwomen Ⓦ unwomen.org/en

왕가리 마타이 재단Wangari Maathai Foundation

Ⓣ WangariMaathai Ⓘ Ⓖ wangari_maathai

Ⓦ wangarimaathai.org

제로아워Zero Hour

Ⓣ thisiszerohour Ⓘ Ⓖ thisiszerohour Ⓦ thisiszerohour.org

이 책을 위해 인터뷰한 기후 활동가들

● 에블린 아첨Evelyn Acham(Ⓣ eve_chantel Ⓘ Ⓖ evechantelle Ⓕ eveacham2021)은 열정적인 기후정의 활동가이며 우간다 사람이다. 라이즈업무브먼트에서 전국 책임자로 일하면서 기후 파업을 조직한다. 학생들이 대담한 기후 행동을 요구하면서 파업을 벌이는 국제적인 운동인 미래를 위한 금요일에도 참여한다. 북극과 남극을 보호하고자 활동하는 단체 글로벌초이시스Global Choices에서 젊은이들이 이끄는 국제 행동 네트워크인 악틱엔젤스에서 활동 중이다. 마케레대학교에서 토지 경제학 학사 학위를 받고 졸업했다.

● 데니즈 체비쿠스Deniz Çevikus(Ⓣ CevikusHB Ⓘ Ⓖ deniz4future

Ⓕ deniz4future Ⓦ denizcevikus.com)는 튀르키예 이스탄불에 사는 열세 살 기후 활동가다. 그레타 툰베리에게 영향을 받아 2018년부터 기후 위기를 조사하기 시작했다. 2019년 3월에 미래를 위한 금요일 운동에 참여했고, 그 뒤로 매주 금요일마다 기후를 위해 학교 파업을 벌이고 있다. 동물을 무척 좋아하며 길거리에서 얼룩무늬 고양이 한 마리를 구조하여 입양했다.

● 크리스티안 에스테반 마르텔로 라미레스Cristian Esteban Martelo Ramírez(Ⓣ martelocris ⒾⒼ martelocris Ⓕ MarteloCristian)는 컬럼비아 환경 운동가로, 지구온난화가 일으키는 문제와 바다에 끼치는 영향에 관해 집중하고 있다.

● 일라이자 매켄지-잭슨Elijah Mckenzie-Jackson(Ⓣ Elijahmckenzie ⒾⒼ elijahmckenziejackson)은 열일곱 살로 영국 런던에서 활동하는 기후정의 활동가다. 일라이자는 환경적 평등, 사회적 해방, 탈식민지화를 위해 싸운다. 기후 위기를 초래한 근본적인 원인이 수십 년에 걸친 인종차별과 소외된 공동체에 속한 자연을 착취한 데 있기 때문이다.

● 베로니카 물렝가Veronica Mulenga(ⒾⒼ veronicamulenga_)는 잠비아에 사는 기후와 환경 정의 활동가다.

● 힐다 플라비아 나카부예Hilda Flavia Nakabuye(Ⓣ NakabuyeHilda ⒾⒼ nakabuyehildaflavia Ⓕ ndagire.hyldryguard)는 우간다에 사는 기후와 환경 인권 활동가다. 우간다 미래를 위한 금요일을 설립했다. 수자원을 보호하고 플라스틱 오염을 물리치고자 빅토리아호에서 호숫가 청소 활동을 이끈다. 힐다는 자연을

향한 열정을 발휘하며 지역사회에서는 물론이고 세계적으로도 변화를 일으킨다. 많은 사람한테 기후정의를 실현하기 위한 전 지구적 싸움에 동참할 원동력과 영감을 주었다.

● 리아 나무게르와Leah Namugerwa(Ⓣ NamugerwaLeah ⒾⒼ namugerwaleah Ⓕ namugerwa.leah.3)는 열일곱 살로 우간다의 기후와 아동 권리 활동가이며, 미래를 위한 금요일과 부고마 숲 구하기 캠페인에서 팀 대표를 맡고 있다.

● 아데니케 티틸로페 올라도수Adenike Titilope Oladosu(Ⓣ the_eco feminist ⒾⒼ an_ecofeminist Ⓦ womenandcrisis.com)는 농업 경제학을 우수한 성적으로 전공한 생태 페미니스트로, 아프리카에서 가장 처음 미래를 위한 금요일 기후 파업을 벌였다. 아프리카, 특히 차드호 유역에서 평화와 안전과 평등을 쟁취하는 활동을 전문으로 한다. 아데니케는 아이리드클라이맷ILeadClimate을 설립하여 자신이 벌이는 기후 활동을 국제 포럼에 공개했다. 기후정의를 위해 투쟁한 공로로 국제앰네스티 나이지리아에서 최고 인권상을 받았다.

● 카오사라 사니Kaossara Sani(Ⓣ KaoHua3 ⒾⒼ kaohua3)는 토고에 사는 평화와 기후 활동가다. 아프리카 낙관주의 계획Africa Optimism Initiative을 창립하고 액트온사헬을 공동 설립했다.

● 아라브 세스Aarav Seth(Ⓣ AaravSeth ⒾⒼ aaravseth_ Ⓦ aaravseth.wordpress.com)는 인도 델리에 사는 열두 살 학생 활동가다. 선데이포시큐어드퓨처Sunday4SecuredFuture(젊은 기후 활동가에게 일요일마다 기후 활동을 최소한 한 가지씩 하도록 장려

한다), 헬핑핸드Helping Hand(혜택을 못 받는 어린이들에게 옷, 책, 신발을 기부하도록 장려한다), 쉬하이진She Hygiene(생리대를 살 수 없는 소녀들에게 기본 필수품을 나눠 준다)을 설립했다. 팟캐스트 시리즈인 #링더벨#RingTheBell을 시작하여 기후 문제에 대한 사람들의 인식을 높이고 있다.

● 카이메 실베스트레 실바 올리베이라Kaime Silvestre Silva Oliveira (Ⓣ kaimesilvestre ⒾⒼ kaimesilvestre Ⓕ kaime.silvestre)는 브라질 기후 활동가이자 인권 변호사다. 아마존에서 태어났으며, 인도주의적인 행동은 물론이고 아마존과 거기에 의지해 살아가는 야생동물과 사람을 보호하기를 강하게 촉구한다.

● 로만 스트라트쾨테르Roman Stratkötter(Ⓣ stratkoetter)는 2020년 3월 19일부터 트위터에서 #콩고열대우림구하기 파업을 벌인 활동가다. 더불어 #부고마숲구하기, #아프리카는쓰레기통이아니다, #나발니에자유를, #사헬구하기, #쉘*멈추기, #예멘에평화를, #공동농업정책철폐, #나는농부를지지한다, #LeilãoFóssilNão/화석연료끝내기, #흑인의생명도소중하다, #사랑은사랑 활동을 벌인다.

● 리아 토머스Leah Thomas(Ⓣ Leahtommi ⒾⒼ greengirlleah Ⓕ intersectionalenvironmentalist Ⓦ intersectionalenvironmentalist.com)는 교차성 환경운동가이자 생태 전달자로 캘리포니아주 남부에서 활동한다. 사회정의와 환경주의를 연결하는 관

★ 석유, 천연가스, 석유화학제품 들을 생산하는 기업.

계를 열정적으로 탐구하고 옹호하며 교차성 환경운동가 플랫폼Intersectional Environmentalist Platform을 만들었다.

● 엘리자베스 와투티Elizabeth Wathuti(Ⓣ lizwathuti ⒾⒼ lizwathuti Ⓕ lizmazingira)는 그린제너레이션이니셔티브를 설립한 케냐 환경 운동가이자 기후 활동가다. 현재 왕가리 마타이 재단에서 캠페인 관리자이자 다이마 녹지공간 연합 책임자를 맡고 있다. 엘리자베스는 2016년에 그린벨트 운동기구, 케냐 지역사회 개발 재단Kenya Community Development Foundation, 록펠러 재단에서 주는 왕가리 마타이 장학상을 받았다. 케냐타대학교Kenyatta University에서 환경 동아리 회장을 했으며, 환경 연구와 지역사회 개발을 전공하여 학사 학위를 받았다.

이 책에서 언급한 기후 활동가

이사벨 악셀손Isabelle Axelsson

Ⓣ isabelle_ax ⒾⒼ isabelleax_

시예 바스티다Xiye Bastida

Ⓣ xiyebastida ⒾⒼ xiyebeara

사샤 블리도르프Sascha Blidorf

ⒾⒼ saschablidorf

코너 차일즈Connor Childs

Ⓦ plasticfreecayman.com/youth-action

치베제 에제키엘Chibeze Ezekiel

Ⓣ chibeze1 ⒾⒼ chibeze1

브리애나 프루언Brianna Fruean

Ⓣ Brianna_Fruean ⒤Ⓖ briannafruean

힌두 우마루 이브라힘Hindou Oumarou Ibrahim

Ⓣ hindououmar ⒤Ⓖ hindououmar

에바 존스Eva Jones

⒤Ⓖ evaastrid37

리시프리야 칸구잠Licypriya Kangujam

Ⓣ LicypriyaK ⒤Ⓖ licypriyakangujam

엘리자베스 굴루굴루 마차체Elizabeth Gulugulu Machache

Ⓣ lizgulaz ⒤Ⓖ lizgulaz

아르샤크 마키치안Arshak Makichyan

Ⓣ MakichyanA ⒤Ⓖ makichyan.arshak

제이미 마골린Jamie Margolin

Ⓣ Jamie_Margolin ⒤Ⓖ jamie_s_margolin

스테프 맥더못Steff Mcdermot

Ⓦ plasticfreecayman.com/author/steffmcdermot

은도니 음쿠누Ndoni Mcunu

Ⓣ NdoniMcunu ⒤Ⓖ ndonimcunu

아야카 멜리타파Ayakha Melithafa

Ⓣ AyakhaMelithafa ⒤Ⓖ ayakhamelithafa

뇸비 모리스Nyombi Morris

Ⓣ mnyomb1 ⒤Ⓖ mnyomb1

매케나 뮈가이Makenna Muigai

ⓉMakennaMuigai

나타샤 므완사Natasha Mwansa

ⓉTashaWangMwansa ⒤Ⓖnatashamwansa

조앤 & 클레어Joan & Clare

Ⓣjoanandclare1 ⒤Ⓖjoan.and.clare

루이사 노이바우어Luisa Neubauer

ⓉLuisamneubauer ⒤Ⓖluisaneubauer

새드라크 니레Sadrach Nirere

ⓉSadrachNirere ⒤Ⓖsadrachnirere

디샤 라비Disha Ravi

Ⓣdisharavii ⒤Ⓖdisharavii

데이비스 루벤 세캄와Davis Reuben Sekamwa

Ⓣdavisreuben3 ⒤Ⓖdavisreuben9.0

사샤 슈가이Sasha Shugai

Ⓣsasha_shuga ⒤Ⓖsashashu_ Ⓦlinktr.ee/sashashugai

그레타 툰베리Greta Thunberg

Ⓣgretathunberg ⒤Ⓖgretathunberg

루키나 틸레Loukina Tille

Ⓣloukinatille ⒤Ⓖloukinatille

아멜리아 '리아' 튀푸아Amelia 'Lia' Tuifua

알렉산드리아 빌라세뇨르Alexandria Villaseñor

ⓉAlexandriaV2005, Earth_Uprising ⒤Ⓖalexandriav2005

브릭스 & 맥스 화이트맨-뮬러Brix & Max Whiteman-Muller

레미 자히가Remy Zahiga

ⓣ Remy_Zahiga

주 웬잉Wenying Zhu

ⓣ Wenying_Z

올리비아 짐머Olivia Zimmer

ⓦ plasticfreecayman.com/youth-action

책과 다큐멘터리

《우리가 구할 수 있는 모든 것》엘리자베스 존슨, 캐서린 K, 윌
　　킨슨 외 엮음. (나름북스, 2022)

《세상 좀 바꾸고 갈게요》제이미 마골린. (서해문집, 2021)

《위대한 희망》왕가리 마타이. (김영사, 2011, 절판)

《Love the Earth: Understanding Climate Change, Speak-
　　ing Up for Solutions, and Living an Earth-Friendly Life》
　　Hammond, Mel. (New York: American Girl, 2020)

《The Challenge for Africa》Maathai, Wangari. (New York:
　　Vintage, 2008)

《No One Is Too Small to Make a Difference》Greta Thun-
　　berg, (New York: Penguin, 2019)

《Greta Thunberg: Rebel with a Cause》Hill, Jordan(감독).
　　(2020)

피켓용 문구

섭씨 1.5도 = 부유한 국가, 공정하게 책임져라

지금, 장난하는 거냐?

오염에 동참하지 말고 해결에 동참하라

흑인의 생명도 소중하다

기후가 아니라 제도를 바꾸자

기후변화는 소설이 아니다

기후변화는 숙제보다 나쁘다

여자아이에게 기후를 교육하라

EU, 우리가 지켜보고 있다

기후 비상사태를 직시하라

북극에서 손을 떼라

당신이 어른처럼 행동하지 않으면, 우리가 할 것이다

당신이 당황하기를 바란다

플라스틱 속 삶은 판타스틱하지 않다

인종 정의가 없으면 환경 정의도 없다

이익보다 사람

이익 위에 지구

콩고 열대우림을 구하자

해수면이 상승하고 우리도 일어선다

작은 행동도 수백만 명이 힘을 보태면 세상을 바꿀 수 있다

행성 파괴를 멈추자

예비 행성은 없다

깨끗한 화석연료 따위는 없다

과학을 뒷받침하며 뭉치자

우리는 석탄을 먹지 못하고 석유를 마시지도 못한다

여러분은 자녀를 사랑한다고 하지만 자녀의 미래를 파괴하고
있습니다

해시태그

흑인의생명도소중하다 # BlackLivesMatter

기후위기 # ClimateCrisis

기후파업 # ClimateStrike

콩고인바이로보이스 # CongoEnviroVoice

플라스틱공해끝내기 # EndPlasticPollution

기후비상사태를직시하자 # FaceTheClimateEmergency

기후불평등에맞서자 # FightClimateInjustices

1점5도를위한싸움 # Fightfor1Point5

미래를위한금요일 # FridaysForFuture

세계기후정의 # GlobalClimateJustice

원주민의생명도소중하다 # IndigenousLivesMatter

공정한회복 # JustRecovery

헛된약속은이제그만 # NoMoreEmptyPromises

라이즈업무브먼트 # RiseUpMovement

부고마숲구하기 # SaveBugomaForest

콩고열대우림구하기 # SaveCongoRainforest

기후를위한학교파업 # SchoolStrike4Climate

지속가능발전목표 # SDGs

동아프리카송유관중지 # StopEACOP

여성일어서기 # WomenRiseUp

여성의생명도소중하다 # WomensLivesMatter

옮긴이   소슬기
서강대학교에서 물리학을 공부하고 전공을 바꾸어 경제학 석사를 땄다.
연구소에 들어가 보고서를 번역해 본 일을 계기로 진로를 바꾸어
전문 번역가가 되었다. 경제, 역사, 과학, 문학 다양한 분야를 얕게
파고들기를 좋아하며, 최근 가장 큰 관심사는 환경이다. 분야를 가리지
않는 번역가가 되는 것이 꿈이다.

우리가 만드는 내일은

불평등과 기후정의에 대한 아프리카의 목소리

1판 1쇄   2023년 12월 29일

글쓴이   바네사 나카테
옮긴이   소슬기
펴낸이   조재은
편집   이혜숙
디자인   서옥
관리   조미래

펴낸곳   (주)양철북출판사
등록   2001년 11월 21일 제25100-2002-380호
주소   서울시 영등포구 양산로91 리드원센터 1303호
전화   02-335-6407
팩스   0505-335-6408
전자우편   tindrum@tindrum.co.kr

ISBN   978-89-6372-425-6 (03300)
값   15,000원

잘못된 책은 바꾸어 드립니다.